PD Dr. Udo Gansloßer

Verhaltensbiologie
für Hundehalter

PD Dr. Udo Gansloßer

Verhaltensbiologie für Hundehalter

*Verhaltensweisen
aus dem Tierreich verstehen und
auf den Hund beziehen*

KOSMOS

Inhalt

Tinbergens vier Fragen und das Gerüst der Verhaltensbiologie — 11

Verfahren zur Überprüfung eines Verhaltens — 11
Beschreibung eines Phänomens — 11
Aufstellen von Hypothesen — 12
Versuche, Langzeitbeobachtungen und Experimente — 12
Das Sparsamkeitsprinzip — 13
Beschreibung von Verhalten — 14

Tinbergens vier berühmte Fragen — 14
Frage 1 – „Woher?" — 15
Frage 2 – „Wozu?" — 16
Frage 3 – „Wie?" — 19
Frage 4 – „Wodurch?" — 22

Neue Betrachtungsweisen in der modernen Verhaltensbiologie — 23
Mathematische Modelle — 24
Zusammenhänge zwischen Bindungsfähigkeit, Hormonen und dem Gehirn — 25

Grundbegriffe der Verhaltensphysiologie — 26

Homöostatische Regulierungsvorgänge — 26
Optimierungsprozesse — 27
Regelung über biologische Rhythmen — 29

Reizwahrnehmung und -verarbeitung	31
Innere und äußere Reize und ihre Auswirkung	33
Höhere Verhaltensleistungen (Kognition)	36
Räumliche Orientierung	37
Prinzip der sparsamsten Erklärung	38

Gene oder Umwelt?
Wie Verhalten beeinflusst wird 39

Angeborenes Verhalten – ja oder nein?	40
Entwicklung des Gehirns	41
Zusammenhang von Genen und Verhalten	42
Domestikationsversuche an Silberfüchsen	43
Domestikationsversuche an Wildmeerschweinchen	45
Auswirkungen gezielter Zuchtvorgaben auf Verhaltensaspekte	46
Erblichkeit von Verhaltensmerkmalen bei Hunden	50
Erblichkeit von Sozialverhaltensmerkmalen (Aggression)	52
Einfluss vorgeburtlicher Faktoren	56

Stress und seine Auswirkung
auf die Persönlichkeit 59

Bewältigung von Stress (Coping)	60
Stress- und Hormonachsen	61
Konditionierung auf negative Reize	63
Stress-, furcht- oder angstauslösende Reaktionen	64
Typische Angstreaktionen	65
Formen einer Angstreaktion	65
Verankerung von Ängsten	66
Entstehung von Angststörungen	68

Therapiemöglichkeiten	69
Stresserscheinungen und Depressionen	69
Zusammenhang zwischen Rangposition und Stressanfälligkeit	71
Stereotypien	72
Umwelteinflüsse	73

Der Stress mit der Persönlichkeit — 74
Die Fünf-Faktoren-Achse einer Persönlichkeitsstruktur — 78

Verhaltenstests bei Haushunden — 80
Vergleichsstudie zum Thema Persönlichkeit — 80
Vergleichsstudie zum Thema Furchtsamkeit und Aktivität — 81
Aufwand und Ergebnisse der Übersichtsstudie — 82
Sinn und Unsinn von Wesenstests — 88

Sozialbeziehungen und Gruppenmechanismen — 91

Das Sozialsystem — 91

Beschreibung von Sozialbeziehungen (nach Robert Hinde) — 92
Beobachtbare Verhaltenselemente — 92
Interaktionen — 93
Soziale Beziehungen — 94

Aufbau von sozialen Beziehungen — 95
Vorteile einer Beziehung — 96
Das Modell der Markttheorie — 96
Das Seewiesener Modell zur Erforschung von Gruppenmechanismen — 98
Stufen der Beziehungsbildung — 101
Dynamische Veränderungen — 104
Stabilitätsfaktoren — 105

| 7

Beschreibung sozialer Interaktionen und Beziehungen — 106
Konfrontations- und Beziehungstest — 107

Vorteile von Gemeinschaften — 108
Vermeidung des Gefressenwerdens — 109
Erschließung von Nahrungsquellen — 110
Sicherung von Ressourcen — 111
Rudelbildung bei Hundeartigen — 111

Soziale Steuerung über das Gehirn — 113
Auswirkung der Gehirngröße auf soziale Beziehungen — 113
Hormonelle Einflüsse — 114

Aufbau von Bindung — 116
Bowlby-Ainsworth-Konzept — 117
Stärke einer Bindung — 117
Bindung kontra Beziehungen — 118
Mensch-Hund-Bindung — 119

Die Anführer-Gefolgschafts-Beziehung — 120
Distanz zwischen Gruppenmitgliedern — 121
Erschließung von Ressourcen — 121
Anführerschaft aus hinteren Positionen heraus — 122
Demokratie unter Tieren — 123

Geselligkeit und Sozialverhalten — 124
Einfluss stammesgeschichtlicher Entwicklung — 125
Soziale Kognition bei Tieren — 126
Positive Auswirkung der Anwesenheit von Artgenossen — 133

Kommunikation — 136
Eigenschaften von Signalen — 137
Auswirkung von Signalen auf Sender und Empfänger — 140
Fälschungssicherheit von Signalen — 141
Ritualisierung von Signalen — 144

Vermeidung und Regelung von Konflikten _____ 146

Bildung von Revieren _____ 147
Revierabgrenzung _____ 147
Revierverteidigung _____ 148

Respektierung von Besitz _____ 150

Dominanz _____ 153
Was versteht man unter Dominanz? _____ 154
Aktionen und Signale _____ 158
Dominanzbeziehungen _____ 162
Rangordnung _____ 165

Aggression _____ 168

Aggressionskonzepte _____ 168
Psychologische Betrachtung von Aggression _____ 171

Funktionen der Aggression (Spieltheorie) _____ 178
Das Falken-Tauben-Modell _____ 179
Das Abnutzungs- oder Nervenkriegsmodell
(war of attrition) _____ 180
Die Bourgeois-Strategie – der Besitzer gewinnt _____ 180
Das Größenspiel (size-game) _____ 181
Das Sequenzabschätzungsspiel _____ 181
Die „Wie du mir, so ich dir"-Strategie (tit for tat) _____ 182

Hormonelle Auswirkungen auf aggressives Verhalten _____ 183
Selbstverteidigungsaggression _____ 183
Schutzaggression und der Einfluss von Progesteron _____ 184
Wettbewerbsaggression und der Einfluss von Testosteron _____ 184
Wettbewerbsaggression und der Einfluss von Östrogenen _____ 186

Botenstoffe und ihr Einfluss auf aggressives Verhalten _____ 187
Veränderter Sozialstatus und seine Auswirkung
   auf das Immunsystem _____ 188

Fortpflanzungsverhalten _____ 190

„Sexuelle" Selektion _____ 190
Intra- und intersexuelle Selektion _____ 191
Rollenverteilung der Geschlechter _____ 191
Das Handicap-Prinzip _____ 192
Partnerwahl _____ 195

Auslösende Fortpflanzungsfaktoren _____ 197
Einfluss von Tageslänge und Lichtmenge _____ 197

Kastration _____ 200
Kastration von Tierheimhunden _____ 200
Hormonelle Aspekte der Verhaltenssteuerung _____ 201
Ontogenetische- und andere Langzeiteffekte _____ 205
Physiologisch-organische Effekte _____ 206

Jungtierentwicklung _____ 209

Einfluss der Eltern und der Umwelt _____ 209
Interessenskonflikte zwischen Eltern und Nachkommen ___ 209
Gemischte Vaterschaften _____ 210
Dauer der Mutter-Kind-Bindung _____ 211
Soziale Traditionen _____ 212
Mütterliche Einflüsse auf das Verhalten _____ 213
Entwicklungsstadien von Lagerjungen _____ 214
Stadien der Jungtierentwicklung _____ 216
Dynamik der Jungtierentwicklung _____ 217

Prägung	218
Veränderungen im Prägungskonzept	218
Prägungsvorgänge	220
Bausteine des Verhaltens sinnvoll verknüpfen	224
Sozialisation	225
Geschlechtsspezifische Verhaltensmerkmale	227
Spielverhalten	228
Vorteile des Spielverhaltens	228
Spielsequenzen richtig deuten	231
Spielverhalten unter Erwachsenen	232
Auswirkung auf die Pubertät	234
Abwanderung	235
Abwanderung auf der funktional-evolutiven Ebene	236
Abwanderung auf der proximaten Ebene	236
Abwanderung bei Hundeartigen	239
Welpenaufzucht beim Züchter	242
Aufzuchtstätte	243
Abgabetermin	244
Geschlechtsreife	246
Plädoyer für den Biohund	247
Service	250
Register	250
Zum Weiterlesen	254
Nützliche Adressen	254
Quellen	254

Tinbergens vier Fragen und das Gerüst der Verhaltensbiologie

Verhalten zu definieren mag trivial erscheinen, Kappeler (2006) zitiert einige Versuche dazu, am besten finde ich noch Folgendes: *„Verhalten ist das, was tote Tiere nicht mehr tun."*

Weniger leicht zu umreißen ist, was die Verhaltensbiologie oder Ethologie tut. Denn es gibt eine ganze Reihe von Wissenschaften, von der Psychiatrie bis zur Soziologie, die sich auch mit dem Thema Verhalten beschäftigen. Das spezifisch Biologische an der Ethologie muss also schon genauer beschrieben werden. Richtungsweisend dafür war eine Arbeit von Nico Tinbergen (1963), in der er erstmals seine inzwischen sehr berühmt gewordenen vier Fragen als Forschungsrahmen der Verhaltensbiologie aufstellte (→ S. 14).

> *Erst wenn alle vier Fragen von Tinbergen für ein Merkmal, sei es Verhalten, Organ oder Aussehen eines Tieres beantwortet sind, könnte man dieses als erklärt betrachten.*

Verfahren zur Überprüfung eines Verhaltens

Beschreibung eines Phänomens

Vorausgehen muss jedoch eine ganze Menge Vorarbeit: Zunächst gilt es, das zu erklärende Phänomen exakt und umfassend und so interpretationsarm wie möglich zu beschreiben. Diese Beschreibung ist eine notwendige Voraussetzung für die wissenschaftliche Erklärung, aber nur durch Beschreiben und Begriffsbildung allein ist überhaupt nichts erreicht.

Aufstellen von Hypothesen

Hat man das Phänomen, etwa ein bestimmtes Verhalten („männliche Hunde heben zum Pinkeln meist das Bein, weibliche selten"), exakt beschrieben (das heißt, *wie genau* tun beide Geschlechter das), dann geht es darum, *testbare* Hypothesen aufzustellen, also Erklärungsversuche, die überprüfbar sind. Auch das Aufstellen von Hypothesen und Spekulationen ist noch keine Wissenschaft, behaupten lässt sich schließlich viel.

Eine gute Hypothese muss daher mehrere Anforderungen erfüllen:
- Sie muss allgemeingültig für das zu erklärende Phänomen sein,
- sie muss testbar sein,
- sie muss einen biologischen Sinn ergeben,
- sie muss eine Gegenhypothese haben, das heißt, es muss möglich sein, durch die folgende Datensammlung zwischen ihr und einer alternativen Erklärungsmöglichkeit zu unterscheiden.

Aufstellen von Alternativ- bzw. Nullhypothesen

Meist stellt man seine Hypothese, die oft als H1 bezeichnet wird, einer Alternativhypothese H2 gegenüber, die ein anderes Erklärungsmodell zur Grundlage hat oder eine Nullhypothese H0, die besagt, dass der behauptete Effekt keinen erkennbaren Einfluss im Sinne meines Überlegens auf das zu erklärende Phänomen hat.

Versuche, Langzeitbeobachtungen und Experimente

Hat man die Hypothesen testbar gemacht, geht es an die Überprüfung durch systematische und unabhängige Datensammlung, sei es durch Versuche, Langzeitbeobachtungen oder Experimente. Am Ende steht die Annahme oder Zurückweisung beziehungsweise Nichtbestätigung der Hypothese(n). Erst dann, wenn die Hypothesen zweifelsfrei bestätigt werden, kann man die Sache als in diesem Aspekt erklärt betrachten.

Das Sparsamkeitsprinzip

Zu diesem gängigen wissenschaftlichen Standardverfahren gehören noch einige weitere einschränkende Aspekte. So ist es ein seit Jahrhunderten gepflogenes Verfahren, das sogenannte „Sparsamkeitsprinzip" oder „Prinzip der sparsamsten Erschließung" walten zu lassen. Dieses besagt, dass im Zweifelsfall von mehreren alternativen Erklärungen diejenige zu bevorzugen ist, die mit den wenigsten (vor allem den wenigsten derzeit nicht testbaren) Hilfsmaßnahmen auskommt. Dies gilt zum Beispiel für die Annahme sogenannter höherer geistiger Leistung als Erfolg. Außerdem ist, und das gilt für die Verhaltensbiologie ganz besonders, die Biologie in weiteren Bereichen eine sogenannte probabilistische Wissenschaft, also eine, die mit Wahrscheinlichkeiten arbeiten muss, im Gegensatz etwa zur klassischen Physik, deren Ergebnisse als Naturgesetze von Zeit und Raum unabhängig sind. Zwar folgen auch Lebewesen den Naturgesetzen, aber durch die biologiespezifischen Einflüsse der Vorgeschichte jeden Tieres einerseits und der hierarchischen Organisation und Wechselwirkungen (zwischen Zellen, von Zellen zu Organen, von Organen zu Organkomplexen, zu ganzen Tieren, die wieder in ein Sozialsystem, dann eine Population und schließlich ein Ökosystem eingebunden sind) andererseits, kommt es eben hier zu mehr Variabilität. Deshalb sind die Aussagen der Verhaltensbiologie grundsätzlich nur mithilfe analysierend-schließender Statistik zu überprüfen und dazu bedarf es vor allem größerer Datenmengen. Wer sich genauer zu diesen wissenschaftstheoretischen Aspekten und dem methodischen Vorgehen informieren will, dem sei hier Lamprecht (1999) zur Methodik und Mayr (2000) empfohlen. Ich habe diese Zusammenhänge als kleinen Umweg an den Anfang des Kapitels gestellt, weil gerade im Bereich des Hundeverhaltens viele sogenannte Erklärungen und Konzepte, meist in Buchform und auf Vorträgen, mit viel Erfolg verkauft und angeboten werden, die diesen simplen Anforderungen einer wissenschaftlichen Arbeit überhaupt nicht gerecht werden.

Beschreibung von Verhalten

Schon die Beschreibung des Verhaltens ist ausgesprochen schwierig, wenn man es wirklich exakt definieren will. Das sichtbare Verhalten sollte in messbare Einheiten zerlegt werden. Es ist nicht nur die Struktur jedes Verhaltens zu erfassen, sondern auch die **Latenz** (Zeitabstand zu vorigem Verhalten des äußeren Ereignisses), die **Dauer**, die **Häufigkeit** und wenn möglich die **Intensität** (Kappeler 2006, Wehnelts Beyer 2002). Und schließlich gibt es, sobald man diese Beschreibungen für jedes erkennbare Verhalten erstellt hat, verschiedene Aufzeichnungsmethoden.

Elemente sollten bei Beschreibungen immer neutral sein („Kopf hoch bei gespitzten Ohren"), nicht interpretierend („Überlegenheitsgeste").

Erst wenn zum Beispiel die Statistik zeigt, dass mit an Sicherheit grenzender Wahrscheinlichkeit Hund B, nachdem Hund A dieses Verhalten gezeigt hat, jenen Platz verlassen oder sonstige seiner eigenen Interessen nicht ausüben wird, darf man festlegen, dass dieses Verhalten die Überlegenheit von A auszudrücken scheint, der statistische Wahrscheinlichkeitswert sowie die Stichprobe, also auf wie viel Beobachtungen meine Aussage beruht, sollte angegeben sein! Ich überlasse es den Lesern, mithilfe dieser Qualitätskriterien die einschlägigen Hundeverhaltenstheorien genau zu überprüfen.

Tinbergens vier berühmte Fragen

Die ersten beiden der vier Fragen von Nico Tinbergen befassen sich mehr mit den geschichtlichen beziehungsweise mit den evolutionsbiologischen Aspekten.
Frage drei und vier befassen sich mit den Mechanismen, die das Verhalten steuern.

Frage 1 – „Woher?"

Die erste Frage ist die nach dem stammesgeschichtlichen „Woher?" In diesem Verfahren wird untersucht, wie sich das betreffende Merkmal, zum Beispiel eben ein Verhaltenskomplex, von den Vorfahren der betreffenden Art her weiterentwickelt hat und welche gemeinsamen Vorstufen dieses Verhalten im Laufe der stammesgeschichtlichen Entwicklung von unseren heute zu betrachtenden Tieren angenommen hat.
Diese Frage nach dem stammesgeschichtlichen „Woher?" ist zugegebenermaßen für Verhaltensmerkmale schwerer zu beantworten als beispielsweise für Organe oder andere Merkmale des äußeren Aussehens. Schließlich lassen sich Verhaltensmerkmale nur in seltenen Fällen als Fossilien finden.

Die Homologiemethode
In der Biologie gibt es eine ebenso erprobte und akzeptierte Methode, wie man stammesgeschichtliche Vergleiche anstellen kann, nämlich die sogenannte Homologiemethode. Hierbei werden die Ausprägungen bestimmter Merkmale bei nahe verwandten Arten verglichen. Aus den Gemeinsamkeiten beziehungsweise Unterschieden dieses betreffenden Merkmals bei den verwandten Arten wird auf die wahrscheinlichen Vorstufen bei den Vorfahren und im Laufe der Stammesgeschichte zurückgeschlossen. Mit diesem Verfahren kann man zum Beispiel Lautgebungen oder komplexe Verhaltensmuster des Werbeverhaltens oder Drohverhaltens, aber auch Bewegungsmuster in anderen Zusammenhängen vergleichen. Wenn wir diese Methode auf das Verhalten der Hundeartigen anwenden, so stellen wir beispielsweise fest, dass innerhalb der Untergruppe der Wolfsartigen (*Canini*) das Hervorwürgen von Nahrung an die Jungtiere entstanden ist, während die Füchse (*Vulpini*) dieses Verhalten nicht zeigen. So kann auf eine Trennung der beiden großen Entwicklungslinien vor dem stammesgeschichtlichen Entstehen dieses Futterhochwürgeverhalten geschlossen werden (s. Gansloßer 2006).

Frage 2 – „Wozu?"

Die zweite Frage ist derzeit in der Verhaltensbiologie ganz besonders interessant, nämlich die Frage nach dem „Wozu?" Hier wird letzten Endes nach der Bedeutung des betreffenden Merkmals für den Fortpflanzungserfolg gefragt, denn nur der Fortpflanzungserfolg zählt als Erfolgskontrolle der evolutionsbiologischen Prozesse. Die dabei stattfindenden Prozesse führen im Laufe vieler Generationen zu einer zunehmend besseren Anpassung einer Art an ihren jeweiligen Lebensraum.

Individualselektion

Diejenigen Mitglieder der Art, die besonders gut mit den vorhandenen Umweltbedingungen klarkommen, werden durchschnittlich mehr Nachkommen in die nächste Generation bringen als ihre Konkurrenten, deren Anpassungsfähigkeit nicht so vorteilhaft ist. Sind nun diese Anpassungsfähigkeiten zumindest erblich verankert, so wird im Laufe der Generationen der Erbanteil der besser Angepassten eben größer und die weniger gut Angepassten der Population sterben nach und nach aus.

Dieser Prozess wird als **natürliche Auslese** oder **natürliche Selektion** bereits von Darwin beschrieben. Die Selektion wirkt hier zunächst einmal auf das Individuum, jedes einzelne Tier muss sich mit seiner Erbausstattung und seinen Eigenschaften bewähren.

Verwandtschaftsselektion

Zusätzlich zu dieser Individualselektion gibt es dann noch die Verwandtenselektion, denn jeder hat ja auch einen gewissen Anteil seiner Erbeigenschaften mit seinen Verwandten gemeinsam (zum Beispiel 50% mit Vollgeschwistern, 25% mit Neffen/Nichten). Über diese indirekte Selektion ist zum Beispiel erklärbar, dass man evolutiv gesehen mehr Vorteile hat, wenn man drei Neffen/Nichten aufzieht als ein eigenes Kind. Durch diese Verwandtschaftsselektion werden zum Beispiel die Brutpflegehelfersysteme der Hundeartigen (→ S. 240) begründbar.

Verhaltensbeschreibung für das dunkle Tier: Liegt auf dem Rücken, Pfoten teilweise angewinkelt, Ohren zurück, Maul leicht geöffnet.

Wie viele Tiere sind hier in eine Interaktion verwickelt? Eine echte Herausforderung für den Beobachter.

Die Anwesenheit des Babysitters programmiert die Rudeltendenz.

III

IV

Die Konfrontation mit Gefahr oder Nachbarn scheint der entscheidende Aspekt für eine Rudelbildung zu sein.

Arterhaltung
Eine positive Wirkung auf die Arterhaltung ist stets nur eine Konsequenz, aber nie eine Ursache des jeweiligen Verhaltens. Insofern ist die Aussage „dieses oder jenes Verhalten dient dem Arterhalt" als Erklärung wertlos. Der sogenannte Kampf ums Dasein besteht normalerweise nicht aus direkten und blutigen Auseinandersetzungen, sondern eher aus einem Wetteifern um „Marktanteile". Dabei darf man jedoch nicht den Fehler machen, anzunehmen, dass alle Merkmale, die wir bei einem Lebewesen finden, auch adaptiv, also vorteilhaft sein müssten. Es genügt, wenn sie keine Nachteile haben. Viele Merkmale, die Tierarten in den Genen verankert haben, sind neutral. Das bedeutet, dass sie den Fortpflanzungserfolg ihres Trägers weder positiv noch negativ beeinflussen.

Fitness
Der Fortpflanzungserfolg wird als die sogenannte Fitness eines Tieres bezeichnet, wobei man unter Fitness hier den Anteil des eigenen Erbgutes am gesamten Genpool der nächsten Generation, also den Anteil eigener Erbeigenschaften im Vergleich zu denen, die von Konkurrenten vererbt wurden, gesehen wird. Betont werden muss außerdem, dass bei diesen sogenannten funktionalen Erklärungen, also bei Erklärungen, die den Fortpflanzungserfolg und die Anpassungsfähigkeit einer Art betreffen, Begriffe verwendet werden, die aus der Wirtschaftsmathematik und Wahrscheinlichkeitsrechnung stammen, etwa der Begriff der Strategie oder das Optimierungsprinzip. Dies bedeutet jedoch nicht, dass die betreffenden Tiere sich der zugrundeliegenden Prozesse und Entscheidungen bewusst sein müssen. Es genügt, wenn sie sich richtig verhalten, auch wenn das „richtige" Verhalten „nur" im Erbgut verankert ist, anstatt dass es durch bewusste oder rationale Entscheidungen ausgewählt wurde. Betrifft das betrachtete Verhalten nur ein einzelnes Individuum, zum Beispiel bei der Nahrungssuche oder sonstigen Auseinandersetzungen mit der nichtsozialen Umwelt, so können einfache Optimierungsmodelle herangezogen werden. Ist z. B.

bekannt, wie viel Energie ein Tier zur Nahrungssuche pro gelaufenem oder geflogenem Kilometer verbraucht, dann kann errechnet werden, für welchen Nahrungsbrocken es sich lohnt wie weit zu laufen. Sind jedoch zwei oder mehr Individuen an der Entscheidung beteiligt, so müssen die Entscheidungen der jeweils anderen Artgenossen mitberücksichtigt werden. Dies ist dann das Feld der evolutionären Spieltheorie, auf die wir im Kapitel über Kampf und Aggressionsverhalten noch näher eingehen werden (→ S. 178).

Strategien
Strategien sind hier im Sprachgebrauch der Verhaltensökologie solche Entscheidungen, die durch genetische Vorgaben fixiert sind und nach dem Motto „wenn Situation A, dann tue X, wenn Situation B, dann tue Y" ablaufen. Die Strategien, die sich im Laufe der Evolution dann durchsetzen und auch erhalten bleiben, werden als evolutionär stabile Strategien (ESS) bezeichnet.

> *Evolutionär stabile Strategien sind solche Strategien, die unter den Lebensbedingungen der Population durch keine andere denkbare Alternative ersetzt werden können, weil jede andere denkbare Alternative für die beteiligten Individuen weniger Vorteile oder mehr Nachteile bringen würde.*

ESS müssen nicht jeweils auch den individuellen Vorteil jedes Beteiligten an der Auseinandersetzung maximieren, sie sind vielmehr häufig auch Kompromisse zwischen den Anforderungen verschiedener Mitbewerber.

Kosten-Nutzen-Analyse
Bei allen Betrachtungen zur Frage nach dem „Wozu?" werden Kosten-Nutzen-Analysen angestellt, die den Ausgang einer möglichen Entscheidung oder die Folgen einer Verhaltensentscheidung berücksichtigen müssen. Dies ist das Arbeitsgebiet der **Verhaltensökologie**, beziehungsweise wenn Sozialverhalten dabei betrachtet wird, spricht man auch von **Soziobiologie**. In neuester Zeit werden

die Erkenntnisse der Verhaltensökologie insbesondere durch Artvergleiche von nahe verwandten Arten in anderen Lebensräumen oder nahe verwandten Arten mit unterschiedlichen Sozialsystemen noch weiter überprüft. Verhaltensökologische Betrachtungen erlauben zum Beispiel eine Aussage über den Anpassungswert der Rudelbildung, der gemeinsamen Jungenaufzucht oder der gemeinsamen Revierverteidigung bei Hundeartigen (→ S. 91, Sozialsysteme, sowie MacDonald 2006). Diese Untersuchungen haben beispielsweise starke Zweifel an der häufig geäußerten Meinung aufkommen lassen, dass die gemeinsame Jagd oder die gemeinsame Jungenaufzucht die Fortpflanzungserfolge und damit die evolutionsbiologischen Antriebsmotoren der Rudelbildung bei Hundeartigen beeinflusst hätten. Vielmehr erscheint die gemeinsame Revierverteidigung oder das schnellstmögliche Fressen der einmal geschlagenen Beute, bevor die Konkurrenz sie findet, ein viel wichtiger evolutionsbiologischer Antrieb zu sein, die Rudelbildung wäre also eher eine Anpassung an Revier und Nahrungsverteidigung.

Kommen wir nun zur dritten und vierten Frage, die häufig als die beiden proximaten Fragen zusammengefasst werden, um den ultimaten, den evolutionsbiologisch-evolutionsgeschichtlichen Fragen gegenübergestellt zu werden.

Frage 3 – „Wie?"

Die dritte Frage ist die nach dem „Wie?" Hier geht es um die beteiligten Mechanismen, die die Ausprägung eines bestimmten Verhaltensmerkmals steuern. Ob es sich dabei um die beteiligten Sinnesorgane, Hirnregionen, Nerven oder Hormonimpulse handelt, ob es um auslösende Reize und auslösende Situationen geht, immer wird die Frage nach dem „Wie funktioniert das Tier in dieser Situation?" gestellt. Auch Fragen nach dem Einfluss von Jahreszeiten, Sonneneinstrahlung, Temperatur und anderen Klimafaktoren sind hier zu nennen. Gerade in diesem Bereich sind durch die neueren und verfeinerten Analysemethoden der Laboranalytik in den letzten Jahren erhebliche Fortschritte erzielt worden. So ist es heute möglich, Hormone, seien es Stress- oder Fortpflanzungshormone aus Kot, Urin oder Speichel zu bestimmen, ohne dass eine Blutabnahme erfolgen muss. Solche Verbesserungen haben erheblich dazu beigetragen, die Frage nach den Verhaltensmechanismen aus dem „black box" der frühen Verhaltensbiologie zu überarbeiten und wiederum in eine testbare und damit dem wissenschaftlichen Erforschen zugängliche Form zu überführen. Umso wichtiger ist es, die Begriffe in diesem Zusammenhang exakt zu definieren und der wissenschaftlichen Analyse im hier geschilderten Sinne zugänglich zu machen.

Motivationsanalyse
Begriffe wie Trieb oder auch Motivation erklären zunächst einmal überhaupt nichts. Sie sind überdies so verwaschen und schwammig, dass sie kaum einer messbaren und damit exakt quantifizierbaren Analyse zugänglich sind.
Die sogenannte Motivationsanalyse galt früher als die Königsdisziplin der klassischen Ethologie. Sie war mit sehr großem methodischem Aufwand, sehr viel Arbeit und mit einem sehr guten Gespür für das Verhalten der zu untersuchenden Tierart verbunden, denn man musste versuchen, das zu untersuchende Verhalten in möglichst vielen verschiedenen Situationen mit genau quantifizierbaren Außenreizen in Verbindung zu bringen, um durch diese Außenreize unterschiedliche Ausprägung auszulösen.
Wenn heute vorschnell von Motivation oder sogar von Trieb gesprochen wird, so hat sich fast niemand die Mühe gemacht, auch nur ansatzweise diese Aufwände zu betreiben. In der Grundlagenforschung der Verhaltensbiologie wird der Motivationsbegriff ohnehin fast nicht mehr verwendet. Die gängigen Lehrbücher der Verhaltensbiologie versuchen, ganz ohne ihn auszukommen. Hogan (2005) ist einer der wenigen Autoren in einem grundlegenden Lehrbuch der Verhaltensbiologie, der ein ganzes Kapitel über das Motivationsproblem schreibt.

Motivationsbegriff nach Hogan
Seine Motivationsdefinition umfasst Faktoren, die für die Auslösung, Aufrechterhaltung und Beendigung eines Verhaltens verantwortlich sind. Er nennt als wichtige Bestandteile der Motivationsuntersuchung
- die Frage nach der Rolle der inneren und äußeren auslösenden Faktoren,
- die Frage nach den spezifischen oder mehr generellen Wirkungen der genannten Faktoren,
- die Frage nach der zentralen oder eher peripheren Wirkungsstätte der genannten Faktoren.

Besonders interessant wird diese Frage jeweils, wenn mehrere, zum Teil sogar konkurrierende Systeme miteinander wetteifern und das entstehende Verhalten gemeinsam beeinflussen. Hier werden die hemmenden, auslösenden, dirigierenden und vorbereitenden Effekte sowohl der Auslösereize als auch der nervösen wie hormonellen, zentralen und peripheren Aktivitäten besonders eng miteinander verknüpft.

Auch bei diesen Studien bedarf es einer sehr hohen methodischen und analytischen Begabung und man sollte daher den Motivationsbegriff nach Möglichkeit nur verwenden, wenn man durch einschlägige Studien nachgewiesen hat, dass es sich hier um ein gemeinsames System handelt.

Im Bereich der angewandten Verhaltensforschung wird der Motivationsbegriff noch häufiger verwendet als im Grundlagenforschungsbereich, denn für die Beurteilung von Tierhaltungen, seien es Nutztiere oder Zootiere, oder eben für die Ausbildung von Tieren, seien es Hunde, Pferde oder andere, sind die aus der Motivationsforschung stammenden Erkenntnisse häufig sehr hilfreich. Jedoch sollten auch hier die einschlägigen exakten Untersuchungen vorangehen, bevor man ein bestimmtes Motivationssystem als gegeben hinnimmt oder einen „Trieb" für irgendetwas postuliert. Dies gilt umso mehr, je komplexer und aus mehr verschiedenen Verhaltensweisen zusammengesetzt das betreffende System ist.

Frage 4 – „Wodurch?"

Die vierte und letzte Frage wendet sich an das „Wodurch?", an die Frage nach der individualgeschichtlichen Entwicklung eines Merkmals. Hier werden vor- und nachgeburtliche Reifungs- und Lernprozesse, genetische Einflüsse und Umweltfaktoren auf das Verhalten, sowie das Zusammenwirken mehrerer Faktoren des sozialen und nichtsozialen Umfeldes analysiert, um die sogenannte Ontogenese, also die Individualentwicklung des betreffenden Merkmals nicht nur zu beschreiben, sondern auch zu untersuchen, welchen Einfluss welcher Faktor auf die Ausbildung des betreffenden Merkmals jemals hat.

Dieser Frage nach dem „Wodurch?" werden wir ein eigenes Kapitel widmen (→ S. 209), so dass wir an dieser Stelle nicht weiter darauf eingehen müssen. Es sollte jedoch schon hier betont werden, dass diese Faktoren in einem sehr komplexen wechselseitigen Zusammenwirken das zukünftige Individuum formen.

Stamps (2003) hat betont, dass Jungtiere keineswegs passive Empfänger der einschlägigen Umwelteinflüsse seien. Jungtiere suchen und formen vielmehr die Umwelt, die dann wiederum in einem nächsten Schritt die Lern- und Sozialisationseinflüsse auf das Jungtier, sein Nervensystem und seine Verhaltensausstattung prägt. In der Ökologie wurde für die Erklärung dieser Wechselwirkungen der Begriff der ontogenetischen Nische geschaffen (s. Gansloßer 1998), das heißt, man betrachtet jedes Entwicklungs- und Altersstadium so, dass es den in diesem Alter herrschenden Anforderungen und Bedingungen möglichst optimal angepasst sein sollte. Jungtiere sind keine unfertigen Erwachsenen, sondern sie sind Tiere, die mit den Anforderungen des momentanen Alters- und Reifezustandes möglichst optimal zurande kommen. Nur dann kann bereits während der ontogenetischen Entwicklung auch die Anpassung und damit die Fitnessmaximierung vorbereitet werden. Die Durchgangsstadien der Entwicklung sind also immer zugleich auch Stadien der momentanen Optimierung. Diese Doppelanforderung ist es, die die Interpretation von Jungtierverhalten so schwer macht.

Neue Betrachtungsweisen in der modernen Verhaltensbiologie

Im Laufe ihrer Geschichte hat die Verhaltensbiologie eine Reihe von Stadien durchlaufen, die jeweils mit bestimmten Konzepten und theoretischen wie methodischen Eigenmerkmalen verbunden waren (s. Hinde 2005, Kappeler 2006). Nach einer Frühphase, die überwiegend von Vogelbeobachtern und Ornithologen bestimmt war (O. Heinroth hat damals zum Beispiel den Prägungsbegriff geschaffen), folgte eine getrennte Entwicklung in Europa und Nordamerika. Die nordamerikanische Richtung, die überwiegend psychologisch/lerntheoretisch ausgerichtet war, betonte die Bedeutung der Umwelt, in der Extremform des Behaviorismus wurde sogar angenommen, jedes Lebewesen käme als weißes Blatt auf die Welt und müsste alles lernen.

In Europa entwickelte sich die sogenannte klassische Ethologie, die in den 1930er Jahren vorwiegend von Lorenz und Tinbergen vorangetrieben wurde. Hier wurde sehr stark der angeborene Teil des Verhaltens sowie die innere Verursachung (Lorenz schuf dafür den Begriff der „reaktionsspezifischen Energie") betont. Viele Extrempositionen, sowohl in der Gegenüberstellung des angeborenen im Gegensatz zum erworbenen Verhalten wie in der Betonung der inneren Antriebe, sind vorwiegend als gezielte und teilweise überspitzte Gegenreaktionen gegen die Behavioristen zu verstehen. Seit den 1950er Jahren kam es langsam zu einer Annäherung beider Extrempositionen und es wurde zunehmend klar, dass Begriffe wie „angeborener Auslösemechanismus", „Erbkoordination" oder „xy-Trieb" viel zu grobe Vereinfachungen darstellten. Als gegen Ende der 1960er Jahre dann die sich auf Fortpflanzungsoptimierung und Individualselektion beziehenden Theorien der Verhaltensökologie und Soziobiologie zunehmend Anerkennung fanden, war zugleich der Streit um die Existenz angeborenen Verhaltens entschieden.

Nur wenn Verhalten zumindest eine erbliche Komponente hat, kann Selektion wirken und Anpassungsprozesse beeinflussen.

Mathematische Modelle

Auch die mathematischen Modelle der theoretischen Verhaltensökologie waren anfänglich noch sehr grob und kaum in der Lage, das Verhalten hoch entwickelter Tierarten sofort zu erklären. Zudem fehlte es lange Zeit an Vorstellungen und Messmethoden, um die in diesen Modellen geforderte (und auch oft beobachtbare) Verhaltensplastizität zu bearbeiten. Seit Beginn der 1990er Jahre ist nun eine zunehmende Annäherung der proximat und ultimat forschenden beziehungsweise argumentierenden Teile der Verhaltensbiologie zu beobachten, wobei sich viele ehemals als „Blackbox-Begriffe" betrachteten Erscheinungen, etwa Bindung oder Beziehung, durchaus als (zum Beispiel hormonphysiologisch) messbare wie auch mit Kosten und Nutzen für das betreffende Tier funktional bewertbare Größen erweisen. Jedoch darf diese (sehr wichtige) Annäherung der Standpunkte nicht zu einer Vermischung der Argumente führen. Wer eine Frage nach dem Selektionswert eines Verhaltens stellt (Was hat die Hündin davon, die Welpen ihrer Konkurrenten umzubringen, Frage „Wozu?"), darf nicht mit einem Mechanismus (Das ist nur der Stress, Antwort „Wie?") antworten.

Neuere Entwicklungen

Die neuesten Entwicklungen der Verhaltensbiologie betreffen einerseits neuere und präzisere Verfahren zur Auswertung der Daten sowie verbesserte Berechnungsmethoden für stammesgeschichtlich-evolutionsbiologische Fragen, die konsequente Anwendung von Kosten-Nutzen-Analysen und Optimierungsmodellen und die Aufdeckung von lebensgeschichtlichen Strategien, das heißt die Frage, mit welchen Entscheidungsmöglichkeiten die Tiere in einem jeweiligen Lebensabschnitt konfrontiert werden. Ein anderer stark beachteter Bereich betrifft die sogenannten kognitiven Aspekte, das heißt komplexere Prozesse der Informationsgewinnung und -verarbeitung im Gehirn. Die Erkenntnis, dass Lernprozesse auch bei anderen Tieren, außer unserer eigenen Art, auf Einsicht, Vorausplanung, episodischem Gedächtnis, Verallgemeinerungen etc. beruhen können, hätte, wenn sie dann weiterverbreitet würde, enorme Bedeutung für die Ausbildung von Tieren, gerade weil bei Hunden solche Erkenntnisse besonders stark sind (vgl. Hare et al. 2002, Miklosi et al. 2004).

Zusammenhänge zwischen Bindungsfähigkeit, Hormonen und dem Gehirn

Ebenso aufregend sind Ergebnisse, die aus einer Zusammenfassung von hormonphysiologischen mit Verhaltens- und modernsten neurobiologischen Forschungsansätzen über die Zusammenhänge zwischen Sozialbeziehungs-/Bindungsfähigkeit, Hormone und bestimmten Hirnregionen vorliegen. Neue Arbeiten dazu zeigen, dass es bestimmte Regionen im Vorderhirn nahezu aller Wirbeltiere gibt, die mit An-/Abwesenheiten von Revierverteidigung, sozialen Bindungen, Aggression/Dominanz oder Sexualverhalten in Beziehung stehen, dass diese Regionen untereinander vernetzt sind, und dass durch Unterschiede in der Ausprägung dieser Regionen Art-/Populations- oder Geschlechtsunterschiede in den genannten Verhaltensbereichen abgebildet und mindestens teilweise erklärt werden (→ S. 113). Neben einigen Regionen an der Basis von Groß- und Mittelhirn (vgl. Goodson 2005) scheint auch bei Raubtieren sowie bei Primaten die Größe der Neuhirnrinde (Dunbas und Bever 1998) hier eine wichtige Rolle zu spielen.
Gerade durch Untersuchungen an wild lebenden Hundeartigen (vgl. MacDonald 2006, MacDonald und Sillero-Zubiri 2005) wird die innerartliche Variabilität sozialer Systeme als wichtiger Bestandteil ökologischer Anpassungen hervorgehoben. Es wäre sehr aufregend, wenn dieser Aspekt, verknüpft mit dem vorgenannten, auch bei Hunden neue Einsichten bringen könnte.

Grundbegriffe der Verhaltensphysiologie

Das Verhalten eines Tieres ist nicht verständlich erklärbar, wenn man nicht weiß, wie es funktioniert. Und so werden wir uns nun zunächst mit einigen Grundbegriffen und -gegebenheiten der Verhaltensphysiologie allgemein beschäftigen, denn viele dieser Aspekte werden wir in ganz verschiedenen Zusammenhängen später immer wieder benötigen. Zuerst werden wir uns mit dem Aufrechterhalten und Regulieren der Lebensvorgänge und inneren Zustände eines Tieres beschäftigen.

Homöostatische Regulierungsvorgänge

Der Schlüsselbegriff der Regulierungsvorgänge ist die sogenannte Homöostase.

> *Unter Homöostase (= gleicher Stand) versteht man ein reguliertes Gleichgewicht, wobei die lebenswichtigen Funktionen innerhalb bestimmter, möglichst optimaler Grenzwerte gehalten werden.*

Ändert sich einer der regulierten Werte, z. B. die Körpertemperatur, dann wird durch verschiedene innere (zittern, schwitzen) oder äußere (Schatten suchen) Vorgänge versucht, den „ausgerissenen" Wert wieder „zu regulieren". Die Regelung der Homöostase wird oft als rein reaktiver Prozess gesehen, der nur durch Zustandsänderungen aufgrund von anderen Ursachen ausgelöst wird. Wir werden jedoch sehen, dass dies z. B. bei der Tagesrhythmik nicht stimmt.

Optimierungsprozesse

Zur Regulation wird vielfach neben den physiologischen Möglichkeiten (Wärmeproduktion, Verdauung, Nerven, Hormone) auch das Verhalten eingesetzt. Hier sind die schon erwähnten Optimierungsprozesse und -betrachtungen besonders wichtig. Schließlich sind Zeit und Energie eines Tieres immer begrenzt. Es muss also auswählen, wann es wofür wie viel Energie und Zeit einsetzen will. Letztlich sollte das alles natürlich der Fitnessmaximierung dienen, messbar aber wird es für uns zum Beispiel anhand des Nährstoffbedarfs oder -gewinnes, oder des Zeitaufwandes. Wild lebende Tiere, und teilweise auch noch Haustiere, haben hier zwei grundsätzliche Möglichkeiten, die Optimierung zu erreichen, nämlich durch Optimierung der Effizienz des betreffenden Vorganges oder Maximierung der Energiegewinnungsrate.

Optimierung der Effizienz und Maximierung des Energiegewinnes

Ein Beispiel hierfür zeigt sich bei Vögeln, die auf dem Weg zum Nest (wo die Jungen warten) nicht mit Maximalgeschwindigkeit fliegen, weil sie dabei mehr Energie brauchen. Solche Vorgänge sind zwar nicht exakt gemessen, aber beschrieben. Dieses Phänomen ist auch von im Rudel jagenden Raubtieren bekannt, deren Laufgeschwindigkeit bei der Suche erheblich geringer ist als die Spitzengeschwindigkeit bei der Jagd. Maximierung des Energiewinnes bedeutet das Abwägen an einer schon teilweise geräumten Futterstelle: Dort weitersuchen oder woanders hingehen?

Optimierung der Energiespeicherung

Im Zusammenhang mit der Energiegewinnung tritt auch die Frage der Energiespeicherung auf: Soll man lieber Energie im Körper in Form von Fett speichern, dadurch weniger beweglich werden und etliche Krankheiten riskieren, oder soll man sie in externe Nahrungsspeicher bringen, wie dies ja auch Hundeartige durch Vergraben tun. Dabei besteht das Risiko der Plünderung durch andere, und man muss sich den Ort merken. Welche Möglichkeit ergriffen wird, hängt dann wieder von den derzeitigen und zum Teil auch den vorhersagbaren Umweltbedingungen ab. Wichtige Bereiche, in denen homöostatische Regelungen auftreten, sind natürlich zuerst Energiehaushalt und Wasser. Der Energiebedarf eines Tieres setzt sich zusammen aus dem Grundstoffwechselbedarf und dem Bedarf für die jeweilige Tätigkeit. Der Grundstoffwechsel wieder hängt unter anderem von der Körpergröße und der Hirngröße ab, aber auch von bestimmten Verhaltenseigenschaften (vgl. Kappeler 2006). So haben Tiere, die zu energieaufwendigem Verhalten befähigt sind, auch einen höheren Grundstoffwechsel. Wasser als wichtigstes „Lebenselixier" muss ebenfalls sehr haushalterisch eingesetzt werden, und in diesem Zusammenhang spielt dann auch, unabhängig von der Bedeutung für sonstige Lebensfunktionen, die Temperaturregelung eine Rolle. Wüsten bewohnende Tiere (vgl. Müller 1997), oder Hochgebirgsbewohner (de Lamo 1997) zeigen uns hier eine Kombination aus physiologischen Vorgängen und Verhaltensmechanismen, die zumindest teilweise auch genetisch fixiert sind – Tiere ein und derselben Art aus heißeren oder höher gelegenen Gebieten haben unterschiedliche Stoffwechselraten, Wärmeleitfähigkeiten der Haut und Hitzetoleranzen. Auch ein Problem, das bei den derzeit beliebten Hunderettungsaktionen aus dem Mittelmeergebiet völlig missachtet wird.

„Kosten" der Nahrungsaufnahme
Ein Faktor, der bei der Effektivierung der Nahrungsaufnahme ebenfalls eine Bedeutung hat, sind die Kosten, die die Nahrungsaufnahme selbst bzw. die Gewinnung und „Zubereitung" der Nahrung verursacht, im Vergleich zum Nutzen durch Nährstoffgewinn. Gerade größere Fleischfresser sind hier in einer Zwickmühle. Sollen sie kleine, recht leicht zu überwältigende Beute suchen und dafür Zeit und Energie einsetzen, oder sich auf größere, ertragreiche, aber wehrhafte und/oder fluchtbereite Tiere konzentrieren? Von Wölfen ist bekannt, dass sie zwar theoretisch auch Mäuse fangen können, aber erst in Gebieten auch auf Dauer leben, in denen mindestens

bibergroße Beutetiere vorhanden sind (Bibikoff 1992). Sind aber genug große Beutetiere da, werden Beutegreifer sehr wählerisch und fangen nur ausgewählte Tiere oder fressen nur die „wertvollsten" Teile, wie etwa von Bären beim Lachsfang bekannt ist. Dies kann das gleiche Individuum in unterschiedlichen Zeiten sein, je nach Abwägung des Aufwandes zum Ertrag der Nahrung. Die hierbei im Innern des Tieres ablaufenden Entscheidungsprozesse und ihre Mechanismen sind noch nicht in letzter Einzelheit verstanden, die Konsequenzen daraus spielen aber ersichtlicherweise eine bedeutende Rolle. Bemerkenswert bezüglich des Hundes ist, dass z. B. Zimen (1988) feststellt, diese Fähigkeit zur effektiven Abschätzung von Aufwand und Erfolg sei auf dem Weg vom Wolf zum Hund verloren gegangen, daher die erfolglosen Hetzjagden von Haushunden auf Wild beim Spaziergang.

Vermeidung von Krankheiten
Auch die Vermeidung von Parasiten und Krankheiten kann ein wichtiger Teil der homöostatischen Regulation sein. Meidung von möglicherweise parasitischen Artgenossen durch Aussehen (vgl. Wehnelt 2000), Geruch (Kavaliers et al. 2003) oder Verhalten kann nicht nur bei der Partnerwahl eine Rolle spielen. Nunn (2003) zeigt, dass verschiedene Verhaltensweisen nach der Kopulation, zum Beispiel heftiges Urinieren oder Genitallecken, der Verminderung des Infektionsrisikos für Geschlechtskrankheiten dienen können. Auch bei Hunden finden wir diese Verhaltensweisen nach der Paarung.

Regelung über biologische Rhythmen

Ein besonderes Phänomen der Regelung sind biologische Rhythmen. Am bekanntesten dabei sind die Tagesrhythmen, die man, weil sie meist nicht ganz genau 24-Stunden-Rhythmen sind, also „circadian", als „ungefähr tagesperiodisch" bezeichnet. Sie sind auch unter konstanten Lichtbedingungen weitgehend stabil, und zumindest bei Tieren mit eigener Temperaturregulation (wie bei Säugern) sind sie auch über ein weites Temperaturspektrum stabil.

Die sogenannten Perioden, also der stetig wiederkehrende Zeitabschnitt, nach dem Schlaf- und Wachzyklen ablaufen, muss von innen kommen. Die Rhythmen betreffen ja nicht nur schlafen und wachen. Auch Körpertemperatur, Hormonausschüttungen, Herzschlag und andere Basiswerte sind hier zu nennen. Besonders wichtig ist der Tagesgang der Glucocorticoidhormone, da diese auch in Bezug auf Lernvorgänge und Stressbewertung (→ S. 62) auftauchen. Etwa ein bis zwei Stunden vor dem Aufwachen steigt der Cortisolspiegel, und dieser, allerdings individuell unterschiedliche, Anstieg bereitet den Körper auch z. B. auf Verdauungsvorgänge vor (Eckert et al. 2002).

Auch die Wirkung der Sexual- und Brutpflegehormone unterliegt einer Wechselwirkung mit der Tagesrhythmik (Nelson 1995). So werden Ratten- und Hamsterweibchen unter Östradiolwirkung schneller abends aktiv, Progesteron verlängert als Gegenspieler des Östradiol die Tagesperiodik, Testosteron bei Männchen verkürzt die Periodik offenbar, Kastration verlängert sie bei Männchen und auch das Schilddrüsenhormon und die Hirnanhangsdrüse sind bei der regelmäßigen Steuerung von Bedeutung – Wegfall des Schilddrüsenhormons verkürzt die Tagesperiodik usw.

Die Rhythmik des Schlafes ist aber nicht nur eine 24-Stunden-Rhythmik (Fleissner 2001). Zwar wird aus dem sogenannten *Nucleus suprachiasmatismus*, einem Kerngebiet im Zwischenhirn, der selbstständige 24-Stunden-Rhythmus ausgelöst, der beispielsweise zu bestimmten Zeiten den Schlaf erleichtert. „Darunter" gibt es dann die ca. 90-minütigen, zyklischen Schlafformwechsel des **REM** (Rapid Eye Movement, schnelle Augenbewegungen bei entspannter Muskulatur, auch Traumschlaf genannt) und des **NREM**-Schlafes (Non Rapid Eye Movement, bis zum Tiefschlaf reichend). Und dann gibt es im Tiefschlaf noch die Wellen im 0,5- bis 4-Sekunden-Bereich. Alles das hat nach neueren Erkenntnissen auch große Bedeutung für die Lern- und Gedächtnisleistung – in den Tiefschlafphasen werden vorher gelernte Zusammenhänge nochmals „durchgespielt", wiederholt und damit gefestigt. Zusammenhänge, die man (Mensch, Ratte) vor dem Einschlafen gerade verstanden hat, werden so neuronal fixiert. Umgekehrt werden auch regelmäßig wiederkehrende Ereignisse, beispielsweise Futter nur immer zur gleichen Zeit, zur Vorhersage auch für physiologische Prozesse genutzt („Zeitgedächtnis") – aber das funktioniert z. B. bei Ratten weniger gut, wenn sie ganztägig Futterzugang haben. Ebenso sind sogenannte Zeitgeber (Licht, aber auch soziale Faktoren) an der Synchronisation der gesamten Aktivität beteiligt. Bedeutsam, wenn auch ganz anders gesteuert, sind die Jahreszyklen, etwa der Fortpflanzungsaktivität. Hier ist, auch gerade von Wölfen und Hundeartigen, der Einfluss der Tageslänge als Zeit- oder Taktgeber von Bedeutung, es gibt jedoch auch circaannuale innere Uhren, wenngleich noch niemand weiß, wo sie sitzen (Mistlberger und Rusak 2005).

Reizwahrnehmung und -verarbeitung

Ein ganz anderes Thema der inneren Funktionen eines Tieres, das uns auch durch nahezu alle Kapitel begleiten wird, ist die Sinnes- bzw. Reizwahrnehmung und -verarbeitung. Eine Vielzahl von Reizen, auf ganz verschiedenen Kanälen (Geruch, Sehen, Hören), muss erkannt und einer Kategorie zugeordnet werden. Die Kategorisierung erfolgt oft durch eine Kombination mehrerer Reize nach dem Schema: Reiz A und B zusammen bedeutet X, Reiz A und C dagegen Y. Bekanntes Beispiel ist dafür etwa die Bewertung von Reizkombinationen als Feind bzw. keine Gefahr durch Hühnervögel: Wird ein schwarzes Kreuz mit dem kürzeren Arm voran über den Hühnerhof gezogen, bedeutet es: Greifvogel = Flucht, mit dem langen Arm voran dagegen: Gans o.ä. = harmlos. Leider sind solche Untersuchungen an großen Säugern noch kaum systematisch gemacht worden. Die Verarbeitung der Reize führt uns dann in ein komplexes Netzwerk von Hirnzellen und deren Verbindungen, bis schließlich ein Auslösemechanismus entsteht – der aber wiederum dann sehr einfache Merkmale haben kann. So ist, wie zahllose Arbeiten an Carnivoren (Leyhausen (1996) an Katzen, Eisenberg und Leyhausen (1972) an diversen Kleinraubtieren) gezeigt haben, die Reizkombination „kleiner als ich, schnelle, geradlinige Bewegung von mir weg" das klassische Auslöseschema für Beutefang, und als solches sehr schwer zu beeinflussen, Antijagdtraining hin oder her!

Die Einzelbestandteile des Netzwerks an Kommandoelementen im Gehirn dienen dabei sehr verschiedenen Verhaltensweisen, z. B. dem Beutefang, der Flucht oder dem Paarungsverhalten. Durch die dazwischen geschalteten Kommandoauslösesysteme aber wird, bei Vorliegen der richtigen Reizkombination, das jeweilige Verhalten ausgelöst. Und in vielen Fällen (Ewert 2005) kennen wir bereits die dafür jeweils zuständigen Nervenzellen oder -zentren.

Reizverarbeitung bei Primaten
Bei Primaten (und sicher auch vielen anderen optisch orientierten Säugern) erfolgt die Verarbeitung des Gesehenen im Gehirn in sogenannten Säulen, einer Reihe von bis zu neun übereinander geschalteten Zellschichten im zuständigen Zentrum der Hirnrinde. Die Reize werden in jeder Säule von der untersten zur obersten Schicht „durchgereicht" und dabei zunehmend in Schärfe, Kontrast und Form bearbeitet. Manche Säulen sind für die Orientierung von Kontrastunterschieden, andere für Linienverläufe, wiederum andere für Bewegungen etc. zuständig. Zusammen mit bestimmten Erinnerungen an ähnliche, schon gesehene Strukturen (die aus dem Limbischen System kommen, → S. 61) wird dann der Gegenstand zum Beispiel als „rote Wurst" erkannt. Eine Reihe von Neuronen sind, bei Primaten wie Schafen nachgewiesen, für die Gesichtererkennung zuständig – selbst bei fremden Arten (Schafe erkennen Hundegesichter!).

Aber die Erkennung ist nur ein Teil der Abläufe. Denn die nun folgende selektive Aufmerksamkeit ist ebenfalls ein Merkmal der neuralen Systeme:

Was das Tier nicht sehen will, sieht es nicht.

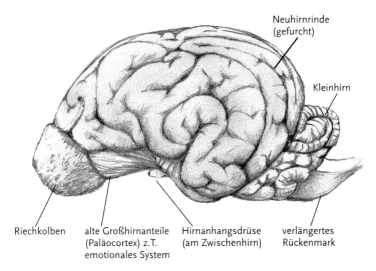

Seitliche Ansicht des Hundegehirns mit den wichtigsten Regionen. Nicht alle Hirnteile sind von außen sichtbar.

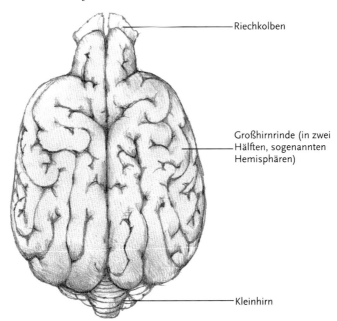

Hundegehirn in der Ansicht von oben. Fast alle Teile werden vom stark entwickelten Neuhirn (= Neocortex) des Großhirns überdeckt.

Der Lebensraum „Hochwald" ist charakterisiert durch fast vollständig geschlossene Kronendeckung, aber recht gute seitliche Durchsichtigkeit in Augenhöhe größerer Tiere.

VII

Der Lebensraum „Trockensteppe" umfasst weite offene Gebiete, ohne viel seitliche Deckung.

Der Lebensraum des Schneeleoparden ist das extreme Hochgebirge. Rudelbildung wäre hier nicht von Vorteil, da die Beutetierdichte zu gering ist

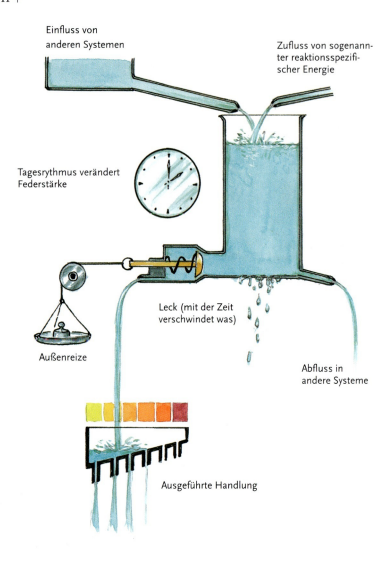

Triebmodell nach Konrad Lorenz, abgeändert mit Ergänzungs-/Änderungsvorschlägen nach Hogan (2005). Durch Zufluss verändert sich im Modell der Druck, der das Ventil öffnet und dadurch das Verhalten auslöst. Je mehr Füllung (= Handlungsbereitschaft), desto geringere Reize reichen aus. Auch in dieser Form gilt es nicht für z. B. Aggression, Sexualität oder Stress, eher für Nahrungs- und Wasseraufnahme, Körperpflege oder Schlaf.

Selektive Aufmerksamkeit kann man durch Training beeinflussen: Lernt ein Affe, dass er bei einem roten Balken eine bestimmte Handlung vollbringen soll, dann feuern bestimmte Nervenzellen, wenn ein roter und grüner Balken gleichzeitig zu sehen sind. Ist dagegen das Training auf einen grünen Balken erfolgt, sind die gleichen Zellen beim gleichen Bild still. Ebenso können je nach Motivation bestimmte Neurone still sein, und dann werden bestimmte, z. B. ablenkende Reize, neuronal ausgeblendet. Die dafür verantwortlichen Netzwerke unterliegen einer starken Plastizität, sie können sich im Gehirn je nach Gebrauch oder Nichtgebrauch ausdenen oder schrumpfen. Dies betrifft Anforderungen durch besondere Tätigkeiten (bei Geigern erweitert sich der der linken Hand zugeordnete Bereich der Hirnrinde) oder Ersatz nach Verlust einer Sinnesmodalität (Blindheit). Durch moderne Methoden kann man diese Hirnregionen am lebenden Tier bei der Arbeit beobachten. Bemerkenswert ist hier noch zu vermerken, dass bei Haustieren (Herre und Röhrs 1990) die Zahl der übereinander angeordneten Zellschichten in der Hirnrinde geringer ist als bei ihren wilden Stammesformen – dadurch kann die Bilderkennung und -bearbeitung schlechter ausfallen. In jedem Fall sind diese zentralnervösen Prozesse und ihre Dynamik einer der Hintergründe für mangelnde Reaktion auf Kommandos, sei es bei Phobien, beim Jagen, oder bei intensivem Spiel. Wenn dann Besitzer klagen: „Der hört wieder überhaupt nicht", ist das vielleicht viel wörtlicher zu verstehen, als sie denken!

Innere und äußere Reize und ihre Auswirkung

Welche Faktoren verursachen unmittelbar, dass ein bestimmtes Verhalten so, und genauso stark, auftritt? Dass dabei innere und äußere Faktoren zusammenwirken, ist bereits durch das bekannte **Lorenzsche psychohydraulische Modell** (→ Farbtafel VIII) beschrieben worden. Jedoch sind einige der Grundaussagen des Modells durch neuere, quantitativere Untersuchungen doch zumindest sehr stark infrage gestellt (Übersicht s. Hogan 2005).

Das beginnt schon mit den äußeren Reizen. Reize können nicht nur auslösen, wie das ursprüngliche Lorenzsche Modell vermuten lässt, sie können auch hemmen, vorbereiten oder lenken. Auch Tageszeit oder andere zurzeit aktive Verhaltenssysteme, Tageslichtstärke oder soziale Einflussfaktoren von außen können die Wirkung eines Reizes verändern.

Wie bereits erwähnt, lassen sich „Hungergefühle" durch regelmäßige Fütterungszeiten aufbauen, das hellste Tageslicht in der Mittagszeit löst besonders leicht Sandbaden bei Hühnern aus, etc. Auch das Pendant im Lorenzschen Modell, die innere Motivation (die Lorenz ursprünglich als „reaktionsspezifische Energie" bezeichnete) ist nicht einfach nur ein Reservoir, das gleichmäßig nachgefüllt wird. Zwar steigt für einige Verhaltenssysteme (z. B. Hunger, Schlafbedürfnis) die innere Komponente tatsächlich, je länger das betreffende Verhalten nicht ausgeführt wurde, und sinkt zeitweise, wenn es stattfinden konnte.

Für andere, gerade für die „konfliktträchtigen" Verhalten wie Aggression oder Sexualverhalten gilt aber diese Zunahme bei „Nichtgebrauch" nicht, im Gegenteil. Reize können nämlich auch verarbeitet werden und die Reaktionsbereitschaft auf folgende Situationen erhöhen, es können zum Teil durch Hormone oder Neurotransmitterausschüttung erklärbar positive Rückkopplungen auftreten.

> *Jedes Mal, wenn ein Verhalten gezeigt wurde, erhöht sich die Bereitschaft, es wieder zu zeigen, mit der Zeit kann die Bereitschaft aber auch wieder sinken.*

Innere Uhren erhöhen die Reaktionsbereitschaft zu bestimmten Zeiten und ultradiane Rhythmen erlauben, auch zwischen dem gerade vorrangig gezeigten Verhalten andere Aktivitäten einzuschieben. So läuft die Nahrungsaufnahme, oder das Brutverhalten oft in „Portionen" von gleichbleibender Dauer und dazwischen liegen Pausen, in denen Verhaltensmuster wie Körperpflege, Wachsamkeit oder einfach „Nichtstun" auftreten.

Auslösbarkeit eines Verhaltens

Von besonderer Bedeutung für die Auslösbarkeit eines jeweiligen Verhaltens ist es demgemäß, ob gerade ein anderes stärker motiviertes Verhalten aktiv ist. Oft hemmt (bis auf die Pausen) dieses Verhalten jedes andere. Häufig kommt es aber auch zu verschiedenen Formen von Konfliktverhalten, wobei **Umorientierung** (Faust auf Tisch statt auf Kopf des Gegners!), **ambivalentes Verhalten** (das entweder Komponenten beider Verhaltenssysteme zeigt, vgl. die Überlagerung von Angriffsbereitschaft und Furcht in der Drohmimik des Wolfes) oder echtes **Übersprungsverhalten** (das zur Situation überhaupt nicht passt) auftreten können.

Ein anderes Beispiel, bei dem sich die Bestandteile der zwei konkurrierenden Systeme sehr schnell abwechseln, ist der Zickzacktanz des Stichlings, (also der Wechsel zwischen Angriff und Zum-Nest-Führen) oder Übersprungverhalten: Auslösen eines völlig fremden dritten Verhaltensystems, so dass etwa Körperpflege oder Nahrungsaufnahme in Konfliktsituationen (Angriff und Flucht) vorkommen. Die auslösenden wie auch inneren Situationen für jede dieser Konfliktverhaltensweisen kann man durch systematisches Variieren eines Faktors und Konstanthaltens aller anderen untersuchen. Solche Studien sind jedoch, gerade bei Großsäugern, selten systematisch zu machen.

Sequenzanalyse

Daher bleibt oft nur die sogenannte Sequenzanalyse, also die statistische Untersuchung des Aufeinanderfolgens verschiedener Verhaltensweisen in Abhängigkeit von Außensituationen. Wenn dann ein Verhalten häufiger oder seltener als statistisch zu erwarten mit einem anderen zusammen auftritt, kann man daraus eine Aussage über gemeinsame oder eben getrennte und konkurrierende Motivationen wagen.

Ebenso kann, wenn ein Verhalten bevorzugt in Abhängigkeit der Stärke bestimmter, widersprüchlicher Außenfaktoren auftritt, es als Übersprungsverhalten gewertet werden. Die dazu nötigen Mengen an Beobachtungsdaten sind zwar sehr beachtlich, aber immer noch leichter zu erreichen als etwa ein Attrappenversuch. Letzte Klarheit aber schaffen solche rein korrelativen Untersuchungen nie, vor allem, da eben sehr viele Verhaltensweisen multiple Ursachen haben und auch im Dienst mehrerer Funktionskreise stehen können.

> *In der deutschsprachigen ethologischen Literatur wird oft statt Motivation auch der Begriff „Handlungsbereitschaft" verwendet. Der umgangssprachliche Begriff „Trieb" dagegen findet sich in ernsthaften Veröffentlichungen praktisch nicht, einerseits weil er doch sehr abfällig belegt ist („Triebtäter"), andererseits weil er viel zu sehr den Eindruck von einfachen, monokausalen Zusammenhängen vermittelt.*

Höhere Verhaltensleistungen (Kognition)

In den letzten Jahren ist, nicht zuletzt durch eine Reihe sehr guter Studien an Hunden (Hare et al. 2002, Miklosi et al. 2004), der Begriff der Kognition wieder verstärkt in der biologischen Verhaltenswissenschaft aufgetaucht. Da auch dieser Aspekt zu den „Wie?"-Fragen gehört, die auf viele Verhaltensbereiche einwirken (z. B. Nahrungssuche, Orientierung und Heimfindevermögen, Sozialbeziehungen), soll auch er hier kurz allgemein definiert werden.

> *Kognition ist die Art, wie das Verhalten der Tiere durch Lernen, Gedächtnis und Denken beeinflusst und gesteuert wird.*

Wichtig ist die „innere Repräsentation", d.h. wie das Tier die nötigen Informationen und Erinnerungen verknüpft und bewertet. Einsicht, Vorausplanung und rationale Entscheidungsfindung sind hier wichtige Komponenten. Was Tiere übereinander wissen und was sie über dieses Wissen wissen, ist Gegenstand vieler Veröffentlichungen – vor allem an Primaten.

Räumliche Orientierung

Aber auch räumliche Orientierung benötigt eine Reihe kognitiver Aspekte, z. B. bei weit herumstreifenden Tieren oder bei Arten, die Nahrungsvorräte anlegen. Beides trifft für Hundeartige zu, und deshalb ist die Existenz sogenannter kognitiver Landkarten sehr wahrscheinlich. Peters & Mech (1975) haben gerade am Beispiel der Orientierungsfähigkeiten von Wolfsrudeln bei der Jagd, die sich trennen und wiederfinden, Abkürzungen benutzen etc., die Bedeutung der Fähigkeit zur Verknüpfung von räumlichen Informationen und deren innerer Repräsentation, sozusagen der Ablageordnung im Speicher des Ortsgedächtnisses, dargelegt.

Eine zweite kognitive Seite kommt noch hinzu, wenn Tiere, wie für Häher sehr gut nachgewiesen, für Füchse aber auch berichtet, zu Nahrungsspeichern nur so lange zurückkehren, bis diese geleert sind. Häher können sogar zwischen Speichern mit verderblicher oder nicht verderblicher Nahrung in der Erinnerung (wann wurde wo was gespeichert) unterscheiden. Da viele kleine Caniden auch in heißen Gegenden solche Speicher anlegen, wären diese Fähigkeiten auch für sie sehr nützlich. Auch Raben kehren im Experiment zu einer schon „geplünderten" Futterstelle kaum zurück.

Mentale Rotation und Zahlenerkennung

Tauben sind besonders gut in der Wiedererkennung von Mustern nach Drehung – kein Wunder, je nachdem aus welcher Richtung sie anfliegen, sehen Landmarken auch anders aus. Diese Fähigkeit wird „mentale Rotation" genannt. Es wäre schon untersuchenswert, wie beispielsweise Hundeartige oder andere weit herumstreifende Tiere abschneiden – man denke an die über 2.000 km² großen Streifgebiete des afrikanischen Wildhundes!

Auch die Fähigkeit, sich an Zahlen und Mengen zu erinnern und dann wieder abzuhandeln, kann generalisiert werden. Wenn eine Ratte auf die Zahl 3 trainiert wurde, öffnet sie die vierte Tür nach der, aus der sie in die Arena gelassen wurde, oder wenn ein Graupapagei antwortet korrekt, wie viele Würfel er gesehen hat!

Prinzip der sparsamsten Erklärung

In allen Studien zu kognitiven Fähigkeiten ist aber stets das Prinzip der sparsamsten Erklärung besonders wichtig, denn nirgendwo können Vermenschlichungen so leicht und unbedacht passieren. Andererseits haben viele Tiere oft in einem uns weniger vertrauten Bereich ihre wirklichen kognitiven Fähigkeiten und könnten dort viel besser abschneiden als bei von uns oft bevorzugten optischen Testsituationen.

Generell stellt man oft fest, dass Tiere nur dann in der Lage sind, solche höheren Verknüpfungsleistungen wirklich beeindruckend zu meistern, wenn sie durch eine Reihe einschlägiger Erfahrungen mit vergleichbaren Situationen vorher genug „Stoff" zum Generalisieren hatten. Erst ab etwa 150 verschiedenen Musterpaaren können Tauben beispielsweise generalisieren, Kapuzineraffen, Delfine oder Schimpansen schaffen das schon nach ein bis wenigen Mustern. Viel schneller ging es aber auch bei Tauben, wenn sie etwa die Anwesenheit von Bäumen auf Fotos als generelles Positionsmerkmal generalisieren sollten (vgl. Fersen 1995).

Eine Reihe guter Beispiele zum Thema Kognition bei verschiedenen Tieren liefern Emery und Clayton (2005).

Gene oder Umwelt?
Wie Verhalten beeinflusst wird

Die Geschichte der Generalisationsfähigkeit von Tauben (→ S.37) hat bereits ein erstes Schlaglicht auf die komplizierten Wechselwirkungen von Vorerfahrung und Leistungsfähigkeit des Gehirns geworfen. Die tiefer gehende Frage, die sich gerade im Hinblick auf Züchtung und Erziehung von Haustieren, aber auch in vielen anderen Bereichen von Wildtiermanagement bis Pädagogik stellt, lautet:

> *Können wir den Anteil von Umwelt gegenüber Genetik an der Ausprägung von Verhaltensmerkmalen überhaupt messen?*

Diese Frage stand lange Zeit im Zentrum der Diskussionen innerhalb der Verhaltensforschung und wenn man Schullehrpläne der Verhaltensbiologie oder Bücher für Hundehalter liest, könnte man glauben, dies wäre auch heute noch so. Dabei spielt in der modernen Verhaltensbiologie diese Frage praktisch keine Rolle mehr. Neuere Übersichtsarbeiten (Bolhuis 2005) erwähnen diese Frage nur noch aus geschichtlicher Sicht.
Ein schöner Vergleich dazu steht ebenfalls bei Johan Bolhius, er stammt von dem Embryologen Conrad Waddington:

> *Steht man auf dem Gipfel eines Berges und lässt eine Kugel fallen, rollt diese Kugel eines der davon ausgehenden Täler entlang und kommt irgendwo im Flachland zur Ruhe. Welchen Weg sie dabei genau nimmt, ob sie dem Tal in der Ideallinie folgt oder mal den einen oder anderen Abhang ein Stück mit Schwung hinauf und wieder hinabrollt, ist aber weder vorhersehbar noch hinterher genau zu rekonstruieren.*

Genauso geht es mit Entwicklungsprozessen. Der eine Hang wäre der Einfluss des Erbgutes, der andere die Umwelt, und welche genauen Wechselwirkungen in welchen Entwicklungsstadien genommen werden, ist kaum zu verallgemeinern. Gelangt die Kugel etwas zu stark auf einen Hang hinauf, wird sie wieder zur Talsohle abgelenkt. Gelangt sie zu stark auf den anderen, ebenso. Waddington nennt das Ganze eine epigenetische Landschaft, und das Bild, das ursprünglich für die Ausbildung von Organmerkmalen entworfen wurde, gilt ähnlich für Verhaltenseigenschaften. Auch einige andere Begriffe der Embryologie spielen sicher in der Verhaltensentwicklung eine Rolle, etwa **Kanalisierung** (ein Merkmal ist in der Richtung seiner Entwicklung vorgegeben), **Induktion** (wie beeinflusst ein schon vorhandenes Merkmal eines, das sich später entwickelt) oder **Differenzierung**.

Eine erste Schwierigkeit mit der alten Frage nach dem Angeborensein ergibt sich schon aus dem Begriff: Er wird allein in der Verhaltensliteratur in sieben verschiedenen Bedeutungen gehandelt, von „bei Geburt vorhanden" bis zu „bei allen Mitgliedern der Art vorhanden". Zwar meinen viele „genetisch irgendwie bestimmt" damit, aber sagen tun sie es nicht, und testen erst recht nicht! Wir wollen nun im Folgenden einige Befunde dazu ausführlicher betrachten.

Angeborenes Verhalten – ja oder nein?

Eine Methode, mit der Induktionsvorgänge während der Entwicklung von Gehirn und Verhalten zunehmend studiert werden, ist die Untersuchung der sogenannten „Immediate Early Genes", abgekürzt IEG, das könnte man etwa mit „frühe schnelle Gene" übersetzen. Es handelt sich dabei um Gene, die ihre Tätigkeit zur Produktion bestimmter Stoffe in einer Zelle sehr schnell, schon wenige Minuten nach der Reizung dieser Zelle, beginnen. Wenn zum Beispiel eine Zelle im Hörzentrum eines Kanarienvogels durch arttypischen Gesang gereizt wird, beginnt sie mit ihrer Tätigkeit durch

Produktion der Produkte dieser IEGs. Durch die Verteilung der Aktivität der IEGs in verschiedenen Regionen des Gehirns kann man zum Beispiel zeigen, dass Kanarienvögel, die zwar singen, den Gesang aber nicht hören, dadurch eine weniger perfekte Entwicklung ihres arttypischen Gesanges haben, beziehungsweise diesen überhaupt nicht erlernen. Wir werden auf diese Methode und auf die IEGs als wichtige Hinweise im Kapitel über die Entwicklung sozialer Strukturen im Gehirn noch einmal zurückkommen (→ S. 113).

Entwicklung des Gehirns

Die Entwicklung des Gehirns (→ Farbtafel V) nimmt einen sehr stark von den umgebenden Reizen abhängigen, unterschiedlichen Weg. Bereits seit längerer Zeit ist bekannt, dass Ratten, die in einer angereicherten Umwelt (zum Beispiel mit Spielzeug, Laufrädern und teilweise auch anderen Artgenossen) aufgewachsen sind, einen stärker entwickelten Neokortex, das heißt eine stärker entwickelte Großhirnrinde besitzen. Das Gesamtgewicht der Großhirnrinde ist bei diesen Tieren größer und sie haben auch eine stärkere Verschaltung der Nervenzellen über die sogenannten Dendriten. Wie wichtig es ist, die jeweilige Hirnentwicklung für das Studium von Verhaltensentwicklungen mit heranzuziehen, zeigt ein ebenfalls von Groothuis (2005) erläutertes Beispiel: Sehr lange gab es gegensätzliche Angaben darüber, in welchem Alter ein neugeborenes Menschenkind erstmals auf Gesichter als Umrisszeichnungen reagiert. Manche Forscher vermuteten, dass es zwei bis drei Monate dauern würde, bis ein Baby Gesichter erkennt, andere wollten das schon zehn Minuten nach der Geburt gemessen haben. Die Lösung dieses Widerspruchs lag in der Methode der Präsentation: Wenn das Gesicht einfach nur statisch unbewegt präsentiert wurde, galten die zwei bis drei Monate, wurde es bewegt, galten die zehn Minuten. Dies hängt mit der Ausbildung verschiedener Hirnstrukturen zusammen. Die bereits unmittelbar nach der Geburt funktionsfähigen, sogenannten subkorticalen Strukturen des Gehirns, also solche, die unterhalb der Großhirnrinde liegen, werden nur dann mit Information versehen, wenn das Licht von dem betreffenden Reiz auf den Rand der Netzhaut des Auges fällt. Ein bewegtes Gesicht kommt mit viel größerer Wahrscheinlichkeit auf den Rand der Netzhaut und löst damit Informationen aus, die zu voll entwickelten subkorticalen Strukturen gelangen, während ein unbewegtes, im Zentrum des Gesichtsfeldes des Babys präsentiertes Gesicht eben nur über den zentralen Teil der Netzhaut abgeleitet wird, und der meldet an die Großhirnrinde selbst, die eben in diesem Alter noch nicht ausgebildet ist. Dieses Beispiel zeigt, mit welchen Feinheiten der Untersuchung man rechnen muss, bevor man über sogenanntes angeborenes oder nichtangeborenes Verhalten spricht.

Zusammenhang von Genen und Verhalten

Nun ist es keineswegs so, dass es überhaupt keine Hinweise für genetische Zusammenhänge, manchmal sogar für einfache genetische Zusammenhänge zum Verhalten gibt. Ein besonders bekanntes Beispiel betrifft die tagesperiodische Rhythmik von Mäusen. Man fand heraus, dass ein einzelnes Gen die Tagesperiodik steuert, indem es den Beginn und das Ende der jeweiligen Aktivitätszeit festlegt. Mäuse, die mit einem Mutagen behandelt worden waren, hatten hinterher unter anderem eine um etwa eine Stunde verschobene Tagesperiodik, das heißt ihre Tagesrhythmik folgte nicht einem 24-Stunden-, sondern einem 25-Stunden-Rhythmus. Durch Rückkreuzung dieser abweichenden Mutante konnte man zeigen, dass es sich hier wirklich um ein einzelnes Gen handelt, das als „Clock" auf dem Chromosom Nummer fünf der Maus sitzt. Auch Verhaltensweisen wie Neugier und Erkundung, Lernverhalten, Ängstlichkeit und Aggressivität wurden in mäusegenetischen Untersuchungen bereits als erblich, teilweise sogar als auf einen einzelnen Genort an einem einzelnen Chromosom zurückführbar gefunden. Einige dieser Befunde werden wir im Folgenden noch kennen lernen (Vitatherma et al. 1994). Andererseits ist gerade die Genetik des Mäuseverhaltens durch eine aufsehenerregende Un-

tersuchung einer Arbeitsgruppe um John Crabbe (1999) erheblich ins Schwanken geraten. Crabbe und seine Mitarbeiter ließen Daten in ihre Analyse einfließen, bei der die Untersuchungen von verschiedenen Mäuse-Inzuchtstämmen in drei verschiedenen Testlabors in jeweils sechs verschiedenen Standardsituationen verglichen wurden. Soweit wie auch irgendwie nur möglich wurden die Versuchsvorgehensweisen, Versuchsapparaturen und alle anderen Umweltvariablen konstant gehalten. Trotzdem ergaben sich eine ganze Reihe systematischer Unterschiede in den Ergebnissen der Verhaltensweisen zwischen den verschiedenen Labors. In einigen der untersuchten Tests war die Größenordnung der „genetischen Unterschiede" nur einzig und allein vom jeweiligen Testlabor abhängig. Der Genotyp, also die genetische Zusammensetzung des jeweiligen Mäuseerbgutes, konnte je nach Test und betrachtetem Verhalten zwischen 30 und 80% der gesamten Variabilität erklären. Gerade solche Merkmale, die auf eine einzelne Mutation oder andere spezielle Einwirkungen auf das Erbgut zurückzuführen wären, waren jedoch in viel stärkerem Maße von der jeweiligen Laborumgebung abhängig. Es hatte auch keinen Einfluss darauf, ob die Tiere in diesem Labor gezüchtet oder im Alter von etwa fünf Wochen dorthin gebracht wurden.
Insgesamt deutet diese Untersuchung auf jeden Fall darauf hin, dass Vergleichbarkeit von Testergebnissen nur unter ganz rigorosen Randbedingungen möglich ist, und selbst dann nicht für selbstverständlich genommen werden darf.

Domestikationsversuche an Silberfüchsen

Eine zweite Gruppe von Untersuchungen beschäftigt sich mit den Unterschieden, die durch eine generationenüberdauernde, aber sozusagen unter unseren Augen ablaufende Domestikation bestimmter ehemaliger Wildtiere im Verhalten auftreten.
Die bekanntesten Untersuchungen dazu stammen aus russischen Labors in Novosibirsk unter Leitung des Genetikers Dimitri Belyayev (eine Zusammenfassung findet sich bei Trot 1999).

Belyayev konnte über eine Reihe von Zuchtexperimenten mit Silberfüchsen, einer bestimmten Farbspielart des Rotfuchses, innerhalb von acht bis 20 Generationen eine besonders zahme Variante dieses Fuchses erzeugen. Die einzige Selektionsvorgabe war, dass die Füchse während des Experiments aus der Hand gefüttert wurden und sich vom Menschen streicheln lassen mussten. Füchse, die auf diesen Test positiv reagierten, wurden zur Weiterzucht verwendet. Bereits nach wenigen Generationen änderte sich nicht nur das Verhalten der Füchse, sondern auch eine ganze Reihe körperlicher Merkmale wurden in ähnlicher Weise sichtbar, wie wir das in der Haustierzucht sonst normalerweise sehen (vgl. Gansloßer 2005). Von besonderer Bedeutung für unsere Betrachtungen war, dass diese Füchse nicht nur wesentlich zahmer dem Menschen gegenüber waren, sondern dass sich auch die Entwicklungsgeschwindigkeit verändert hat, so reagierten sie etwa zwei Tage früher im Durchschnitt auf vorgespielte Geräusche, öffneten ihre Augen einen Tag früher und die Ausprägung von Angstreaktionen wurde anstatt nach sechs Wochen erst nach neun Wochen beobachtet.

Nach der zehnten Generation waren bereits etwa 18% der Fuchswelpen sogenannte domestizierte Elitefüchse, die bereitwillig von sich aus Kontakt zum Menschen suchten, durch Winseln, Beschnüffeln und Belecken die Aufmerksamkeit der Testpersonen auf sich lenken wollten, dies begann bereits im Alter von weniger als einem Monat. Nach etwa 20 Generationen stieg diese Zahl auf 35%. Trotzdem betrug die Erblichkeit der Merkmale insgesamt nur etwa 35%.

Erblichkeit bzw. Heritabilität
Bevor wir weiter fortfahren, müssen wir diesen Begriff der Erblichkeit oder Heritabilität ganz genau definieren.

> *Populations- und Züchtungsgenetiker verstehen unter Erblichkeit = Heritabilität denjenigen Prozentsatz der Variation zwischen den Angehörigen einer Generation, der durch erbliche Merkmale beeinflusst wird.*

Eine Erblichkeit von 35% bedeutet also, dass 65% der Schwankungen zwischen den Angehörigen einer Generation von der Umwelt, und nur 35% durch Genetik erklärbar sind. Dieser Wert ist bereits extrem hoch für Verhaltensmerkmale (→ S. 50 f.).

Auswirkungen auf die Entwicklung des Gehirns
Ebenso interessant sind die Auswirkungen der Belyayevschen Zuchtexperimente auf die Entwicklung und Wirkung des Gehirns und des Hormonsystems. So ist der Spiegel an Corticosteroiden, also an den Glucocorticoidhormonen der Nebennierenrinde, erheblich niedriger als der von Wildkontrollfüchsen. Bereits nach 12 Generationen der Zucht waren die Ausgangswerte der Glucocorticoide um etwa die Hälfte gegenüber der Kontrollgruppe gesunken, nach nochmals 28 bis 30 Generationen erfolgte eine weitere Halbierung. Auch auf akute Belastung, also auf stressauslösende Ereignisse, reagieren die Nebennieren der selektierten Füchse mit wesentlich schwächerer Aktivierung. Genauso findet man im Gehirn eine Erhöhung des Serotonins, sowie verschiedener mit dem Serotoninstoffwechsel zusammenhängender Enzyme und Zwischenschrittprodukte. Belyayev interpretiert die Veränderungen im Hinblick auf den Zeitablauf der Verhaltensentwicklung, also auf die Zeitpläne der Ontogenese. Auch hier gibt es andere Befunde an Säugetieren, die das Bild etwas verkomplizieren.

Domestikationsversuche an Wildmeerschweinchen

Ein besonders gut geeignetes Modelltier für das Studium der Entwicklung von Verhaltensprozessen unter Labortierzucht ist derzeit das Wildmeerschweinchen *Cavia aperea*, die wilde Stammform des Hausmeerschweins. Diese Tierart wurde in den letzten Jahrzehnten mehrfach aus Südamerika nach Europa gebracht und in mehreren Käfigzuchtlinien etabliert. Eine davon stammt etwa aus den 1960ern, eine andere wurde erst Anfang der 1990er Jahre nach Deutschland gebracht, und beide wurden dann zur Zucht verwendet. Künzel (2002) beschreibt sehr aufschlussreiche vergleichende

Untersuchungen sowohl zur Hormonaktivität wie zum Verhalten der beiden Meerschweinchenpopulationen im Vergleich zum Hausmeerschweinchen, und kommt zu dem Ergebnis, dass in praktisch allen getesteten Verhaltensmerkmalen wie auch Hormonmerkmalen die vor 40 Jahren importierten und dann generationenlang gezüchteten Wildmeerschweine sich von den Anfang der 90er Jahre importierten und nur in wenigen Generationen im Labor gezüchteten Artgenossen praktisch nicht unterscheiden, sich beide aber sehr stark vom Hausmeerschweinchen differenzieren. Zu bemerken ist natürlich, dass hier keine systematische Selektion auf Verhaltensmerkmale stattfand. Trotzdem ist das Wildmeerschweinchen als ausgesprochen scheues und schreckhaftes Tier bekannt, und es ist anzunehmen, dass sehr wohl unter den Bedingungen der Käfig- beziehungsweise Laborzucht eine unbewusste Selektion hin zu weniger scheuen und weniger schreckhaften Individuen stattgefunden haben dürfte.

Auswirkungen gezielter Zuchtvorgaben auf Verhaltensaspekte

Eine Vielzahl von Untersuchungen beschäftigte sich mit der Auswirkung von gezielten Zuchtvorgaben gegenüber Umweltbedingungen auf Verhaltensaspekte des Erkundungs-, Lern- und Neugierverhaltens. Durch die gezielte Zucht von Inzuchtstämmen von Laborratten oder Labormäusen ist es möglich, Tiere zu schaffen, die erstens genetisch weitgehend identisch sind, und zweitens sich nur in wenigen, ganz genau bekannten Genen und damit auch in nur einigen, genau bekannten Merkmalen unterscheiden. Einige dieser Inzuchtstämme unterscheiden sich dann eben auch in Verhaltensmerkmalen, so zum Beispiel in ihrer Fähigkeit oder Bereitschaft zum Lernen in bestimmten Situationen. Andererseits ist bereits seit Langem bekannt, dass die Aufzuchtsbedingungen von Ratten, die aus solchen Inzuchtstämmen stammen, und in unterschiedlichen Umwelten aufwachsen, einen erheblichen Anteil auf ihr späteres Lern- und Neugierverhalten haben.

Aufzucht unter verschiedenen Umweltbedingungen
Besonders ausführlich untersucht wurden in den letzten Jahren Angehörige verschiedener Mäusestämme jeweils unter standardisierten, aber unterschiedlichen Umweltbedingungen (Marashi et al. 2003, Sachser 2000, 2001, dort weiterführende Literatur). Der Standardversuchsansatz dieser Untersuchungen beinhaltete jeweils drei Gruppen von Mäusen aus zwei Stämmen, die sich in der Lernfähigkeit unterschieden. Wir wollen sie für die einfache Argumentation als „intelligente" beziehungsweise „dumme" Mäuse bezeichnen.

Gruppe 1 Sie wuchs jeweils in dem Standardlaborkäfig auf, der mit keinerlei Einrichtungsgegenständen versehen wurde. Die Tiere haben Sägespäne als Einstreu, eine Wasserflasche und eine über ihren Köpfen gut erreichbar angebrachte Mulde mit Pelletnahrung.

Gruppe 2 Sie erhielt eine leicht angereicherte Umwelt, das heißt der Käfig war mit ein bis zwei Einrichtungsgegenständen (Röhre zum Durchkriechen, Wand zum dahinter Verstecken) ausgestattet.

Gruppe 3 Sie erhielt einen ideal ausgestatteten Käfig, der nicht nur doppelt so hoch war wie die anderen beiden, sondern auch mit einer Vielzahl von verschiedenen Kletter- und sonstigen Bewegungsmöglichkeiten, einer zweiten Ebene, Treppen und anderen Einrichtungsgegenständen versehen war.

Nachdem die Mäuse jeweils ihre Jugendzeit in einem dieser drei Käfige verbracht hatten, wurden die Auswirkungen auf ihr Verhalten getestet. Besonders bemerkenswert ist, dass sich in einigen Merkmalen hierbei Unterschiede zwischen männlichen und weiblichen Mäusen ergaben.

Zunächst sollen die Ergebnisse der weiblichen Mäuse ausführlicher geschildert werden: Die Mäuse aus dem angereicherten beziehungsweise superangereicherten Käfig zeigten in vieler Hinsicht ein differenzierteres Verhalten als diejenigen aus dem langweiligen Standardkäfig. In Bezug auf Neugier- und Spielverhalten zeigte sich eine deutliche Zunahme, die Mäuse im Standardkäfig spielten fast nie, die im angereicherten ab und zu oder mittelmäßig häufig und die im Idealkäfig sehr häufig. Umgekehrt verhielt es sich mit den Verhaltensstereotypien. Diese traten im Standardkäfig sehr häufig, im angereicherten Käfig selten und im superangereicherten Käfig nicht mehr oder fast nicht mehr auf. Ebenso bemerkenswert waren die Reaktionen auf diverse Lern- beziehungsweise Geschicklichkeitstests, sei es die Frage, wie schnell man aus einer Schale klettert oder über ein Seil balanciert, oder wie schnell man ein sogenanntes offenes Feld, also eine unbekannte Fläche, erkundet. In allen diesen Tests schnitten die Mäuse aus dem Superkäfig besser ab, als die aus dem angereicherten, und diese wiederum besser als die Mäuse aus dem Standardkäfig.

Interessanter wurde nun der Vergleich zwischen den Mäusestämmen: Selbstverständlich war innerhalb jeder Testsituation der „intelligente" Stamm besser beziehungsweise schneller als der „dumme" Stamm. Jedoch ergab sich, dass sehr wohl die „dummen" Mäuse aus den Superkäfigen beziehungsweise sogar den angereicherten Käfigen einen besseren Wert erzielten als ihre Artgenossinnen aus dem Standardkäfig, und gerade im „Mittelfeld" gab es durchaus auch Umkehrungen, das heißt genetisch „dumme" Mäuse, die besser abschnitten als „intelligente" aus schlechterer Haltung. Das bedeutet, dass die Einflüsse der Umwelt hier einen erheblichen Teil zum Entwickeln des Verhaltens beitragen.

Die Unterschiede beziehen sich aber nicht nur auf Bewegungs- und Erkundungsaktivität, auf Lernfähigkeit und Problemlöseverhalten. Auch die Anatomie und Chemie des Gehirns, zum Beispiel die Größe, das Gewicht des Gehirns, das Ausmaß und die Dichte der Verzweigungen der Nervenverbindungen, die Zahl der Synapsen und die Aktivitäten der Botenstoffe im Gehirn sind messbar und nachweisbar größer bei den Tieren aus den angereicherten oder superangereicherten Käfigen.

Ebenso deutlich ist eine Auswirkung auf die „Emotionalität" der Mäuse: Sowohl bei Konfrontation mit potenziellen Fressfeinden, als auch beim Test auf dem Hochlabyrinth zeigen die Mäuse aus den angereicherten Umwelten wesentlich weniger Nervosität und Angstverhalten als diejenigen aus der Standardumgebung. Letztlich wurde auch das Sozialverhalten der Mäuse getestet, und hier genau ergaben sich dann auch die Geschlechtsunterschiede: Das agonistische Verhalten, also Verhalten, das mit Angriff, Kampf und Flucht zu tun hat, trat bei den weiblichen Mäusen aus den Standard- und leicht angereicherten Käfigen häufiger auf als bei denen aus den superangereicherten Käfigen, umgekehrt verhielt es sich mit dem soziopositiven, also freundlichen Verhalten: Standard- und leicht angereicherte Käfige ließen dieses Verhalten seltener auftreten als die superangereicherten, in denen das soziopositive Verhalten sehr häufig ausgelöst wurde.

Im männlichen Geschlecht waren die Werte etwas anders: Beide Formen der Verhaltensbereicherung steigern hier das aggressive Verhalten, wobei hier jedoch die Werte für das soziopositive Verhalten im Standard- und im Superkäfig höher waren als im leicht angereicherten Käfig. Spielverhalten war auch bei männlichen Mäusen im angereicherten und im superangereicherten Käfig viel häufiger zu beobachten.

Bemerkenswert ist der Zusammenhang mit den Stresshormonen. Sowohl die Corticosteronkonzentrationen, also die Hormone der Nebennierenrinde, als auch die Tyrosinhydroxelaseaktivität als Maß für die Katecholausschüttung (→ S. 61) waren bei den Mäuserichen aus den angereicherten und superangereicherten Käfigen höher als bei denen aus den Standardkäfigen. Ebenso waren einige Messwerte des Immunsystems bei den Mäusen aus dem superangereicherten Käfig verändert, und zwar dahingehend, dass manche Immunglobuline, also Antikörper im Blut gegen potentielle Infektionen und Parasiten, verringert waren. Auch die Aktivität bestimmter Typen von Immunzellen, zum Beispiel spezifische Killerzellen (Cd8-Zellen) war bei den Mäuserichen aus angereicherten Käfigen nachweisbar niedriger als bei den Mäuserichen aus Standardkäfigen. Es muss jedoch betont werden, dass die Messwerte im Immunsystem nicht einheitlich sind, so dass weder in Bezug auf das Immunsystem noch auf die Stressparameter eine eindeutige Aussage über die Qualität der Haltung gemacht werden kann.

> *Für unsere Diskussion über den Einfluss von Genetik und Umwelt lässt sich deutlich feststellen: In beiden Geschlechtern werden die Messwerte vieler Parameter des Immunsystems, der Hormone, des Individual- wie auch des Sozialverhaltens ganz eindeutig von den Umweltfaktoren viel stärker beeinflusst werden als von der Genetik.*

Weitere Beispiele an Säugetieren
Letztlich, um die Mäusewelt zu verlassen, noch einige Befunde aus anderen Säugetiergruppen. Bereits seit Längerem ist bekannt, dass die Aufzuchtsbedingungen von jungen Affen in ganz erheblichem Maße ihre spätere Persönlichkeit und ihr späteres Problemlöseverhalten beeinflussen (s. Gansloßer 1998). So können junge grüne Meerkatzen, die in einem Raum mit Gleichaltrigen aufwachsen, in einer Testsituation durch Hebeldruck selbst entscheiden, ob sie Futter aus einem Futterspender bekommen wollen oder nicht. Die Kontrollgruppe hat die gleichen Knopfdruckmöglichkeiten, ihr Futter wird ihnen jedoch zufällig von außen zugeworfen, und zwar so, dass sie am Ende des Tages genauso viel Futter abbekommen haben wie die andere Gruppe. Diese einfache Möglichkeit, sein „Schicksal" selbst durch Knopfdruck zu bestimmen, ohne dass man dabei je hungern muss, reicht bereits aus, um die Äffchen aus der ersten Gruppe zeitlebens nicht nur wesentlich aktiver, neugieriger, erkundungsfreudiger und damit auch umweltoffener zu machen, sondern diese Äffchen sind auch viel aktiver beim Kennenlernen neuer Artgenossen, neuer Situationen und neuer Gegenstände.

Erblichkeit von Verhaltensmerkmalen bei Hunden

Auch bei Hunden hat man bereits eine ganze Reihe von Untersuchungen über die Erblichkeit (= Heritabilität) von Verhaltensmerkmalen versucht. Insbesondere verschiedene Rassen von Hütehunden, Schäferhunden und andere zu bestimmten Tests herangezogene Hunderassen wurden hier ausführlich untersucht. Die Zusammenfassung der Ergebnisse findet man zum Beispiel bei Rüfenacht et al. 2004, Brade 2003 sowie in einer Dissertation von

Hoffmann 2000. Die Ergebnisse aller dieser Untersuchungen sind ausgesprochen ernüchternd. Die Untersuchung von Hoffmann hat sich speziell um die Möglichkeit der genetischen Vorhersage des Hüteverhaltens von Border Collies bemüht. Dabei ergaben sich Heritabilitäten von 0,001 bis 0,13 für die Leistungsmerkmale, und Heritabilitätswerte für unerwünschtes Verhalten von 0,001 bis 0,06. Umgekehrt waren die Wiederholbarkeiten der Leistungsmerkmale innerhalb einer Veranstaltung im Bereich von 0,1 bis 0,5. Bei der Wiederholbarkeit über alle Veranstaltungen hinweg ergaben sich Werte von 0,1 bis 0,3. Die Abschlussbemerkung der Autorin selbst: „Die Schwierigkeit, Einflüsse des Hundeführers von additiv genetischen Effekten des Tieres infolge einer ungenügend verknüpften Verwandtschaftsstruktur und einer geringen Größe der Nachkommengruppe zu trennen, und Selektionseinflüsse werden als mögliche Ursachen für die niedrigen Heritabilitätsschätzwerte angesehen. Die züchterische Einflussnahme auf Merkmale der Leistungsprüfung ist bei den gefundenen Heritabilitätsschätzwerten unter vorliegenden Struktur der Nachkommen nur in begrenztem Umfang möglich." Ein wahrhaft vernichtendes Urteil! In den Untersuchungen zur Erblichkeit von Verhaltensmerkmalen der deutschen Schäferhunde im Schweizer Schäferhundeclub (Rüfenacht et al. 2004) ergaben sich Heritabilitäten für sogenannte Wesenssicherheit, Nervenfestigkeit, Schusssicherheit und Temperament zwischen 0,17 und 0,23. Für die sogenannte „Härte oder Schärfe" lagen die Werte zwischen 0,09 und 0,14. Rüfenacht et al. führen andere Studien zu ähnlichen Tests an, die für Nervenfestigkeit Erblichkeiten zwischen 0,17 und 0,58 und für Temperament zwischen 0,10 und 0,51 aufweisen. Die von Brade zusammengestellten Heritabilitäten ergeben zum Beispiel Daten einer amerikanischen Studie von Jagdgebrauchshunden mit Heritabilitäten von 0,02 bis 0,06 für Wittern oder Fährteaufnehmen, Folgen des Vogels beim Finnenspitz findet mit 0,1 den höchsten Heritabilitätswert aller Jagdhundeigenschaften in dieser Arbeit. Beim deutschen Schäferhund gibt Brade zwischen Anpassungsfähigkeit aus verschiedenen Situationen 0,02 und Veranlagung des Vergessens unangenehmer Vorfälle von 0,14 Heritabilitäten an, die ebenfalls weit unter denen zum Beispiel der oben zitierten Farmfüchse sind. Ebenfalls aus Brade stammt eine Übersicht über Heritabilitätswerte beim Labrador, wobei dort eine Heritabilität von je nach Test 2 bis 20%, also 0,2 bis 0,02 für jagdliche Veranlagung, Heritabilitäten von jeweils 0,1 bis 0,15 für Scheu vor Geräuschen oder Erregbarkeit und lediglich eine Heritabilität von 0,2 bis 0,45 für Furcht angegeben wird. Zum Vergleich sei vermerkt, dass die Heritabilität von körperlichen Merkmalen, etwa Körpergewicht, Brusttiefe oder Schulterhöhe zwischen 0,4 und 0,7 liegt. Nur in wenigen Untersuchungen ergibt sich eine Messung für Nervosität und Schreckhaftigkeit, die annähernd in die Nähe dieser Werte für körperliche Merkmale kommt.

Erblichkeit von Sozialverhaltensmerkmalen (Aggression)

Auch zum Thema der Erblichkeit von Sozialverhaltensmerkmalen, also Aggression, oder allgemeiner sozialer Tendenzen wurden bereits Untersuchungen an Labornagern, hauptsächlich Mäusen, durchgeführt. So sind mehrere Inzuchtmäusestämme herausgezüchtet worden, die sich zwar insgesamt nur in 0,05% ihrer Gene unterscheiden, also eine ganz minimale genetische Differenz aufweisen, die sich aber ganz stark in ihren aggressiven Tendenzen unterscheiden. Getestet wurde dies jeweils dadurch, dass man Angehörige dieser beiden Mäusestämme einer Testmaus eines anderen, insgesamt ruhigen und zurückhaltenden Stammes in einen gemeinsamen Käfig gegenüberstellte, und die Angriffsbereitschaft dann mit Stoppuhr und Strichliste verglichen hat. Trifft ein Männchen eines als aggressiv charakterisierten Stammes auf einen solchen gleichgeschlechtlichen Artgenossen, erfolgt normalerweise sofort ein Angriff, bei den Angehörigen des anderen Stammes dagegen passiert meistens gar nichts. Eine genauere genetische Analyse zeigt, dass dieses Merkmal „konfrontationsinduzierte Aggressivität" wahrscheinlich dominant und monogen vererbt wird (Marashi et al. 1997).

Umweltsicherheit
Bemerkenswert ist jedoch, dass bei diesen Untersuchungen nicht nur Unterschiede im aggressiven Verhalten gefunden wurden. Auch hier hat man wieder neben den Begegnungstests auch sogenannte Offenfeldtests durchgeführt, bei denen die Mäuse in einem leeren, offenen, unbekannten Raum unterwegs waren, und es zeigte sich, dass die weniger aggressiven Mäuse in dieser unbekannten Umgebung wesentlich aktiver waren, sie zeigten sich als weniger ängstlich, weniger stressanfällig, und sie zeigten mehr Erkundungsverhalten. Ob dies nun auch gleichzeitig einen Rückschluss auf eine Kopplung zwischen aggressivem Verhalten und Stressanfälligkeit oder aggressivem Verhalten und Neugierverhalten zeigt, lässt sich bei dieser Art von Untersuchung noch nicht aussagen. Jedenfalls waren die Tests standardisiert genug, um die Unterschiede in beiden Fällen eindeutig auf die genetischen Unterschiede zwischen den beiden Stämmen zurückführen zu können. Zu beachten ist hierbei, dass im Gegensatz zu den oben geschilderten Untersuchungen hier eine klare Selektion auf Verhalten, nämlich auf Aggressivität, durchgeführt wurde. Die vorher geschilderten Untersuchungen dagegen hatten eine Unterscheidung der Inzuchtstämme nach Lern- und Erkundungsverhalten zum Inhalt, und die Unterschiede in der Aggressivität ließen sich überwiegend auf unterschiedliche Umweltfaktoren zurückführen. Das Lernverhalten der beiden unterschiedlich aggressiven Stämme unterschied sich in den entsprechenden Untersuchungen nicht, die soziale Fellpflege trat bei dem aggressiven Stamm wesentlich seltener auf, ebenso das Erkundungsverhalten. Die Werte für männliche Sexualhormone sowie die Werte für Leukozyten im Blut, also für die unspezifische Immunabwehr, waren bei der aggressiveren Maus höher, einige andere immunologische Parameter dagegen waren bei den nicht aggressiven Mäusen häufiger zu beobachten. Genauere Beschreibungen siehe Sachser 2001, 2002. In einem besonders gut untersuchten Fall lässt sich der genetische Unterschied in der Aggressivität auf die geänderten Verhältnisse eines einzigen, für den Hirnstoffwechsel sehr wichtigen Genes zurück-

führen, nämlich das Strukturgen für ein als Monoaminooxidase A bezeichnetes Enzym. Dieses Enzym scheint bei seinem Fehlen einen erheblichen Anstieg aggressiven Verhaltens zu bewirken, jedoch sind bei diesen Monoaminooxidase A Mangelmutanten auch andere schwerwiegende physiologische und Verhaltensunterschiede aufweisbar.

Weitere „Aggressions"-Versuche an Mäusestämmen
Eine andere Gruppe sehr interessanter und vielbeachteter Studien über den Zusammenhang zwischen Genetik, Umwelt und Verhalten speziell im aggressiven Zusammenhang entstammt der holländischen Arbeitsgruppe von Gerald van Oortmerssen. Benus (1995) hat die wichtigsten Ergebnisse dieser Untersuchungen zusammengefasst. Durch gezielte Selektionszucht war es möglich, innerhalb von etwas mehr als 15 Generationen zwei Mäusezuchtlinien zu erzeugen, die sich in der Latenzzeit für Angriff auf einen Artgenossen erheblich unterschieden.

Man brachte die wildgefangenen Mäuse zunächst in einem leeren Käfig mit einem unbekannten Artgenossen zusammen und diejenigen, die mit schneller Angriffslatenz sofort oder sich sehr bald aggressiv verhielten, wurden für die eine Zuchtlinie verwendet, diejenigen, die sich lange Zeit für den aggressiven Angriff ließen, in eine andere. Durch gezieltes Weiterzüchten mit diesen Tieren entstanden dann die sogenannten SAL-Mäuse (short attack latence), also Schnellangriffsmäuse, und die LAL-Mäuse (long attack latence), die langsam angreifenden. Diese beiden Mäusezuchtlinien, und das ist das eigentlich Bemerkenswerte daran, unterschieden sich jedoch auch in einer ganzen Reihe weiterer Verhaltensmerkmale, so sind die SAL-Mäuse in einer neuen Umgebung wesentlich erkundungsfreudiger, die LAL-Mäuse sind dort sehr viel zurückhaltender. Umgekehrt können sich jedoch die LAL-Mäuse einer instabilen, das heißt wenig vorhersagbaren Umwelt besser und schneller erfolgreich anpassen. Wir werden auf diese Persönlichkeitsunterschiede im nächsten Kapitel nochmals zurückkommen (→ S. 74 ff.). Gegenüber der bisher geschilderten genetischen Selektion auf SAL- bzw. LAL-Mäuse stehen jedoch dann die Befunde einer ganzen Reihe von Umweltfaktoren, die eine Maus ebenfalls zur SAL- bzw. LAL-Maus programmieren.

▸ So fördert die Anwesenheit männlicher Geschwister vor der Geburt die Entwicklung aggressiver Tendenzen im erwachsenen Zustand ebenso wie die Tatsache, das einzige männliche unter einer Reihe von weiblichen Geschwistern gewesen zu sein.

▸ Kampferfahrungen, erlebte Kämpfe, ja selbst der geruchliche Kontakt mit dem Einstreu einer „Mäusekampfarena", also eines Käfigs, in dem sich zwei andere Mäuse aggressiv verhielten, alles das fördert die SAL-Neigung. Zugucken hinter der Glasscheibe hat dagegen keinerlei Auswirkungen.

▸ Anwesenheit männlicher Geschwister nach der Geburt und Anwesenheit männlicher Artgenossen nach der Entwöhnung verlangsamt die Aggressionsneigung ebenso wie die Anwesenheit des Vaters nach der Entwöhnung.

▸ Unterernährung in einem ganz speziellen Entwicklungszeitabschnitt kurz vor der Entwöhnung fördert die Aggressionsneigung, Unterernährung vor der Geburt oder nach der Entwöhnung hat keinerlei Auswirkungen.

▸ Wurden Mäuseriche der aggressiven Linie wiederholt in Kämpfe mit Artgenossen verwickelt, so veränderte sich auch ihr Verhalten ihren eigenen Weibchen gegenüber, sie griffen diese Weibchen häufiger an. Die Mäuse der nichtaggressiven Linie dagegen zeigten auch nach einer Reihe von Männchenkämpfen kein geändertes oder verstärkt aggressives Verhalten ihren Weibchen gegenüber.

▸ Wurden Männchen einer aggressiven Zuchtlinie immer wieder über mehrere Tage hinweg einer Käfigreinigungsroutine unterzogen, so zeigten sie ein erhöhtes Maß an Stereotypien im Vergleich zur nichtaggressiven Linie.

Die hier genannten Befunde lassen auch verstehen, wie sich in einer Population beide Typen gleichermaßen genetisch „halten" können.

Einfluss vorgeburtlicher Faktoren

Auch eine Reihe von Studien über den Einfluss vorgeburtlicher Faktoren auf das Verhalten lassen Zweifel an einer eindeutigen genetischen Festlegung aufkommen. So sind Mäusejungtiere, je nach Geschlecht ihrer Nachbarn im Mutterleib, nicht nur unterschiedlich im Aussehen, sondern auch im Verhalten: Mäuseweibchen, die im Mutterleib zwischen zwei männlichen Geschwistern lagen, sind im Aussehen ihrer äußeren Geschlechtsöffnungen, in Aktivitäts- und Streifverhalten, im Auftreten von Revierverteidigung und anderen aggressiven Verhaltensweisen deutlich vermännlicht, gegenüber solchen die ein weibliches und ein männliches Geschwister, und erst recht gegenüber solchen, die zwei weibliche Geschwister neben sich liegen hatten. Die Auswirkungen dieser Verhaltensunterschiede wurden mittlerweile auch in Feldversuchen getestet, wo man zum Beispiel auf den Wiesen innerhalb eines Autobahnkreuzes eine vorgegebene Zahl von Tieren des einen und des anderen Typs ausgesetzt hat. Dabei zeigten sich deutliche Unterschiede in den ökologischen Strategien.

Vorgeburtliches Stressniveau

Ebenso bekannt sind mittlerweile die Untersuchungen über die Auswirkungen des vorgeburtlichen Stressniveaus auf die Mutter, in Bezug auf das, was hinterher bei den Jungtieren entsteht. Untersuchungen an Meerschweinchen sind hier am weitesten vorangetrieben (Sachser und Kaiser 1996). Wird die Mutter in dieser Untersuchung vor der Geburt einem milden sozialen Stress ausgesetzt, der hauptsächlich darin besteht, dass ein anderes Tier in ihre Familiengruppe miteingebracht wird, so zeigen die Töchter nach der Geburt zeitlebens einen erhöhten Spiegel an männlichem Hormon, eine männchentypische Differenzierung im Bereich des Limbischen Systems im Gehirn sowie eine ebenfalls unterschiedliche Ausbildung von bestimmten Arealen im Hypocampus, die für Lernen und Gedächtnis verantwortlich sind. Auch das physiologische Nebennierenmarksystem ist von diesen Veränderungen betroffen.

Die Gehirndifferenzierung und das daraus folgende pseudomännliche Verhalten, das bis zum männlichen Werbeverhalten (Rumbatanzen) führt, wird offensichtlich durch über die Plazenta in den Kreislauf der Embryonen eindringendes gesteigertes Testosteron veranlasst. Bei männlichen Jungtieren der gestressten Mutter, und auch das deckt sich mit Befunden von anderen Säugetieren, seien es Totenkopfaffen, Ratten oder auch Menschen, wird der gegenteilige Erfolg erzielt: Diese männlichen Jungtiere bleiben in ihrer Entwicklung deutlich zurück, sie sind geradezu retardiert, sie zeigen soziales Verhalten, das ihrem Alter überhaupt nicht mehr angemessen ist, und auch ihre Hirnentwicklung hinkt deutlich erkennbar hinterher.

Wechselwirkung zwischen Umwelt und Genen

Die genannten Befunde an Säugetieren sind bereits sehr umfassend und lassen die Komplexität der Wechselwirkungen zwischen Umwelt und genetischer Ausstattung erahnen. Auch bei Vögeln wurde in einer ganzen Reihe von Studien gezeigt, dass diese Wechselwirkungen existieren. Eines der am besten untersuchten Systeme dabei ist das Gesangslernen von Singvögeln. Hierbei zeigt sich, dass männliche Singvögel offensichtlich über eine Art Prädisposition verfügen, bei der sie erkennen können, welche der vorgespielten Gesänge der arteigene ist. Dieser arteigene Gesang wird dann bevorzugt gelernt. Ähnliche Prädispositionen finden wir zum Beispiel auch bei neugeborenen Menschenkindern in Bezug auf menschliche Gesichtszüge (→ S. 215).

Imponierverhalten

Die komplexen Zusammenhänge zeigt beispielhaft die Studie von Groothuis (1989) über Entwicklung des „Display"verhaltens, also des Imponier-/Drohverhaltens von Lachmöwenküken. Je mehr Erfahrung mit seinem Display ein Jungvogel hat, desto häufiger zeigt er es, anstatt direkt anzugreifen. Aufzucht in sehr kleinen Gruppen verzögert die Ausbildung des Displays erheblich. Werden die Jungvögel nach Auftreten des vollständigen Displays isoliert, bleibt es erhalten. Ebenso bleiben aber auch abnormale Verhalten, die in Isolation erworben wurden, noch lange nach Rückführung in große Gruppen stabil. Jungvögel können in Isolation das normale Display ebenso entwickeln wie in großen Gruppen. Zieht man sie mit einer anderen Möwenart auf, imitieren sie deren Verhalten nicht. Trotzdem geht die Entwicklung in der großen Gruppe besser als in der kleinen.

Die aus all den angeführten Studien herauszulesende Botschaft ist jedenfalls klar:

> *Eine Trennung der Verursachung von bestimmten Verhaltensweisen angeboren „versus" erlernt, Gene „versus" Umwelt, ist sinnlos. Die Wechselwirkungen beider Einflüsse sind selbst in Standardsituationen nur schwer zu trennen. Und selbst da, wo genetische Einflüsse nachweisbar sind, folgen sie äußerst selten den „einfachen" Erbgängen, unter anderem dort, wo oft sehr viele Genorte zusammenwirken.*

Stress und seine Auswirkung auf die Persönlichkeit

Es mag eigentümlich erscheinen, Persönlichkeiten im Kapitel Stress zu behandeln. Da jedoch ein erheblicher Teil der Unterschiede zwischen den Persönlichkeitstypen durch Reaktion auf möglicherweise belastende Umweltsituationen erkennbar wird, und die Antworten der Persönlichkeitstypen auf Stress erheblich unterschiedlich ausfallen, kann das Thema eigentlich nur zusammen behandelt werden.

Der Stressbegriff wird ohnehin schon sehr unterschiedlich verwendet. Manche verstehen darunter einen Zustand des Individuums, andere eine Situation bedingt durch äußere Umstände, wieder andere eine Hormonantwort. Eine meines Erachtens sehr brauchbare Definition liefert Broom (2001):

> *„Stress ist ein Umwelteffekt auf ein Individuum, der dessen Kontrollsystem überlastet und zu nachteiligen Konsequenzen, letztendlich reduzierter Fitness führt."*

Diese Definition beinhaltet einerseits eine sehr breite Möglichkeit „nachteiliger Konsequenzen", zum Beispiel wenn ein Zebra vor einem Löwen flieht und dabei Fresszeit verliert. Andererseits ist ganz klar erkennbar, dass diese Stressdefinition *nicht* jede, vor allem nicht jede zu *bewältigende* Aufregung umfasst. Schafft es zum Beispiel das Zebra, sich zu verstecken, anstatt lange fliehen zu müssen, dann hat es eben nur eine kurze Zeit des Herzklopfens gehabt, und Bromm bezeichnet dies als Stimulation oder „Challenge" (= Herausforderung). Wir halten also fest, dass wir nur von Stress reden, wenn das Kontrollsystem des Tieres überlastet wird.

Bewältigung von Stress (Coping)

Ein Begriff, der im Zusammenhang mit der Aktivität des Kontrollsystems zu erklären ist, heißt „Coping", zu Deutsch etwa „Bewältigung". Wir wollen diesen Begriff aber, weil er vor allem in der Psychologie sehr häufig verwendet wird, aus dem Englischen übernehmen. Copingversuche müssen nicht unbedingt erfolgreich sein, aber sobald eine gewisse Kontrolle über die Situation, innere oder äußere, erfolgt, findet Coping statt. Dies kann prinzipiell auf zwei Arten entstehen, nämlich entweder durch negative Rückkopplung (man stellt eine unangenehme Situation fest, und die Hormone gehen entsprechend hoch, → S. 183 ff.) oder durch „feed forward", also ein Einstellen auf die Situation schon vorher (jeden Tag um 8:30 Uhr sieht man den Chef und die Hormone steigen schon um 8:20 Uhr an). Copingmechanismen, oder Copingstrategien, sind die Prozesse, die eine Zeit lang ablaufen, bevor die Kontrolle wieder hergestellt ist (Bromm 2001).

Beispiele dafür, dass Stress nicht einfach mit Umweltbelastung gleichgesetzt werden kann, liefert v. Holst (1998):
1. Hat man zwei Ratten in Versuchskäfigen, die regelmäßig einen leichten Elektroschock erhalten, aber nur eine davon kann ihn abschalten, während die andere warten muss, was die Kollegin tut, dann steigt die Stressantwort der zweiten Ratte erheblich stärker. Auch wenn die Elektroschocks durch ein verlässliches Signal, zum Beispiel einen Ton angekündigt werden, war bei gleicher Stromstärke die Antwort geringer.
2. Dass auch die Anstrengung eines Kampfes nicht unbedingt die Stressantwort auslöst, zeigen weitere Untersuchungen an Ratten, Mäusen wie auch Spitzhörnchen (*Tupaia glis*): Werden die Kontrahenten nach dem Kampf in getrennte Käfige gebracht oder eine hölzerne Trennwand zwischen sie gezogen, kehrte der Verlierer sehr schnell zu seinem Ausgangswert zurück – selbst wenn der Kampf täglich wiederholt wurde, und ein Tier immer wieder der Verlierer war.

3. Ein weiteres Beispiel: Zwei Affen werden hungrig gehalten durch erhebliche Einschränkung der Futtermenge. Einer davon erhält aber eine nicht nahrhafte, aber wohlschmeckende Placebo-Lösung. Und dieser Affe, obwohl physiologisch ebenso hungrig wie der andere, zeigt *keinen* Anstieg der Glucocorticoide (Nelson 2001). Offenbar „empfand" er das Ganze nicht als stressend!

Stress- und Hormonachsen

Eines der lange Zeit verwirrend empfundenen Probleme der Stressantworten war die Vielfältigkeit und teilweise Widersprüchlichkeit, mit der Tiere reagieren können. Eine Zusammenfassung geschah erstmals durch die amerikanischen Stressforscher J. Henry und P. Stephens im Jahr 1977, als sie die Existenz dieser sogenannten Stressachsen, vom Gehirn ausgehend, beschrieben und dabei die vorigen Befunde erstmals integrieren konnten. In der Zwischenzeit wird meist noch eine vierte Achse, nämlich die von den Corticotropin-Releasing-Neuronen des Hypothalamus (→ S. 113) über Interleukine vermittelte Wirkung auf das Immunsystem dazu erwähnt. Ausgangspunkte des gesamten Geschehens sind drei Abschnitte im Gehirn, nämlich der Hypothalamus (der Boden des Zwischenhirns), der Hippocampus (der keinen sinnvollen deutschen Namen hat) und der sogenannte Blaue Kern = *Locus coeruleus*. Die beiden Letzteren gehören dem oft etwas salopp als „Emotionszentrum" bezeichneten Limbischen System an, einer Region, die Regionen unterhalb des Großhirns, unterhalb der Hirnrinde und am Übergang zum Rückenmark vereint.

Sympathicus-Nebennierenmark-Achse
Nehmen wir uns die Hormonachsen in der geschichtlichen Reihenfolge der Beschreibung vor, so wäre als Erstes Walter Camon zu nennen, der 1929 die sogenannte **„Kampf-Flucht-Reaktion"** beschrieb. Man bezeichnet dieses System heute als die Sympathicus-Nebennierenmark-Achse (zur Physiologie s. Holsboer 1999, v. Holst 1998). Durch die Aktivierung dieser Achse wird im Neben-

nierenmark die Produktion der beiden Katecholamine Adrenalin und Noradrenalin verstärkt, die unter anderem über das Herzkreislaufsystem, aber auch die Steigerung der Glucoseverbrennung den Organismus auf aktive Auseinandersetzungen vorbereiten. Die übergeordnete Stelle im Gehirn, die diese Achse aktiviert, ist der Mandelkern, die sogenannte Amygdala, die eine Art Verteidigungsreaktion auslöst. Je nach Typ des Tieres und Vorerfahrung kommt es entweder zur vermehrten Ausschüttung von Noradrenalin, das als Angriffs = „Wut"-Hormon auch die Sexualhormone steigen lässt, aber die Hormone der Nebennierenrinde kaum anhebt, oder zur erhöhten Produktion von Adrenalin, das mehr „Furcht" = Fluchthormon ist. Letzteres bewirkt einen Anstieg der Glucocorticoide als Sekundäreffekt und senkt den Spiegel der Sexualhormone.

Hypothalamus-Hypophysen-Nebennierenrinden-Achse
Die zweite Achse wurde erstmals 1936 von Hans Selye erkannt, als er seine sogenannte **„Allgemeine Anpassungsreaktion"** beschrieb. Die dabei aktiven Hormone sind die der Hypothalamus-Hypophysen-Nebennierenrinden-Achse, die zu einer Erhöhung der Glucocorticoidproduktion (Cortisol, Cortison, Corticosteron) führen. Die Reaktion wurde von Selye als dreistufiger Prozess beschrieben:
1. Alarmreaktion, die bei übermäßig heftiger Aktivierung zu Schäden am Lymphgewebe, Verlust von Schutzstrukturen (Lipide als „Isoliermantel") in der Nebennierenrinde und Magen-Darm-Geschwüren und oft innerhalb weniger Stunden zum Tode führt.
2. Widerstandsphase, in der die Nebennierenrinde sich durch Vergrößerung und stärkere Hormonproduktion auf die bestehende Belastung einzurichten versucht.
3. Erschöpfungsreaktion, wenn die belastenden, nicht zu bewältigenden Faktoren lang genug anhalten und der Organismus schließlich an der sogenannten Anpassungskrankheit, durch Immunschwächung, Diabetes, Krebs oder Ähnliches sterben kann. Physiologisch gesehen wird das System als das Kontrollverlustsystem bezeichnet, das zum Beispiel nach Status-, Partner-, Revier- oder anderen Verlusten aktiviert wird (→ S. 117).

Henry und Stephens führten an dieser Stelle noch eine weitere wichtige Differenzierung ein, indem sie von aktiver (über die Sympathicus-Nebennierenmark-Achse) gegenüber passiver (über die Hypothalamus-Nebennierenmark-Achse) Reaktion sprachen.

Hypophysen-Gonaden-Achse
Die dritte Achse, die Hypophysen-Gonaden-Achse, führt durch stressbedingte Opiatausschüttung im Gehirn zu einer Unterdrückung der Produktion von LH (Luteinisierendes Hormon, das die Gelbkörperbildung fördert → S. 198) und damit zu einer Senkung der Sexualhormonausschüttung. Da Glucocorticoide wieder Sexualhormone unterdrücken, ist diese Achse nicht immer als eigenständig anerkannt. Die Folge ist jedenfalls eine sehr schnelle Reduzierung von sexuellen Aktivitäten und der Produktion von Geschlechtszellen, was sich bei männlichen Tieren in verminderter Samenqualität, bei weiblichen in Zyklusstörungen auswirkt.

Konditionierung auf negative Reize

Die unmittelbare Wirkung auf das Immunsystem (Schedlowski 1994, v. Holst 1998) kann sogar durch Konditionierung auf negative Reize nachgewiesen werden: Die Antikörperproduktion, die Produktion von Lymphzellen und Killerzellen, oder die Abstoßung von Fremdgewebe nach Transplantation wird durch Stress oder Negativkonditionierung gesenkt, durch „positive Erfahrungen" gesteigert. Betont werden muss hier nochmals, dass alle genannten körperlichen wie psychischen Reaktionen zunächst durchaus biologisch sinnvoll sind. Wenn die Kateocholamine das Blut bevorzugt in das Gehirn, zu den Sinnesorganen und Skelettmuskeln schicken, den Blutdruck, die Herzfrequenz, Atmungstiefe, und damit Sauerstoffaufnahme steigern, die Blutgerinnung als Vorbereitung auf mögliche Verletzungen steigern, und die Glucoseverbrennung in den Zellen erhöhen, dann dient das alles der Vorbereitung auf eine körperliche Aktivität beziehungsweise Auseinandersetzung. Und diese Wirkung setzt auch sehr schnell ein, nur ca. 50 Millisekunden benötigt dieses System, um aktiv zu werden. Auch die Wirkung der Glucocorticoide ist zunächst durchaus positiv: Die Erhöhung des Blutzuckerspiegels führt mehr Brennstoff heran, die Senkung der Immunabwehrfähigkeit lässt bei Verletzungen nicht so schnell Entzündungen entstehen, und selbst die Angstreaktion hat im Verhalten ja zunächst vorteilhafte Folgen: Schon die Begriffe Angst, Furcht und Stress genügen aber, um bei vielen Leser/innen unangenehme Erinnerungen aufkommen zu lassen.

Stress-, furcht- oder angstauslösende Reaktionen

Kaum jemand denkt darüber nach, dass Verhaltensbereiche wie Angst, Furcht und Stress biologisch sehr sinnvoll oder, wie man sagt, adaptiv, also anpassungsfähig an Umweltsituationen sind. Gerade die unangenehme Erinnerung ist Teil dieser biologisch sinnvollen Reaktion. Die drei Begriffe haben unterschiedliche Bedeutung, und wir müssen sie sauber trennen.

> *Der Stressbegriff ist eine unspezifische Reaktion des Körpers auf eine (auch potenzielle) Belastung. Als Stressoren bezeichnet man Faktoren, die diese Belastung hervorrufen.*
> *Furcht ist eine gerichtete, also auf eine erkennbare (und potenziell zu bewältigende) Bedrohungssituation bezogene Reaktion.*
> *Angst dagegen erfährt ein Tier (auch der Mensch), wenn die Situation entweder nicht konkret erfassbar, oder aus Erfahrung als nicht aktiv zu bewältigen eingestuft ist.*

Alle drei Reaktionen versetzen ein Tier in die Möglichkeit, sich bei Bedrohung richtig zu verhalten beziehungsweise bereiten es körperlich und psychisch auf Auseinandersetzungen vor. Nur wenn die Reaktionen überschießen oder die belastenden Zustände zu lange anhalten, können diese an sich biologisch sinnvollen Vorgänge krank machen.

Die Hormonausstattung eines Singvogeleies mit Testosteron wird von der Mutter gesteuert und beeinflusst die „Männlichkeit" des Jungvogels.

Wer als Welpe viel mit Wurfgeschwistern spielt, wird zum Rudel- bzw. Familienhund. Wer viel alleine ist, wird je nach Rang Anführer oder Außenseiter.

Typische Angstreaktionen

Im Folgenden wollen wir speziell die Vorgänge betrachten, die bei nicht zu bewältigenden oder als nicht zu bewältigend eingeschätzten Belastungen auftreten, denn nur dann kommt es zur typischen Angstreaktion. Wird nämlich eine belastende Situation, zum Beispiel Konfrontationen mit einem bedrohlich erscheinenden Artgenossen, durch eigenes Zutun (Angriff, Flucht oder auch Unterwerfung kann das erreichen) zur eigenen „Zufriedenheit" gelöst, dann wird durch das Stresshormon Noradrenalin die einmal gefundene Problemlösung verstärkt. Die verstärkte Noradrenalinproduktion verstärkt die Aktivität in verschiedenen Bereichen sowohl des Limbischen Systems, wie der Hirnrinde, zugleich sorgt Noradrenalin dafür, dass die eingehenden Reize gefiltert werden, die Aufmerksamkeit auf „wichtige" Dinge fokussiert. Dies geschieht dadurch, dass die beteiligten Nervenbahnen gestärkt werden und die Reizleitung über diese daher erleichtert wird, mit dem Erfolg, die Reaktion beim nächsten Mal umso schneller wieder ablaufen zu lassen. Wird die kontrollierbare Belastung wiederholt oder sanft gesteigert, kommt es auch hier zur Bahnung der entsprechenden Verknüpfungen, die Bewältigung wird immer effektiver.

Formen einer Angstreaktion

Die Formen, die eine Angstreaktion annehmen kann, sind ebenso vielfältig wie die äußeren Ursachen. Sie hängen sowohl von der Art des Reizes, als auch von der ursprünglich angsteinflößenden Situation, in der der Reiz erstmals „fehlbewertet" wurde, ab. Es kann sehr häufig vorkommen, vor allem bei frühkindlichen Angsttraumata, dass man sich gar nicht mehr an die konkrete Situation erinnert, denn das deklarative Gedächtnis (Wissensgedächtnis) bildet sich erst mit der Zeit heraus. Aber die Umgebung, in der die Situation stattfand, löst immer noch die Angstbewertung aus. In anderen Fällen bezieht sich die Angst auf konkrete Gegenstände oder Situationen (andere Tiere, laute Gespräche in der Familie, hupende Autos), die irgendwann einmal bedrohlich waren oder mit einer bedrohlichen Situation zusammen wahrgenommen wurden. So können nach einem erlebten Autounfall Hupen und Reifenquietschen genauso wie die auffallende Farbe der Kleidung des Fahrers die Angstattacken auslösen.

> *Nach diesen, je nach Hund unterschiedlichen, auslösenden Reizen muss auch die Therapie aufgebaut werden. Zugleich ist es wichtig, dass es während der Therapie nicht zu einer Angstreaktion kommt, und das heißt auch, dass während der Zeit, in der man regelmäßige Therapieeinheiten absolviert, ansonsten keine Konfrontationen mit den Angst machenden Reizen erfolgen darf.*

Verankerung von Ängsten

Viele Ängste werden bereits in der frühen Welpenzeit verankert. So sind Trennungserlebnisse, zu frühes Absetzen von der Mutter und/oder den Geschwistern, oder eine zu frühe, vor allem zu strenge Erziehung, die zu Überforderung führt, oft auslösend. Aber auch in jedem späteren Alter können traumatische Erlebnisse des Kontrollverlusts, seien es Attacken eines aggressiven Artgenossen oder Mobbingerlebnisse, Unfälle, oder sogar Krankheiten, zu entsprechender Panik führen. In ähnlicher Weise kann auch das Empfinden des ohnmächtigen Ausgeliefertseins zur selbsterfüllenden Prophezeiung werden. Nur werden dann andere hormonelle und neutrale Mechanismen wirksam. Das sogenannte Kontrollverlusthormon, das Cortisol (bei manchen Tieren auch sein chemischer Verwandter Corticosteron) aus der Nebennierenrinde nimmt nun stark zu. Dieses Hormon hat eine ganze Menge Wirkungen. Im Gehirn erhöht es die Bereitschaft zu Unterwerfung, zur Einpassung in vorgegebene Bedingungen und dämpft die Allgemeinaktivität. Bei dauerhaftem Anstieg lässt es aber auch die Nervenzellen absterben, beeinträchtigt erheblich die Merkfähigkeit (speziell für Faktoren und Tatsachen, das sogenannte deklarative Gedächtnis) und führt zu depressiven Verstimmungen. Zugleich bewirkt es

Schlafstörungen und nächtliche Unruhe. Es lässt, wenn der Wert abends zu hoch ist, uns nicht schlafen – was ebenfalls ein sich über Tage aufschaukelnder Prozess wird. Auch das sind zunächst einmal alles adaptive Vorgänge. Sogar die Unfähigkeit, sich zu erinnern und zu handeln wie bisher, hat ihr Gutes: Eingefahrene Handlungen werden blockiert, und damit wird man gezwungen, neu zu denken und auf anderen als den bisher gewohnten Wegen nach Lösungen zu suchen. Zum Problem wird auch diese Reaktion erst dann, wenn trotz verzweifelter Suche solche Auswege nicht gefunden werden, die nicht zu bewältigende Situation sich wiederholt (sogenannte Angst-Konditionierung), oder ganz besonders schwerwiegend empfunden wurde. Dann erfolgen nämlich auch hier wieder die Verstärkungen und Rückkopplungen im Gehirn. Insbesondere ein Teil des sogenannten Limbischen Systems im Gehirn, nämlich der Mandelkern, ist hier beteiligt. Er erhält einerseits direkte Informationen über die „emotionale Bewertung" der Situation aus dem Zwischenhirn, andererseits aber auch „erfolgsabhängige" Bewertungen aus der Hirnrinde. Kann er keine Lösung für das Problem finden, wird die Nebennierenrinden-Hormonachse aktiviert.

Verstärkte Reizempfindlichkeit
Zugleich gibt es aber im Gehirn selber die sogenannte Langzeitpotenzierung: Öfter in Wiederholungen genutzte Schaltwege und Nervenverbindungen ändern ihre Empfindlichkeit, die Verknüpfungen der Nervenzellen werden verstärkt, vermehrt und effektiviert, und so kann der Reiz noch besser durchlaufen. Werden an bestimmten Verknüpfungsstellen im Gehirn mehrfach die Botenstoffe (hier zum Beispiel Glutamat) immer wieder ausgeschüttet, weil immer wieder eine Reizung erfolgt, dann kommt es dort zu Aktivierung zusätzlicher, besonders wirksamer Rezeptoren, eine verstärkte elektrische Erregung ist die Folge. So kann eine Gedächtnisbildung beginnen. Als mittelfristige Folge werden dann mehr Rezeptoren gebildet und die Reaktion kann noch leichter/heftiger erfolgen.

Entstehung von Angststörungen

Damit startet der Prozess des Aufschaukelns, der schließlich zur wirklichen Angststörung führt. Körperliche Symptome sind zum Beispiel Zittern, Beschleunigung der Atmung, Speichelfluss, es kann zu depressiver Zurückgezogenheit, ebenso aber zu Vorwärtsverteidigung und Selbstschutzaggression kommen. Die Folgen der Angststörung beim Einzeltier hängen von dessen Persönlichkeit und dem Umfeld ab. In allen Fällen aber kommt es zu der Verstärkungsreaktion. Häufig spielt auch noch der Besitzer/die Besitzerin in eine unglückliche Rolle. Einerseits neigt man dazu, in solchen Situationen das Tier zu beruhigen. Diese an sich gut gemeinte Reaktion kann aber noch zu einer weiteren Verstärkung führen. Es kann als Belohnung wirken, und damit das unerwünschte Verhalten noch antrainieren. Andererseits spürt der Hund, dass nun auch der Besitzer/die Besitzerin offenbar in Stress gerät, und empfindet das als Bestätigung, dass die Situation wirklich schlimm ist.

Vorgeburtliche Einflüsse

Wie jede Art von Stressreaktion hat auch die Angst eine starke innere Komponente. Stress und Angst sind nicht primär abhängig von den äußeren Stressoren oder deren Stärke. Sogar vorgeburtliche Einflüsse sind hier bedeutsam – wobei aber beispielsweise bei einer vorgeburtlichen Beschallung nur diejenigen Tiere nach der Geburt den Ton als weniger angsteinflößend empfanden, deren Mutter ihn auch hören konnte – wieder ein Hinweis darauf, dass nicht objektive Reizstärke entscheidend ist, sondern subjektive Bewertung der Geschehnisse. Reizangereicherte Umwelt in der Kindheit und positive Erfahrungen mindern jedenfalls, egal welche Persönlichkeit man hat, die Anfälligkeit für Angstanfälle und verhindern oft das Entstehen spezifischer Ängste.

> *Eine gute, vollständige und vor allem mit Erfolgserlebnissen durchsetzte (aber auch zu bewältigende Misserfolge enthaltende!) Sozialisation ist daher das beste Vorbeugemittel.*

Therapiemöglichkeiten

Wenn aber die Angstzustände schon da sind, kann nur eine sinnvolle Therapie helfen. Vor Selbstbehandlungen sei dringend gewarnt, denn leicht kann statt einer Gewöhnung (sogenannte Desensibilisierung, Konfrontation mit dem Reiz in erst unterschwelliger, dann immer stärkerer Form) oder Gegenkonditionierung (sozusagen Ablenken durch andere Lernprozesse) auch das Gegenteil erreicht werden. Zudem muss der Besitzer/die Besitzerin seine eigene Körpersprache und emotionale Stressreaktion erst vermeiden lernen, denn das merkt der Hund sofort und ist in seiner Angst bestärkt. In schlimmen Fällen kann durch angstlösende Medikamente das eingegrabene Verhalten erst einmal aufgebrochen und das Tier dadurch für die Therapie zugänglich gemacht werden. Vor allem die sogenannten Rosa-Brille-Medikamente (Langzeit-Neuroleptika, LAN-Präparate) sind bei richtigem Einsatz hier eine große Hilfe. Sie ersetzen aber keine Therapie, sondern fördern nur die Fähigkeit des Tieres, sich dieser zu stellen.

Stresserscheinungen und Depressionen

Endogene Depressionen

Eine gute Übersicht über die physiologischen Probleme der Angst liefert LeDoux (1999). Die Sache mit dem Cortisol hat aber noch eine weiter reichende Komponente: Durch Überschuss, vor allem länger dauernden Überschuss an Cortisol, und/oder Mangel an Noradrenalin, kommt es zu einem Mangel an Botenstoffen, speziell des Serotonins. Und Serotoninmangel ist (ebenso wie direkter Noradrenalinmangel) eine der Ursachen für endogene Depressionen. Noradrenalinüberschuss dagegen kann zu manisch-überdrehten Typen führen (Nemeroff 1999). Wird (entweder erblich beziehungsweise durch Disposition verstärkt, aber bei entsprechend starker Traumatisierung auch „aus dem Nichts") die Hypophysen-Nebennierenrinden-Achse stark überreizt, kommt es zu einer Erhöhung der Aktivität, eventuell sogar der Zahl der sogenannten

CRF-Neuronen im Gehirn, die das „chemische Startsignal" für die Nebennierenrindenkaskade (Corticotropin-Releasing-Factor) produzieren. Diese CRF-Neuronentätigkeit war beispielsweise bei Ratten, denen in frühester Jugend mehrfach (für kurze Zeit!) die Mutter weggenommen worden war, zeitlebens erhöht – und entsprechend in Belastungssituationen die Glucocorticoid-Ausschüttung! Auch die Dichte der CRF-Rezeptoren wurde erhöht, also eine verstärkte Reaktionsbereitschaft! Aber auch ein Umweltfaktor mit Kontrollverlust kann solche Entwicklungen vorbereiten: Nemeroff (1999) berichtet von Studien an indischen Hutaffen, wobei in einer Versuchsgruppe Mütter in der Säugezeit regelmäßig gut, in der zweiten regelmäßig knapp und in der dritten unregelmäßig wechselnd gefüttert wurden: Die Kinder der dritten Gruppe hatten später (weit nach Versuchsende) erheblich höhere CRF-Werte, neigten zu Schreckstarre, und waren erheblich gedämpft bei Spiel und Neugier. Neuere Untersuchungen an verschiedenen Säugerarten, auch Affen und Menschen, zeigen, dass die frühere Befürchtung, im Erwachsenenalter wäre im Gehirn keine Zellteilung mehr möglich, zumindest für Teile der Hirnrinde und des Hippocampus nicht zutrifft. Jedoch wird die Zellteilungsrate durch Glucocorticoide erheblich gesenkt, während Serotonin die Zellteilungsrate erheblich erhöht. Hier ist ein wichtiger Ansatz zur Verhaltenstherapie von Traumata und depressiven Verstimmungen zu sehen (Jacobs et al. 2000).

Trennungstraumata
Eine der nachhaltigsten Traumatisierungen geschieht durch Trennungstraumata. Eine plötzliche Trennung von einem persönlich gebundenen Individuum, egal ob Mutter-, Geschwister-, Paar- oder andere Bindung, führt stets zu einer deutlich mehrstufigen Trennungsreaktion (Gansloßer 1998, Meister 1995). Zunächst kommt die als Protestphase bezeichnete, übermäßig aktive Phase, bei der mit viel Rufen, Suchen und anderem Kontaktverhalten unter Erhöhung von sowohl Katecholamin wie Glucocorticoidwerten dem verlorenen Partner nachgespürt wird. Alle anderen Aktivitäten sind

erst einmal zurückgestellt, nur die Suche ist wichtig. Kommt es in dieser Situation zur Wiederzusammenführung, kehren sowohl Verhaltens- wie Hormonwerte schnell zum Basiswert zurück. Auf die je nach Individuum unterschiedlich lange Protestphase folgt die Phase der Depression. Und diese mit allen Verhaltens- wie Hormoncharakteristika der Glucocorticoidüberproduktion verknüpfte Reaktion ist auch nach Ende der Trennung noch weiter durch erhöhte Reaktivität der Nebennierenrinde nachweisbar. Gerade bei Hunden gibt es hier schon sehr aussagekräftige Daten, dass zum Beispiel eine Trennung vor der 12. Lebenswoche, eine Erkrankung oder Verletzung im Welpenalter oder ähnliche Überforderung des Nebennierenrindensystems noch im Erwachsenenalter zu erhöhter Auffälligkeit für Angstaggression, Trennungsängste und Infektionskrankheiten führt (Serpell 2000).

Erlernte Hilflosigkeit
In ähnlicher Weise wie die oben genannte Angstkonditionierung kann wohl auch die sogenannte erlernte Hilflosigkeit erklärt werden. Wenn durch ständige Misserfolgserlebnisse, sei es, weil die gestellten Aufgaben zu schwer waren, es keine Lösung gab oder weil zum Beispiel der Beziehungspartner völlig unvorhersehbar reagiert, dann wird dieser ständige Misserfolg ebenfalls zu einem Aufschaukeln der Glucocorticoidwerte und die dadurch vermittelte Lern-Konzentrations- und Antriebsschwäche führen.
Einige weitere Beispiele für Stresserscheinungen und Reaktionen werden wir in den Kapiteln über Sozialbeziehungen, Dominanz und Fortpflanzung finden.

Zusammenhang zwischen Rangposition und Stressanfälligkeit

Bemerkenswert ist gerade die zwar enge, aber keineswegs eindeutige Verknüpfung von Rangpositionen mit Stress beziehungsweise Stressfreiheit. Die Untersuchungen dazu lieferten nicht nur von Art zu Art, sondern je nach Sozialsystem sehr unterschiedliche

Daten. Selbst das gleiche Individuum reagiert, zum Beispiel nach einer sozialen Instabilität durch Rangordnungskonflikte, plötzlich ganz anders, wird anfällig für Gefäßerkrankungen bei cholesterinreicher Nahrung oder Ähnliches.

Stereotypien

Eine besonders schwierige Thematik in diesem Zusammenhang betrifft das Auftreten von Stereotypien und anderen „abnormen" Verhaltensweisen, zum Beispiel Schwanzjagen, Federrupfen oder Koppen beim Pferd! Stereotypien insbesondere sind in ihrer Bewertung besonders schwierig, da sie

- eine Vorgeschichte haben, die nicht unbedingt Rückschlüsse auf die derzeitige Haltung zulässt. Untersuchungen an verschiedenen Zoo-, Heim- und Labortieren zeigen, dass eine einmal entwickelte Stereotypie auch erhalten bleibt, wenn sich die Haltungsumstände verbessern. Ein Tier, das eine Stereotypie zeigt, leidet also nicht unbedingt jetzt gerade, es zeigt nur, dass es in seinem Leben irgendwann eine belastende Situation durch solches Verhalten beantwortet hat und diese Lösungsmöglichkeit noch als „schlechte Angewohnheit" beibehält.
- sowohl bei Überforderung wie Unterforderung des Anpassungs- und Reizbeantwortungssystems in einem Tier auftreten können. Das Fehlen adäquater Reize, feste Fütterungszeiten mit entsprechender Erwartung oder Überlastung des Tieres (zum Beispiel bei Verhinderung des Ausweichens), kann gleichermaßen zu Stereotypien führen (Kolter 1995).
- ebenso wie angepasstes Normalverhalten aus einer ganzen Reihe unterschiedlicher Funktionskreise entspringen. Daher ist es auch nicht erstaunlich, aber für viele doch frustrierend, wenn eine „planlose" Bereitstellung von Beschäftigungsmaterial (z. B. für Nestbau) eben keine große Auswirkung auf Laufstereotypien hat.

In manchen Arbeiten wird eine Wechselwirkung von Stereotypien mit endogener Opiatausschüttung oder eine Reduzierung der

Stresshormonausschüttung beschrieben. Daraus entwickelte man die Überlegung, dass Stereotypien bestimmte Coping-Strategien darstellten, die zur Beruhigung des Tieres und zur Stressreduzierung beitragen könnten (Rusken 1993, Cooper und Nicol 1993). Die Verhinderung von Stereotypien kann sehr wohl zu einem Anstieg von Erregung führen, ebenso wie eine hohe Erregung die Entstehung der Stereotypie begleitet. Aber ob in der aktuellen Situation die ausgeführte Stereotypie wirklich erregungsdämpfend wirkt, ist zumindest nicht eindeutig belegbar. Möglicherweise liegt aber auch das wieder an den bereits erwähnten multifaktoriellen Ursachen. Unbestreitbar ist, dass manche Verhaltensstörungen (Federrupfen bei Vögeln, Schwanzbeißen bei Schweinen, usw.) eine gesundheitsschädigende Wirkung haben.

Tiere, die Stereotypien zeigen, haben eine Verminderung der Zahl mancher Opioidrezeptortypen im Gehirn, speziell im vorderen Teil der Hirnrinde, und durch Selektionsexperimente konnte man Dopaminmangel bei den besonders stereotypieanfälligen Tieren im vorderen Hirnrindenbereich feststellen. Eine höhere Konzentration mancher opioidverstärkenden Botenstoffe wurde bei einzeln in Boxen gehaltenen Schweinen gefunden, während dies bei Tieren der Offenstallhaltung nicht der Fall war.

Umwelteinflüsse

Die genannten Befunde zeigen, dass auch bei diesem Thema die genetischen und die Umwelteinflüsse zusammenwirken. Pferde, Mäuse, Schweine, Nerze (unter anderem), die sehr früh von der Mutter getrennt und/oder in reizarmer Umgebung aufgezogen wurden, zeigen verstärkte Anfälligkeit für Stereotypien (Reul et al. 2001). Bei Pferden zumindest wurde nachgewiesen, dass Serotoninmangel hier eine Rolle spielt (Lebelt).

Die ganze Diskussion bisher zeigt, dass das Wohlergehen (engl. „Welfare") eines Tieres eine sehr vielschichtige Sache ist. Zudem kommt noch hinzu, dass, wie Sachser (2001) schreibt, Wohlergehen nicht unbedingt mit gutem Leben gleichgesetzt werden darf, denn die Präsentation zu bewältigender Herausforderungen ist durchaus ein aufregender, aber insgesamt positiver Effekt. Und es gibt durchaus natürliche Bedingungen, in denen die evolutionsbiologische Anpassung eher dem Wohlergehen der Tiere entgegenwirkt, etwa wenn bei einer australischen Beutelmaus nach der Paarungszeit alle Männchen an der typischen Erschöpfungsphase der Selye'schen Anpassungskrankheit starben (Gansloßer 1998).

Beachtenswert sind auch die Daten zur körperlichen Entwicklung von Embryonen und Jungtieren unter Stress, die von einer Vielzahl von Vogel- und Säugetierarten vorliegen (Møller 1998): Unter Belastung ausgetragene oder aufgezogene Jungtiere (wobei Belastung von Umweltgiften bis zu Jagddruck durch Wilderei reichen konnte) waren in Schädel, Gebiss, Skelett und anderen Körperproportionen wesentlich asymmetrischer gebaut als Artgenossen. Stress beeinflusst also auch ganz massiv die körperliche Entwicklung. Und solchermaßen schräge, asymmetrische Typen haben nachweislich Probleme bei der Partnerwahl.

Der Stress mit der Persönlichkeit

Die Existenz von Persönlichkeiten bei „Tieren" (als ob Menschen zu den Pflanzen oder Bakterien gehören würden!) wird in der neueren wissenschaftlichen Literatur noch nicht sehr lange akzeptiert.

Die Frage, was Persönlichkeit denn eigentlich sei, lässt sich mit einer Definition aus der Psychologie einigermaßen umfassend beantworten:

> *Persönlichkeiten sind dadurch charakterisiert, dass Individuen sich in systematischer und konsistenter Weise voneinander unterscheiden, das heißt, Tier A tut in bestimmten Situationen vorhersagbar etwas anderes als Tier B, diese Unterschiede bleiben erhalten, und sie zeigen Zusammenhänge auch über mehrere Testsituationen hinweg.*

Wer also neues Futter schnell annimmt, kehrt auch nach einem Schreckreiz schneller zum Nest zurück oder interessiert sich mehr für fremde Artgenossen. Solche Unterschiede fand man erstmals in statistisch breit abgerichteter Weise bei Fischen: Als man für eine ganz anders ausgerichtete Studie versuchte, in einem der großen amerikanischen Seen Sonnenbarsche zu fangen, stellte man fest, dass es eine Reihe von Fischen gab, die sehr schnell und ohne Zögern in die aufgestellte Lebendfalle, eine Fischreuse, schwammen. Andere dagegen umkreisten diese Fischreuse beständig und über einen sehr langen Zeitraum, wagten sich aber nicht hinein. Diese Tiere wurden dann mit einem Fischnetz gefangen und ebenfalls, allerdings getrennt von denen in der Reuse, in Aquarien überführt. Das war der Beginn eines sehr aufregenden Projektes, das im Laufe der Zeit eine ganze Reihe von weiteren Unterschieden zwischen diesen beiden Tiergruppen zeigte.

Die ersten Ergebnisse wurden zusammengefasst unter dem Charakteristikum „shy" oder „bold", das heißt scheu beziehungsweise wagemutig. Scheue Tiere waren solche, die nicht nur in Bezug auf neue Räume, wie die Reuse, sondern auch in Bezug auf neue Nahrungstypen, unbekannte Artgenossen und jede andere Art von neuartigen Situationen sehr zurückhaltend reagierten, wagemutige dagegen näherten sich diesen Situationen sehr schnell an und untersuchten sie.

Bemerkenswert war, dass die scheue oder wagemutige Persönlichkeit nichts mit der Ausbildung von Dominanzpositionen zu tun hatte, die soziale Rangposition war offenbar von dieser Persönlichkeitsdimension unabhängig.

In Folge dieser, 1994 in einer ersten Zusammenfassung (Wilson et al. 1994) veröffentlichten Studie zeigten sich vergleichbare Unterschiede zwischen scheuen und wagemutigen Individuen bei einer großen Zahl weiterer Tiere, beispielsweise bei Hausschweinen, Ratten, Gelbbauchmurmeltieren, Weißbüscheläffchen, Spitzhörnchen

und Bürstenrattenkängurus (Gansloßer 1998, 2002). Auch in den meisten der genannten Studien war kein Zusammenhang mit den Dominanzpositionen zu erkennen, abweichend dazu jedoch verhielten sich beispielsweise Ratten und Weißbüscheläffchen.
In den vergangenen Jahren wurden die genannten Persönlichkeitsunterschiede auch bei sehr vielen Vögeln festgestellt. Ein Schwerpunkt dieser Untersuchungen liegt im Bereich der Geflügelzucht. Bei Hühnern sowie Wachteln wurde eine Testsituation etabliert, die sogenannte „Tonische Immobilität"-Situation. Dabei geht es darum, ein Huhn einen kurzen Zeitraum lang mit beiden Händen auf den Tisch zu drücken, es dann loszulassen und zu stoppen, wie lange es dauert, bis es wieder aufsteht, sich schüttelt und sein normales Leben weiterführt. Tiere mit einem kurzen TI-Zeitraum waren solche, die alle Charakteristika des wagemutigen Typs aufwiesen, Tiere mit einem langen TI-Zeitraum waren solche der scheuen Gruppe (s. Gansloßer 1998, Brade 2005).
Die zweite Vogelschwerpunktstudie, aus den Niederlanden, befasst sich mit Kohlmeisen. Auch dort wird die Schreckhaftigkeit getestet, allerdings mit einer etwas anderen Situation: Während die Meisen an einem Napf bevorzugtes Futter aufnehmen, wird ganz kurz eine Blechplatte hochgehoben und fallen gelassen, und es wird wieder die Zeit gestoppt, wie lange es dauert, bis diese Tiere zum Futter zurückkehren. Bei den Untersuchungen mit Hühnern und Wachteln zeigte sich zum Beispiel auch ein hoher, genetisch wiederholbarer Zusammenhang zwischen der oben genannten Scheu- oder Wagemutigpersönlichkeit und der Fähigkeit, sich in sozialen Gruppen zu integrieren, zwischen der Fähigkeit beziehungsweise dem Bedürfnis, auf Laufbändern bestimmte Strecken zurückzulegen, aber auch zu körperlichen Merkmalen wie Fleischansatz und Eiqualität beziehungsweise Eierschalenstärke. Ängstliche Tiere hatten beispielsweise eine dünnere Eierschale und damit eine höhere Brucheirate. Diese Untersuchungen zeigen, dass die Persönlichkeitsunterschiede hier einen deutlichen Zusammenhang mit den Hormonsystemen der Stressachsen haben.

Die Kohlmeisenstudien, die zusammengefasst wurden zum Beispiel in Arbeiten von Verbeek et al. (1999) sowie von Roers et al. (2003, 2004), zeigen ebenfalls eine hohe Beteiligung erblicher Anteile (Erblichkeiten bis 20% wurden gefunden) für einen Zusammenhang zwischen Risikobereitschaft, Erkundungsverhalten, sowie zwischen Erkundungsverhalten und aggressivem Verhalten beziehungsweise Kampfbereitschaft.

> *Bemerkenswert ist, dass in einer Gruppensituation der Kohlmeisen nicht etwa die schnell erkundenden und aggressiven Tiere, sondern die langsam erkundenden und in der paarweisen Konfrontation oft unterlegenen Tiere meist am Ende den oberen Teil der Rangordnung einnehmen. Eine der möglichen Erklärungen beruht darauf, dass die schnell erkundenden Tiere nach einer Niederlage länger brauchen, um diese zu verdauen, und dass die langsam erkundenden dadurch in der Lage sind, mit der Zeit erfolgreichere, weil anpassungsfähigere soziale Strategien zu entwickeln.*

Dies deckt sich auch mit Untersuchungen an Mäusen (Benus et al. 1987, 1995, → S. 54), wo ebenfalls die schnell erkundenden und schneller aggressiv werdenden Tiere dann in unsicheren Situationen den Nachteil hatten gegenüber den bedächtigeren und umsichtigeren.
Bemerkenswert waren in der letztgenannten Untersuchungsreihe auch die Zusammenhänge mit den Freilanduntersuchungen, insbesondere mit der Abhängigkeit von saisonalen und Umweltaspekten. In mageren Jahren hatten wagemutige weibliche, aber scheue männliche Tiere den Vorteil einer besseren Fortpflanzung, in guten Jahren änderten sich die Bedingungen. Im Laufe der Variation mehrerer Jahre schließlich zeigte sich, dass Tiere, die in ihrer Persönlichkeit eher den goldenen Mittelweg „gingen", die besten Erfolge erzielten. Besonders enge Zusammenhänge zwischen den Persönlichkeitstypen und der oben besprochenen Stresssituation zeigen Arbeiten an Laborratten (Wolffgramm 1993) sowie den Spitzhörnchen oder Tupaias (→ S. 60, Subdominante versus sub-

missive Tiere). In beiden Fällen zeigte sich, ebenso wie bei der Untersuchung an Hausschweinen, dass die aktiveren, wagemutigeren Tiere vorwiegend die Sympathicus-Nebennierenmark-Achse (→ S. 61) aktivierten, während die scheuen und zurückhaltenden mehr die Hypothalamus-Hypophysen-Nebennierenrinden-Achse (→ S. 62) betont hatten. Dementsprechend zeigten sich bei lang andauernder Belastung der betreffenden Tiere auch unterschiedliche gesundheitliche Auswirkungen auf ihre Organismen.

Die Fünf-Faktoren-Achse einer Persönlichkeitsstruktur

In jüngster Zeit werden auch für Untersuchungen an anderen Tieren die ursprünglich aus der Humanpsychologie stammenden Fünf-Faktoren-Achsen einer Persönlichkeitsstruktur verwendet. Diese fünf Faktoren, die zusammengefasst als das FFM (= Fünf-Faktoren-Modell) bezeichnet werden, werden meist als gegensätzliche Begriffspaare an den beiden Enden einer kontinuierlichen Achse dargestellt. Die fünf Achsen sind dementsprechend:
1. **Extrovertiertheit gegenüber Introvertiertheit**: Hier werden Geselligkeit, Aktivität, Selbstsicherheit und das Auftreten in Gruppen gemessen.
2. **Neurotik im Gegensatz zu emotionaler Stabilität**: Hier wird Stressanfälligkeit, Ängstlichkeit, Depression und Launenhaftigkeit dargestellt.
3. **Nettigkeit (Agreeableness) gegenüber Unfreundlichkeit (Antagonismus)**: Hier wird Mangel an Aggression, Vertrauenswürdigkeit, Kooperationsbereitschaft etc. gemessen.
4. **Offenheit** für neue Erfahrungen, Neugier, Erkundung
5. **Gewissenhaftigkeit (Conscientiousness) gegenüber Impulsivität**: Hier wird unter anderem die Fähigkeit zur längeren Beschäftigung mit bestimmten Aufgaben und zur Überwindung von Hindernissen bei dieser Aufgabe festgestellt.

So anthropomorph und vermenschlichend diese Begriffe auch klingen, eine große Zusammenfassung vieler einschlägiger Untersuchungen an vielen verschiedenen Tierarten von Tintenfischen bis Schimpansen hat gezeigt, dass nahezu alle diese Persönlichkeitsachsen auch in irgendeiner Form bei diesen Tieren auftreten (Gossling und John, 1999, Gossling und Vazire 2002, Gossling et al. 2003). Die meisten Beispiele fanden sich zu den Faktoren Extrovertiertheit, beispielsweise bei Katzen, Hunden, Eseln, Schimpansen, Schweinen und Rhesusaffen, sogar bei achtarmigen Tintenfischen wurden diese Persönlichkeitsdimensionen festgestellt.

Sehr viele einschlägige Untersuchungen wurden verständlicherweise mit Primaten, unseren nächsten Verwandten im Tierreich, durchgeführt. Dabei waren nicht nur Schimpansen, sondern auch beispielsweise Rhesusaffen (Suomi 1987, Capitanio 1999) oder Paviane (Sapolsky 1999) das Ziel. Bei den Rhesusaffen wurde ein besonders breites Testschema verwendet, wobei Verhalten in stabilen und instabilen Gruppen, Verhalten in Zweierkonfrontationen, Verhalten in der Geburtsgruppe, Einzelbeobachtungen des Tieres und Reaktionen auf Videovorführungen verglichen wurden.

Es zeigten sich insgesamt vier Merkmalsgruppen, wobei der Faktor „Geselligkeit" besonders stark mit der Größe des Verwandtschaftsclans korrelierte, in dem der Affe aufwuchs – ein deutliches Zeichen für einen hohen Anteil früher Sozialisationserfahrungen. Aber alle Merkmale waren über die Zeit stabil. Auch der „Erziehungsstil" der Mutter hatte erheblichen Einfluss (s. Gansloßer 1998).

Bei den Freilandstudien an den Anubispavianen ist unter anderem berichtenswert, dass, gerade in der Reaktion der Cortisolachse, auch die ranghohen Männchen zwei verschiedenen Typen angehörten, die sich zum Beispiel in der Bereitschaft, Kämpfe einzugehen, der Reaktion auf Bedrohung, der Bereitschaft zu „Radfahrerreaktionen" nach dem Kampf etc. unterschieden.

Bei Schimpansen zeigte sich unter anderem, dass soziale Körperpflege und Futterüberlassen hoch mit den Faktoren Extrovertiertheit (Extrovertierte geben mehr) und emotionale Stabilität/Neurotik (Geben und Nehmen korrelieren hier negativ) zusammenhängen (James und Murray 2006).

Verhaltenstests bei Haushunden

Allein in unserem Lande sind Tausende von Menschen unterwegs, die ihr Selbstbewusstsein beziehungsweise Selbstverständnis, teilweise auch ihr Machtgefühl und einen Gutteil ihrer Einnahmen aus der Entwicklung, Vorbereitung und Durchführung ständig neuer Wesenstests, Persönlichkeitstest und ähnlicher Aktivitäten beziehen, sei es zur Käuferberatung, zur Einstufung für die spätere Eignung als Arbeitshund, zur Zuchtzulassung oder zur Gefahrhundebeurteilung.

Vergleichsstudie zum Thema Persönlichkeit

In einer sehr großen und aufwendigen Vergleichsstudie haben Jones und Gossling (2005) einen Überblick über nahezu 60 derzeit zugängliche Veröffentlichungen zum Thema Temperament beziehungsweise Persönlichkeit bei Hunden durchgeführt. Es handelt sich dabei um eine sogenannte Meta-Analyse, das heißt, die Ergebnisse bereits fertiger Studien wurden noch einmal vergleichend und nach übergeordneten Gesichtspunkten analysiert. Das Ergebnis ist gleichermaßen niederschmetternd wie ermunternd, je nachdem, welchen Teil man liest.

Niederschmetternd ist, dass selbst unter den verwendeten Studien eine Vielzahl derer eigentlich nicht exakt durchgeführt wurde beziehungsweise die Exaktheit der Durchführung nicht beurteilt werden konnte. Dies betraf entweder zu kleine Stichproben, die Tätigkeit nur eines Beobachters, fehlende Statistik, insbesondere fehlende Verlässlichkeitstest. Ebenso deprimierend, zumindest wenn man solche Dinge gerne tut, ist die Aussage zu den Tests von Welpen und Junghunden:

> *Eine verlässliche Aussage über Persönlichkeitsmerkmale eines späteren erwachsenen Hundes ist durch keine Art von Testung im Welpen- beziehungsweise Junghundalter möglich.*

Aus dem Verhalten von einzelnen Welpen in Standardsituationen lässt sich keine Vorhersage über deren spätere Persönlichkeit ableiten.

Gute Arbeitshunde entstehen aus dem Zusammenwirken rassetypischer Verhaltensmerkmale, optimaler Sozialisation, kompetenter Ausbildung und einem guten Teil Glück!

Vergleichsstudie zum Thema Furchtsamkeit und Aktivität

Die Vergleichsstudie von Jones und Gossling deckt sich übrigens mit einer Reihe von anderen Einzelstudien, die ähnliche Ergebnisse veröffentlichten: Zum Beispiel Goddard und Beilharz (1984 a, b, 1986), sowie Wilsson und Sundgren (1998). Goddard und Beilharz fanden zwar im Bereich der Furchtsamkeit vom Alter der achten Woche an individuelle Unterschiede, die auch mit zunehmendem Alter immer mehr erlaubten, die Furchtsamkeit erwachsener Hunde vorherzusagen. Jedoch war auch diese Korrelation nur relativ schwach. Eine Aussage über die Aktivität war nicht möglich, bezüglich einer Vorhersage durch das Verhalten des Welpen auf das Verhalten des erwachsenen Hundes zu schließen.

Keiner der verwendeten Tests, weder die Furchtsamkeit, noch die Aktivität betreffend, erlaubte irgendeine Aussage über die spätere Lernfähigkeit.

Selbst innerhalb des Faktors Aktivität gab es beispielsweise keine deutlichen Zusammenhänge zwischen Aktivität in verschiedenen belastenden sowie unbelastenden Situationen, beziehungsweise die Aktivität in unbelastenden Situationen verglichen mit dem Faktor Furchtsamkeit. Furchtsamkeit korrelierte recht hoch mit der Erkundung, insbesondere mit Lauschen und optischer Erkundung, was jedoch nicht mit der geruchlichen Erkundung korreliert. Eine mangelnde Erfahrung des Hundes in Menschenmengen oder an sehr lauten Orten erhöhte sowohl die Bereitschaft zur geruchlichen Erkundung als auch zur Furcht vor bestimmten Objekten und führte damit zu einer Korrelation zwischen diesen beiden Eigenschaften. Die Furchtsamkeit eines erwachsenen Hundes konnte ab dem Alter von drei Monaten einigermaßen vorhergesagt werden. Jedoch waren auch diese Werte anfänglich noch recht gering und nahmen erst mit zunehmendem Alter zu.

Einfluss des mütterlichen Verhaltens
In der Studie von Wilsson und Sundgren wurde auch der Einfluss des Verhaltens der Mutter beziehungsweise deren Aufzuchterfahrung und der Einfluss des Geburtsgewichts sowie der Wurfgröße auf das Verhalten der Welpen und der erwachsenen Hunde getestet. Die Frage, ob die Mutter Erst- oder Spätgebärende war, beeinflusste bestimmte Bereiche des Welpenverhaltens, jedoch keinen Bereich des Erwachsenenverhaltens. Das Gewicht der Welpen beeinflusste ihr Verhalten, auch als Erwachsene überwiegend bei weiblichen Tieren. Größere weibliche Welpen waren aktiver und auch exporativer, sie waren auch etwas mehr zur Selbstverteidigung bereit. Bei der erwähnten Meta-Analyse von Jones und Gossling war ausdrücklich erwähnt, dass erst der Ausschluss von solchen Studien, die sich mit Welpen oder jungen Hunden beschäftigten, zu einer erheblichen Steigerung der Zuverlässigkeit der Gesamtergebnisse anderer Studien im Vergleich führte.

Das bedeutet eindeutig, dass es nicht möglich ist, Eigenschaften wie Charakter oder Persönlichkeit aus dem Verhalten eines Welpen oder Junghundes zuverlässig abzulesen.

Aufwand und Ergebnisse der Übersichtsstudie

Nach diesen eher allgemeinen Vorbemerkungen nun einige wichtige Ergebnisse der genannten Übersichtsstudie: Lehrreich ist bereits der Aufwand, der betrieben wurde, um die Untersuchungen vorzubereiten.

Zunächst wurden aus den genannten über 50 Studien die Merkmale herausgeschrieben, die auf bestimmte Persönlichkeitstypen beziehungsweise Persönlichkeitseigenschaften von Hunden rückschließen lassen könnten. Von jedem Verhalten, das dafür eine Aussage ermöglichen könnte, wurde eine Karteikarte angelegt. Diese Karteikarten wurden dann zunächst von zwei Mitgliedern des Forschungsteams in sieben verschiedene Stapel sortiert, die den verschiedenen, unten zu besprechenden Persönlichkeitseigenschaften entsprechen sollten. Danach wurden die Stapel nochmals neu von einer Gruppe von insgesamt sieben Experten begutachtet, worunter sich neben Tierärzten und Verhaltensbiologen auch Hundetrainer und Hundeausbilder befanden, und der gemeinsame Konsens dieser sieben Experten führte dann zur endgültigen Zuordnung des betreffenden Verhaltens zu einem der sogenannten „Wesenszüge".

Angewandte Testmethoden
Die untersuchten Arbeiten hatten schon vom methodischen Ansatz her sehr unterschiedliche Vorgehensweisen. Vier verschiedene Vorgehensweisen waren in den Studien zu finden, teilweise auch in Kombination.

▸ Am häufigsten waren die Testsituationen, in denen ein Hund mit bestimmten Gegenständen, Personen oder anderen Umweltreizen konfrontiert wurde.
▸ Eine weitere Methode, die häufig zu finden ist, ist die individuelle Einschätzung von Hunden durch die Person des Besitzers oder auch einem anderen Tester.
▸ Ebenfalls vertreten waren Studien, in denen die sogenannten Prototypen von Rassen, also die rassetypischen Verhaltensweisen, von Experten und von Tierärzten eingeschätzt wurden.
▸ Die letzte Gruppe der Studien bezog sich auf Beobachtungsuntersuchungen, bei denen das Verhalten von Hunden in mehr oder weniger natürlichen Umgebungen registriert und zugeordnet wurde.

Die meisten Studien beinhalteten das Verhalten von Junghunden beziehungsweise jüngeren Erwachsenen, nur wenige der Studien bezogen sich auf erwachsene oder ältere Tiere. Ebenso wurden die meisten Studien mit Rassehunden durchgeführt, insbesondere mit Rassen, die für bestimmte Aufgaben gezüchtet worden waren. Die Autoren der Meta-Analyse führen ausdrücklich an, dass die Ergebnisse nicht ohne Weiteres auf Familienhunde oder Mischlinge übertragbar sein müssen.

Zu beobachtende Eigenschaften
Die folgenden Eigenschaften wurden in der Studie als gemeinsam aus den verschiedenen Versuchs- und Beobachtungsansätzen herauskristallisiert:

- **Reaktivität**, was sich unter anderem durch wiederholte Annäherungen an neue Objekte, Aktivität in neuen Situationen und ähnliche Merkmale auszeichnet.
- **Furchtsamkeit**, was durch Vermeidung neuer Reize, Zittern und ähnliche Verhaltensweisen gekennzeichnet war.
- **Geselligkeit**, also Hunde, die vorwiegend freundliche Interaktionen mit Menschen und anderen Hunden zeigten.
- **Reaktionsfähigkeit** im Training, das heißt die Bereitschaft mit Menschen zu arbeiten, Verspieltheit, schnelles Lernen in neuen Situationen, Problemlösefähigkeit.
- **Aggression**, ein wohl selbsterklärendes Wort, wenngleich wir später noch sehen werden, dass sich darunter durchaus Verschiedenes verbergen kann (→ S. 168).
- **Unterwürfigkeit**, denn der in vielen Studien verwendete Dominanzbegriff ist auch in den ausgewerteten Untersuchungen sehr unterschiedlich und nicht einheitlich verwendet worden.
- **Aktivität**, worunter sich meistens überwiegend Bewegungsaktivität verbirgt.

Verlässlichkeit der Studie
Nach diesen eher vorbereiteten Schritten wurden dann die verbleibenden Studien nochmals vergleichend analysiert.
Die erste und wichtigste Frage ist, ob die Tests und Einschätzungen verlässlich sind. Das muss jedoch erst durch exakte Statistik belegt werden.

> *Verlässlichkeit bedeutet, dass die Tests sowohl zwischen mehreren Beobachtern beziehungsweise Einschätzern als auch zwischen mehreren aufeinanderfolgenden Testsituationen und Beobachtungssituationen mit erkennbar wiederholbaren Ergebnissen zu erwarten sind.*

Die beiden Aspekte der Verlässlichkeit, nämlich die Übereinstimmung der Einschätzung zwischen den Testern und die Übereinstimmung der Einschätzung zwischen mehreren Testwiederholungen wurden getrennt untersucht. Hier ergeben sich sehr große Unterschiede, selbst wenn nur diejenigen Studien herangezogen werden, die zu diesem Thema überhaupt eine Aussage machen. Immerhin kommen aber bei der Übereinstimmung zwischen den Testern 96 % der verbleibenden Studien auf Korrelationen von wenigstens 0,6 und von diesen 96 % wiederum 55 % auf Korrelationen über 0,8. Als Warnung wird hier allerdings vermerkt, dass manche Hunde mit manchen Testern unterschiedlich interagieren, was dann natürlich die Übereinstimmung innerhalb der Einschätzungen des gleichen Testers wesentlich erhöht im Gegensatz zur Übereinstimmung zwischen den verschiedenen Testern. Insgesamt kamen die Studien im Durchschnitt durchaus auf annähernd die gleichen Werte der Verlässlichkeit in beiden Aspekten wie vergleichbare Studien zur Persönlichkeitsbeurteilung von Menschen. Jedoch muss nochmals betont werden, dass die meisten Studien hier nicht in die Analyse eingehen konnten, weil sie zur Verlässlichkeit keinerlei Angaben machten.

Validität der Studie
Nach der Verlässlichkeit wurde auch die Validität der Untersuchungen nachanalysiert.

> *Unter Validität versteht man, ob die gemessenen Dinge tatsächlich das aussagen, was man behauptet, sie würden es aussagen.*

Doch wie exakt messen wir eigentlich mit diesen Parametern das, was wir messen wollen? Validität besteht wiederum aus zwei Teilen, nämlich der sogenannten konvergenten Validität und der diskriminanten Validität.
Konvergente Validität bedeutet, dass ein Messwert möglichst hoch mit anderen Messwerten korrelieren sollte, mit denen er in enger Beziehung steht. Wer sehr häufig droht, sollte auch sehr häufig

andere aggressive Verhaltensweisen zeigen, und wer sehr schnell nach einer Wurst schnappt, sollte auch sehr schnell nach einem Schnitzel schnappen.

Diskriminante Validität dagegen gibt an, ob ein Messwert sich von anderen Messwerten, mit denen er nicht verwandt sein sollte, hinreichend unterscheidet. Wer den ganzen Tag auf dem Sofa sitzt, sollte nicht gleichzeitig als trainierter Langstreckenläufer auftreten. Die Werte für Furchtsamkeit zum Beispiel sollten untereinander eine hohe Korrelation aufweisen, und beispielsweise mit denen für Geselligkeit sehr wenige Übereinstimmungen haben.

Auch hier zeigt sich, dass nur wenige Studien sich über die Problematik der Validität Gedanken gemacht haben. Während die konvergente Validität, also die Frage, ob bestimmte Aspekte der Persönlichkeit durch unterschiedliche Verhaltensmessungen gleichermaßen ausgedrückt werden, immerhin noch in einer ganzen Reihe von Studien testbar angegeben wurde, fehlen für die diskriminante Validität fast überall Angaben. Hohe Werte für konvergente Validität fand man überwiegend im Bereich der Erregbarkeit beziehungsweise Reaktivität, sowie im Bereich der Unterwürfigkeit. Auch Furchtsamkeit weist sehr hohe Validitätswerte auf, die Aktivität nur sehr niedrige. Auch hier wurden einige methodenkritische Anmerkungen gemacht, zum Beispiel dass eine sehr hohe Zahl an Studien, die Validitätsbeurteilung ermöglichten, auf der Einschätzung des Persönlichkeitszuges individueller Hunde durch Besitzer oder anderer Beobachter mithilfe einer Schätzskala, z. B. von eins bis zehn, durchgeführt wurden. Insgesamt stellten aber die Studien, die mit dieser Methode arbeiteten, nur 17 % der ausgewerteten Untersuchungen insgesamt. Das bedeutet, dass möglicherweise die Aussagekraft hier doch noch etwas zu wünschen übrig lässt.

Schwachpunkte der Testdurchführungen
Trotz allem wird festgestellt, dass, zumindest wenn man nur erwachsene Hunde betrachtet, die Validität und die Verlässlichkeit gleichermaßen in Bereichen liegen, die mit vergleichbaren Werten

zur menschlichen Persönlichkeitstypisierung übereinstimmen. Ebenso wird angemerkt, dass diejenigen Studien, die sich mit der Häufigkeit von Verhalten in natürlichen oder naturnahen Situationen beschäftigen, am seltensten Validität und Verlässlichkeit überprüft haben, obwohl auch dort durchaus viele Quellen liegen.

In der Gesamtzusammenfassung wird die betreffende Arbeit dann auch noch genutzt, um Empfehlungen für dringend notwendige weitere Untersuchungen zu geben. Einige davon sind bereits erwähnt worden, so die Aussage, dass aus der Beurteilung von Arbeitshunden nicht ohne Weiteres auf Familienhunde geschlossen werden kann, sowie die Aussage, dass die Rassenunterschiede, geschweige denn die Unterschiede zwischen Rassen und Mischlingen nur unzureichend in die Einschätzungen eingeflossen sind. Diese Aussage wird unterstützt durch die Tatsache, dass bestimmte Rassen wiederum in ganz bestimmten Testsituationen beziehungsweise Untersuchungsmethoden eingebunden sind.

So finden die meisten Untersuchungen zum Deutschen Schäferhund nach wie vor mit den oben genannten Objekttestungen statt, während die meisten Untersuchungen zum Labrador Retriever mit Beobachtungsmethoden in naturnahen Situationen verwendet werden. Ebenso erwähnt ist bereits die Altersabhängigkeit der Studien.

Ein weiterer Schwachpunkt ist, dass viele Hunde in den hier genannten Untersuchungen, gerade dort, wo es um die Tauglichkeit zu ganz bestimmten Arbeitsleistungen geht, speziell für diese Leistungen gezüchtet wurden. Auch dazu noch eine warnende Bemerkung:

> *Eine selektive Zucht auf die Leistung in bestimmten Welpentestsituationen führte über mehrere Generationen hinweg zwar zu einer Verbesserung der Leistung der Tiere in diesem Welpentest, jedoch nicht zu einer Verbesserung der Leistungen später als Erwachsener, zum Beispiel als Behindertenbegleithund.*

Werden solche Untersuchungen durchgeführt, ist es dringend erforderlich, dass Verlässlichkeit und Validität überprüft werden, und eine der Grundvoraussetzungen, um so etwas zu tun, ist die Einschätzung jeden Hundes durch mehrere Tester beziehungsweise Begutachter und die Wiederholung der Tests im Abstand von zumindest etlichen Tagen bis Wochen. Studien, die das nicht getan haben, wurden von der Analyse von vornherein ausgeschlossen, und sind auch aus methodischer Sicht äußerst fragwürdig. Ein Beispiel für eine Langzeituntersuchung liefert Weiss (2002). Hier wurden die Hunde auf der Basis eines eigens entwickelten und mit immerhin 36 % Vorhersagewahrscheinlichkeit in der Regressionsanalyse getesteten Systems von mehreren Merkmalen über eine Trainingsperiode von fünf Wochen hinweg begleitet und beobachtet. Während dieser Trainingsperiode wurde ihre Leistung immer wieder beurteilt, um sie für bestimmte Aufgaben, zum Beispiel als Begleithunde, zu überprüfen.

Sinn und Unsinn von Wesenstests

Wenn wir nun alle diese Erkenntnisse zusammenfassen wollen, um über Sinn und Unsinn von Tests bei Hunden zu urteilen, dann muss zumindest festgestellt werden, dass die derzeitige Praxis der Testung, sei es im Bereich der Gefahrhundebeurteilung, sei es im Bereich der Zuchtzulassung oder der Käuferberatung, in jedem Fall höchst fragwürdig ist. Die Mindestvoraussetzung, um überhaupt eine zuverlässige Testung durchführen zu können, würde in einem wesentlich rigoroseren Ausbildungs- und auch kontinuierlichen Qualitätssicherungsverfahren für die Tester bestehen. Die Durchführung einer solchen Studie, wenn wir sie mit den Gepflogenheiten psychologischer oder anderer gesellschaftswissenschaftlicher Fakultäten vergleichen, erfordert einen sehr hohen Aufwand in der Vorbereitung. Man einigt sich zunächst meist auf eine recht lange Liste von Eigenschaften, die man den Tieren ansehen möchte, und testet dann, unabhängig voneinander, die gleichen Individuen. Im Idealfall werden die Testproben dann sogar von anderen

Mitarbeitern analysiert, die weder Tester noch Tiere kennen (sogenannter Doppel-Blind-Versuch). Nur solche Kriterien, die eine Zuverlässigkeit zwischen den Testern/Testerinnen von mindestens 90% aufweisen, bleiben im Katalog. Um das deutlich zu machen: Wenn eine Eigenschaft von einem Tester mit der Stärke fünf auf einer Zehnerskala bewertet wird, sind eigentlich Abweichungen zwischen vier und sechs schon zuviel, denn das wären + 20%! Mindestens 80% Zuverlässigkeit sind aber das Minimum. Begriffe oder Eigenschaften, bei denen man sich nicht durch entsprechende Diskussionen auf hinreichende Genauigkeit einigen kann, fliegen einfach aus dem Katalog. So bleiben dann von vielleicht 70 Begriffen, wie in der Bärenstudie von Fagen und Fagen (1996) nur noch etwa 25 übrig. Diese werden dann auf statistische Abhängigkeit voneinander analysiert, und nur die, die zuverlässig miteinander korrelieren, bleiben als Persönlichkeitsmerkmale übrig und werden zukünftig in den Tests verwendet (→ S. 85, konvergente und dirkriminante Validität).
Die Tester müssen auch in regelmäßigen Abständen den Verlässlichkeitstest miteinander durchführen, denn wie wir alle vom Autofahren wissen, schleichen sich im Laufe der Routine so viele Eigenmächtigkeiten ein, dass schon nach wenigen Monaten, die ehemals dasselbe gelernt haben, dies völlig unterschiedlich tun!

Man kann also hier mit Recht von einer sowohl methodisch als auch konzeptionell äußerst fragwürdigen Vorgehensweise sprechen. Die schon hier aufgezeigten Probleme, die sicherlich nicht alle sind, sollten ausreichen, um das Unwesen der Wesenstests sehr kritisch zu überdenken.

Wer unbedingt solche Tests etablieren möchte, muss sich der Hilfe und ständigen Begleitung von methodisch, das heißt statistisch und verhaltensbiologisch-psychologisch kompetenten Leuten versichern. Zusätzlich muss er oder sie zur Kenntnis nehmen, dass bestimmte Fragestellungen, zum Beispiel Vorhersagewahrscheinlichkeit des Verhaltens eines erwachsenen Hundes aus der

Welpenzeit, oder genetische Weitergabe von Wesens-, Charakter- oder Persönlichkeitseigenschaften schlichtweg nicht möglich sind. Wenn der Wesenstest, allerdings in einer methodisch sauberen Form, überhaupt eine Berechtigung hat, dann in dem Bereich der Gefahrhundbeurteilung von erwachsenen, möglichst mehrjährigen Hunden und eventuell im Bereich der Eignungsprüfung jedenfalls von erwachsenen Hunden für bestimmte Arbeitshundetätigkeiten. Die heute üblichen Tests in der Hundewelt allerdings sind im Allgemeinen ungeeignet.

Sozialbeziehungen und Gruppenmechanismen

Das Zusammenleben von Tieren in Sozialgemeinschaften, letztlich auch in zwischenartlichen Gemeinschaften wie Mensch und Hund, wird von einer Vielzahl verschiedener Einflussfaktoren geregelt. Um diese besser analysieren zu können, benötigen wir zunächst ein Rahmenwerk, das die Betrachtung systematisiert und kennzeichnende Merkmale vergleichbar macht.

Das Sozialsystem

Die Einordnung des Sozialsystems einer Art erfolgt meist mithilfe drei verschiedener Begriffe (Gansloßer 1998, Kappeler 2006):
- Die **soziale Organisation** umfasst die zahlenmäßig erfassbaren Werte wie Gruppengröße, Gruppenzusammensetzung, Streifgebietsgröße, Verwandtschaftsverhältnisse in der Gruppe und viele andere.
- Die **soziale Struktur** ist die Verteilung der Verhaltensweisen, Kappeler umreißt sie mit den Worten „Wer mit wem, außer Sex".
- Das **Paarungssystem** schließlich besteht aus der Verteilung der sexuellen Verhaltensweisen sowie dem Fortpflanzungssystem, also den genetisch zu bestimmenden Vaterschafts-/Fortpflanzungserfolgsverhältnissen (→ S. 17).

Die soziale Struktur hat Eisenberg (1981) noch weiter in Untersysteme wie Aufzucht-, Nahrungssuch- oder Feindvermeidungssysteme unterteilt, weil diese nicht immer mit den gleichen Artgenossen durchgeführt werden müssen.

Ein gutes Hundebeispiel dafür, dass diese Unterteilung sinnvoll sein kann, liefert der Äthiopische Wolf (Williams 2006), bei dem zwar das ganze Rudel zusammen auf Revierpatrouille zieht, aber danach jeder einzeln auf Nahrungssuche. Hier wäre das Revierverteidigungs- und Nahrungssuchsystem getrennt. Und dieses Verhalten liefert auch gute Argumente für die Trennung von sozialer Struktur, Paarungs- und Fortpflanzungssystemen, denn die Hündinnen paaren sich außerhalb des Rudels sehr häufig und auch erfolgreich mit beliebigen Nachbarrüden, im Rudel aber nur mit den Ranghöchsten!

Beschreibung von Sozialbeziehungen (nach Robert Hinde)

Beobachtbare Verhaltenselemente

Zur genaueren Beschreibung und zum Ziel des Vergleiches der sozialen Strukturen verschiedener Tierarten, oder auch der gleichen Tierart unter verschiedenen Bedingungen, wurde von Robert Hinde (1976) eine mehrstufige Methode eingeführt, an deren unterster Stelle die Aktionen und Signale stehen, die als beobachtbare Verhaltenselemente von den Tieren gezeigt werden. Diese Verhaltenselemente, die im Verhaltenskatalog der zu untersuchenden Tierart eindeutig und interpretationsfrei beschrieben werden müssen (→ S. 14), sind meist sogar bei sehr hoch entwickelten Tierarten mehr von der stammesgeschichtlichen Herkunft und von der Stellung im System der Tiere als von Umweltbedingungen und sozialem Umfeld abhängig. Dies konnte Kummer (1978) sogar für Primaten zeigen, und auch für andere hoch entwickelte Säugetiere ließen sich ähnliche Befunde erheben (s. Gansloßer 1998).

Interaktionen

Die Häufigkeit und die Verteilung der verschiedenen Aktionen und Signale liefern, sofern es sich um soziales Verhalten, also auf den Artgenossen bezogenes Verhalten handelt, die nächste Ebene der Hindeschen Beschreibung, nämlich die Interaktionen.

> *Interaktion bedeutet Austausch, und gemeint sind hier die zwischen den Mitgliedern einer Sozialeinheit ausgetauschten Verhaltensweisen.*

Die Häufigkeit und die Richtung dieser Verhaltensweisen festzuhalten und auch hinterher statistisch auszuwerten, ist vergleichsweise einfach, wenn auch zeitaufwendig. Schwieriger wird es schon, wenn es darum geht, den Interaktionen dann Bedeutungen, also Funktionen im Zusammenleben der betreffenden Tiere zuzuordnen. Hier hilft uns wieder nur viel Arbeit und die Statistik. Der erste Schritt besteht darin, eindeutige Verhaltenselemente aus dem Katalog herauszusuchen, deren Bedeutung unbestritten ist. So etwa das ganz schnelle Weglaufen vor einem Artgenossen, das man wohl als Flucht bezeichnen kann, oder beispielsweise ein kräftiges, ungehindertes Zubeißen, welches man sicherlich als aggressiv bezeichnen darf.

Im nächsten Schritt werden dann Verhaltenselemente, die sich in der unmittelbaren Umgebung dieser eindeutig zuzuordnenden Zentralelemente immer wieder finden lassen, der gleichen Bedeutung zugeordnet. So kann ein Gesichtsausdruck, der immer vor diesem Zubeißen stattfindet, sicherlich als Drohsignal interpretiert werden, und ein lautes Kreischen, das ein Tier immer dann äußert, wenn es von einem Artgenossen schnell wegläuft, als submissive Vokalisation interpretiert werden. Durch das Heraussuchen von nicht zufälligen, sondern häufiger als statistisch zu erwartenden Kopplungen und Aneinanderreihungen der Verhaltenselemente kann dann eine gemeinsame Bedeutung identifiziert werden (s. Kappeler 2006 und Gansloßer 1998).

Soziale Beziehungen

Haben wir alle auftretenden Interaktionen in einer Sozialeinheit, sei es Gruppe, Paar, Familie oder auch zwischen den Tieren einer einzelgängerischen Art in einem bestimmten Gebiet, herausgefunden und eindeutig beschrieben und möglichst auch funktionell gedeutet, dann können wir uns daran wagen, die nächste Stufe des Hindeschen Beschreibungssystems zu erklimmen, die Ebene der sozialen Beziehungen.

Soziale Beziehungen sind keine Momentaufnahmen, sie lassen sich nur durch eine längere Beobachtung der Art, Häufigkeit, Intensität und anderer Eigenschaften von Interaktionen zwischen zwei oder mehr Tieren beschreiben.

Kappeler bezeichnet sie daher als „virtuelles Konstrukt", das bedeutet eine Verallgemeinerung und Abstrahierung der Interaktionsmuster, die wir nach längerer Beobachtung erkennen können. Die Beziehungen zwischen verschiedenen Individuen in einer Sozialeinheit sind dann wiederum auf gemeinsame Muster, etwa auf Gemeinsamkeiten im Verhalten der weiblichen Tiere zueinander gegenüber dem, was sie den männlichen oder den Jungtieren zeigen, zu klassifizieren und daraus ergibt sich schließlich die gesamte soziale Struktur als oberste Ebene des Hindeschen Beschreibungssystems.

Problem 1 – Unbekannte Vorgeschichte

Ein wesentliches Problem hat man als Beobachter in einer solchen Situation immer: Die beteiligten Tiere haben eine Vorgeschichte und auch ein Vorwissen übereinander. Das bedeutet, dass man als Beobachter meistens erst dann in den „Film" oder das Theaterstück einsteigt, wenn die ersten, meist entscheidenden Akte bereits vorüber sind. Genau wie ein zu spät kommender Kinobesucher sind die Forscher dann darauf angewiesen, aus dem, was sie gerade sehen, auf die vorher eingespielten und entstandenen Beziehungen und Konfliktfälle zu schließen.

Problem 2 – Ökologische und soziale Einwirkungen
Ein zweites Problem bei der Erforschung der sozialen Struktur besteht darin, dass diese, ebenso wie die zugrunde liegende Ebene der Beziehungen, sehr stark von ökologischen und sozialen Einwirkungen abhängig ist. Soziale Beziehungen und soziale Strukturen sind nicht mehr sehr stark von der Stellung im System der Tiere und von der Stammesgeschichte der betreffenden Art abhängig, so glaubte man zumindest lange Zeit. Möglicherweise werden wir durch die zu besprechenden Befunde der Gehirnanatomie hier doch etwas anderes lernen. Momentan aber sieht es so aus, als ob Beziehungen und Strukturen sehr viel plastischer sind als die Interaktionen und die einzelnen Verhaltenselemente. Es ist daher für die Forschenden nicht immer einfach, aus der Struktur einiger weniger zu beobachtenden Tierfamilien oder -gruppen einer betreffenden Art auf die allgemeingültige Sozialstruktur zurückzuschließen. Kummer nennt diese allgemeingültige Sozialstruktur die „Tiefenstruktur", Hinde spricht von der „Struktur im engeren Sinne". Um die Vorkenntnisse der Tiere übereinander wenigstens teilweise auszuschließen und dadurch auch auf allgemeinere Zusammenhänge von „Tiefenstrukturen" und „Strukturen im engeren Sinne" schließen zu können, bedient man sich der Methode des Konfrontationsversuchs, wobei Tiere, die einander nicht kennen, unter den Beobachtungsbedingungen erstmals zusammengeführt, und die Entwicklung der Beziehung verfolgt und generalisiert werden. Wir werden diese Methode noch genauer kennen lernen (→ S. 107).

Aufbau von sozialen Beziehungen

Da wir es nicht bei der Beschreibung der sozialen Beziehungen und Strukturen belassen wollen, sondern verstehen möchten, warum die Tiere so und nicht anders miteinander reagieren, müssen wir wieder verschiedene erklärende Ansätze hinzuziehen. Eine soziale Beziehung, das hat bereits Kummer (1978) betont, ist keineswegs umsonst zu haben.

> *Um Beziehungen aufzubauen, zu pflegen und zu verbessern bedarf es eines Investitionseinsatzes an Zeit, Energie und Aufmerksamkeit. Wenn man die Beziehung pflegt, kann man nicht fressen, man begibt sich vielleicht sogar in Gefahr, oder man erregt Anstoß bei anderen, „eifersüchtigen" Artgenossen.*

Vorteile einer Beziehung

Um eine Beziehung trotz dieser Widrigkeiten noch zu entwickeln und aufrechtzuerhalten, muss sie also auch Vorteile bringen. Kein Tier lebt in einer bestimmten Beziehung oder bestimmten Gruppensituation, weil dies in seinen Genen oder in einem Lehrbuch steht. Jedes Tier lebt nur dann in einer Beziehung oder in einer bestimmten Gruppenstruktur, wenn dieses Leben momentan mehr Vorteile oder zumindest weniger Nachteile bringt als alle anderen, momentan denkbaren und realisierbaren Alternativen.

> *Sobald ein Tier den „Eindruck" gewinnt, dass es in einer anderen Gruppensituation oder auch allein bessere Bedingungen vorfinden würde, wird es diese Entscheidung zum Abwandern treffen.*

Das muss auch für das Verständnis der Zusammenarbeit von Mensch und Hund oder auch von Mensch und Mensch in unserer Gesellschaft immer wieder betont werden. Wer glaubt, insbesondere in der Zeit der Pubertät, nur mit Druck, Gewalt, Verweigerung und anderen Negativmaßnahmen, einen Hund an sich binden zu können, der irrt. Und man sollte auch nicht, um Reinhard May zu zitieren, seine Daseinsberechtigung als Mensch nur darauf reduzieren, dass man der Einzige ist, der den Kühlschrank öffnen kann.

Das Modell der Markttheorie

In der Verhaltensökologie werden die Entscheidungen, die in Gruppen lebende Tiere bei der Verteilung ihrer Beziehungen und Interaktionen haben, mit einem Marktplatz verglichen.

Schimpansen sind besonders geschickte Manipulatoren, wenn es um soziale Beziehungen geht. Durch soziale Körperpflege, Unterstützung bei Konflikten und Futterteilen, spannen sie soziale Netzwerke, die ihnen selber helfen.

Albatrosse leben monogam, was bedeutet, dass sie zu jeder Brut denselben Partner treffen.

Sie gehen mit ihrem Partner eine sehr enge Bindung ein.

Die sogenannte biologische Markttheorie, ein von biomathematischen und wirtschaftswissenschaftlichen Überlegungen entwickeltes Modell, betrachtet Verhaltensweisen wie Waren, die in einem Tauschgeschäft gegen andere Verhaltensweisen eingetauscht und dadurch zur Aufrechterhaltung von Beziehungen in einer Sozialeinheit genutzt werden. Nicht alle Teilnehmer an diesem Marktgeschäft haben gleich viel anzubieten, mancher kann vielfältigeres Verhalten, zum Beispiel als Ranghöherer auch Schutz und Herrschaftswissen, anbieten, andere haben nur wenig zu bieten. Nicht jeder hat auch gleiche Qualitäten, das Schutzverhalten eines kräftigen erfahrenen Tieres ist mehr wert als das eines jungen unerfahrenen. Und so entscheidet jedes Tier ständig von Neuem, mit wem es welche Tauschgeschäfte durch Interaktionen und Verhaltensmuster eingehen will und mit wem es in dauerhaften Beziehungen lebt oder mit wem es nur kurzfristig solche Geschäfte eingeht. Diese Betrachtungsweise mag manchem ungewöhnlich erscheinen, aber sie hilft uns sehr wohl zu verstehen, warum in unterschiedlich großen Gruppen unterschiedlich viele Verhaltensweisen der gleichen Art ausgetauscht werden und warum trotz allem dann doch immer jeder zu einem optimalen Kompromiss zu kommen versucht.

> *Auch für die Beziehung eines Menschen mit anderen Lebewesen – seien es Artgenossen, Hunde, Pferde oder andere – ist diese Betrachtungsweise nützlich, denn auch sie lehrt uns zu verstehen, dass eine soziale Beziehung ein Geben und Nehmen sein muss, und dass sie nur dann funktionieren kann, wenn wirklich auch beide über einen längeren Zeitraum hinweg einen Vorteil davon sehen.*

Je mehr verschiedene Tauschwaren wir in einer solchen Beziehung anbieten können, desto wichtiger sind wir als Handelspartner im Vergleich zu jemand, der nur eine einzige Ware, zum Beispiel Nahrung, anbietet. Ein Händler, der nur eine Sache im Regal stehen hat, wird weniger interessant für seine Kundschaft sein als ein großer Warenmarkt.

Das Seewiesener Modell zur Erforschung von Gruppenmechanismen

Bereits vor der formalen Entwicklung und Veröffentlichung dieses vorwiegend von Ronald Noe (Noe et al. 2001) entwickelten Modells haben eine Reihe von Teilnehmern des Seewiesener Workshops (s. Gansloßer 2002) versucht, ein Modell zu entwickeln, das mit mehreren Variablen den Wert und die Beeinflussung beider Beteiligter an einer sozialen Beziehung beschreibt. Dieses, als Seewiesener Modell (Gansloßer 1998) bekannt, baut auf den Erkenntnissen von Kummer (1978) auf, der erstmals durch seine Untersuchungen zur Gruppenbildung von Mantelpavianen und Geladas, einer nahe verwandten Art nordafrikanischer, gebirgsbewohnender, großer Affen, eine Reihe von Regeln zur Vorhersage der Entwicklung sozialer Beziehungen zwischen einander unbekannten Artgenossen entwickelt hat. Die Regeln, die als Kummersches Stufenmodell bekannt geworden sind, werden wir bei der Betrachtung der Dynamik und Entwicklung sozialer Beziehungen im Einzelnen kennen lernen (→ S. 104).

Variablen des Seewiesener Modells
Variable 1 – Vertrautheit: Je besser man einen Artgenossen kennt und je größer die Vorhersagbarkeit seines Verhaltens, desto wertvoller wird er als Beziehungspartner. Mit einem Chaoten kann man keine dauerhafte Beziehung eingehen, weil man nie weiß, wie er/sie reagieren wird. Vertrautheit wird also hier als Vorhersagbarkeit des Verhaltens definiert, und diese Vorhersagbarkeit steigt einerseits mit dem Zeitraum, in dem man sich schon kennt, andererseits natürlich auch mit der Konsistenz des Verhaltens des Betreffenden selbst. Beobachtungen, die den Wert der Vertrautheit für eine Beziehung beschreiben, sind beispielsweise auch von Mensch-Hund-Teams geliefert worden, etwa die Beobachtung, dass „gefährliche" Spielelemente, solche mit Verletzungsrisiko, erst gezeigt werden, wenn man sich länger und besser kennt. Auch die zunehmende Abstimmung aufeinander, sei es der Duettpartner bei

Vögeln oder Gibbons, oder auch der Partner in einer Paarbeziehung, zeigt den Wert der Vertrautheit für die entstehende Beziehungsqualität. Sich „blind" zu verstehen, ist eben erst dann möglich, wenn man längere Zeit miteinander verbracht hat. Der Wert der Vertrautheit als Beziehungsvariable ist auch zu bedenken, wenn bestimmte Erziehungsratschläge kommen, etwa die, zwischendurch dem Hund etwas nicht zu gestatten, was er sonst immer darf oder ihn plötzlich in anderer Weise aus der Routine zu reißen, nur um „ihn besser auf den Herren zu fixieren". Die schwerwiegende Erscheinung, die durch mangelnde Vertrautheit entstehen kann, ist eine erlernte Hilflosigkeit, wie sie etwa bei Beziehungspartnern von Alkoholikern, Drogenabhängigen, schwer Depressiven oder anderen Gemütskranken bestehen kann. Dieses Verhaltensmuster, dass wir bereits im Kapitel Stress kennen gelernt haben, führt letztlich dazu, dass man gar nichts mehr tut, denn wer nichts tut, macht die wenigsten Fehler. Wenn das dann generalisiert und von einer einzigen Beziehung auf alle, oder zumindest viele Beziehungen mit Artgenossen übertragen wird, haben wir ein schwer beziehungsgestörtes Individuum vor uns, wie es beispielsweise auch Hunde bei permanenter Überforderung und permanenter Negativbestärkung in Dressur und Trainingsakten zeigen können.

Variable 2 – Attraktivität: Unter Attraktivität ist hier nicht nur die sexuelle oder körperliche Anziehung zu verstehen, vielmehr wird die Attraktivität verwendet, um alle Eigenschaften zu beschreiben, die den Artgenossen als Beziehungspartner interessant machen. Verhaltensbiologisch spricht man hier auch von RHP (Resource Holding Power = Sammelkategorie, die sehr viele Aspekte von Durchsetzungsvermögen, Standfestigkeit, Kenntnisse über Resourcen und deren Nutzung, etc. enthält), denn unter dem Attraktivitätsbegriff verbergen sich so vielfältige Dinge wie Status, Rangposition, Revierbesitz, Herrschaftswissen, aber auch die Fähigkeit, als Brutpflegehelfer mitzuwirken oder andere Dinge zu tun. Dass die Attraktivität eines Tieres seine Beziehungsfähigkeit stark beeinflusst, sieht man, wenn beispielsweise in der Paarungszeit ein männliches Känguru, ein Bison oder ein Hirsch die Möglichkeit hat, zwischen mehreren sexuell gleichermaßen aktiven weiblichen Tieren zu unterscheiden. Er wird sich dann vorwiegend für diejenige entscheiden, die am kräftigsten, erfahrensten oder mit den meisten bereits erfolgreich aufgezogenen Jungtieren aufwarten kann (Gansloßer 1998). Die Attraktivität spielt auch bei der Neuausbildung von Beziehungen dann eine Rolle, wenn drei Tiere gemeinsam neu zusammengesetzt werden, und sich die beiden Älteren oder Kräftigeren vorzugsweise miteinander beschäftigen, während das dritte Individuum wie ein fünftes Rad am Wagen daneben sitzt und seine Beziehung nicht in Gang kommt.

Variable 3 – Verfügbarkeit: Verfügbarkeit wird hier nicht im banalen Sinne so verstanden, dass wer nicht da ist, keine Beziehung ausbilden kann. Verfügbarkeit wird vielmehr stark beeinflusst von der Anwesenheit weiterer potenzieller oder auch bereits entstandener Beziehungen und von der Anwesenheit weiterer Artgenossen. Man spricht hier von „triadischen Einflüssen", deren Stärke zum Beispiel dadurch erkennbar ist, dass, bringt man drei einander unbekannte Artgenossen gleichzeitig zusammen, es mindestens viermal so lange dauert, bis jeder seine Beziehung zu den anderen beiden sortiert hat, als wenn er jeweils nacheinander nur einem der beiden anderen vorgestellt wurde. Bei vier Tieren sind es bereits Verzehnfachungen der entsprechenden Zeit (s. Gansloßer 1998). Triadische Hemmungen können sogar die Entwicklung von neuen Beziehungen vollständig unterdrücken, etwa bei Krallenaffen, bei denen bereits die Anwesenheit des persönlich gebundenen Paarpartners verhindert, dass ein Tier Kontakt zu einem Fremden des entgegengesetzten Geschlechts aufnimmt.

Variable 4 – Erträglichkeit: Diese Variable wurde in das Modell eingeführt, um zu erklären, warum es wesentlich länger dauert, bis zwei große, starke und statussichere männliche Tiere aneinander gewöhnt werden können, als kleine, schwache und statusniedrige Individuen. Die Erträglichkeit ist also eine Folge der Statussumme und der Statusunterschiede zwischen den beiden. Je größer die Statussumme der beiden, desto länger dauert es, eine Beziehung zu entwickeln, je größer der Statusunterschied, desto schneller geht es. Ist jedoch die Beziehung erst einmal entwickelt, so wird sie zum statushöheren Artgenossen wesentlich intensiver gepflegt und auch bei Belastungen ist bemerkenswerterweise diese Beziehung wesentlich stabiler und weniger krisenanfällig als die zu einem statusniedrigeren und damit eigentlich erträglicheren Partner.

Stufen der Beziehungsbildung

Die Variablen dieses Modells sind nicht nur zur Vorhersage und Beschreibung bereits bestehender Beziehungen benutzt worden, sie dienen auch dazu, die Prozesse der Beziehungsbildung zu systematisieren. Studien an einer ganzen Reihe von Tierarten (zum Beispiel Rhesusaffen, Mantelpaviane, Geladas, aber auch Pferde, Kängurus und einige weitere) haben gezeigt, dass eine Ausbildung einer sozialen Beziehung bei vielen Tierarten nach einer vorhersagbaren Stufenleiter abläuft. Die bekannteste und älteste Untersuchung zu diesem Thema ist die von Kummer an den Geladas und Mantelpavianen. Dort sind die Stufen auch sehr einfach.
Zunächst beginnt die Auseinandersetzung mit einem **aggressiven Akt** oder einem **Kampf**, anschließend erfolgt das **Präsentieren**, und bemerkenswerterweise ist es der Gewinner des Kampfes, der dieses Präsentieren erstmals zeigt, ein Verhalten, das in der stabilen Gruppe dem Rangtieferen zur Unterwerfung vorbehalten ist. Der nächste Akt der Stufenleiter wäre dann das **symbolische Aufsteigen**, das in dieser Situation nicht vom Ranghöheren, sondern vom Verlierer erstmals gezeigt wird, und die letzte Stufe ist schließlich die gemeinsame gegenseitige **soziale Körperpflege**.

Entwicklungsgeschwindigkeit und Intensität

Je nachdem wie die Erträglichkeit und die Attraktivität der zusammengebrachten Tiere ist, entwickeln sich die Stufen in unterschiedlich schneller Zeit, und manche Beziehungen bleiben auch auf einer niedrigeren Stufe stehen. Ebenso sind Einflüsse von bereits vorhandenen Beziehungen zu dritten und vierten Artgenossen, sowie Einflüsse von gleichzeitig entstehenden Beziehungen zu anderen Fremdtieren nachweisbar.

> *Je älter, kräftiger und statushöher die Beteiligten, desto länger dauert es, bis sie die aggressive Phase überwunden haben, desto intensiver beschäftigen sie sich aber auch hinterher miteinander, wohl um diese wertvolle und anfällige Beziehung nicht wieder zu verlieren.*

Wer eine Beziehung zu einem sehr attraktiven Tier erst einmal ausgebildet hat, hat wenig Interesse daran, noch andere Beziehungen zu weniger attraktiven, etwa rangtieferen Individuen zu entwickeln.

Einfluss von Beziehungen auf das Wohlbefinden
Die Vorteile des Zusammenlebens lassen sich nicht nur auf der Ebene der Gruppen und deren Strukturen belegen. Ebenso auffallend sind die Einflüsse sozialer Beziehungen auf das Befinden der Einzeltiere. Hierbei geht es auch wieder um „äußere" und „innere" Faktoren.
Die äußeren Effekte sind einigermaßen leicht zu messen: Wenn zwei Tiere eine kurzfristige Koalition, oder sogar eine länger andauernde Allianz eingehen (Gansloßer 1998), so führt dies oft zu einer Verbesserung des sozialen Status, zu verbessertem Futterzugang oder der Sicherung der Fortpflanzung. Die Bildung solcher, kurz- oder längerfristiger Interessengemeinschaften ist zwar besonders begünstigt, wenn sie mit Verwandten erfolgt, weil dann die Gesamtfitness verbessert werden kann. Es geht aber, vorausgesetzt man kennt einander und lebt länger zusammen, auch auf Gegenseitigkeit („reziproker Altruismus") unter Nichtverwandten. Zur Vorbereitung und Aufrechterhaltung der Kooperationen werden oft soziale Körperpflege und anderes „soziopositives" Verhalten eingesetzt. Wen man besonders intensiv pflegt und umgarnt, der hilft einem auch bei der nächsten Auseinandersetzung! Obwohl Primaten und

manche Zahnwale hier besonders komplexe, auch mehrschichtige Allianzen bilden, sind gerade von geselligen Raubtieren (Hyänen, Nasenbären, aber auch Wölfe beiderlei Geschlechts) solche Koalitionen und Allianzen zum gemeinsamen Vorteil bekannt. Hier finden wir auch Beispiele für eine „gezielte" Verbesserung des „Wertes" eines Beziehungspartners, wenn zum Beispiel durch Eingreifen des Koalitionspartners der Status des anderen verbessert wird (im Sinne Kummers, → S. 95). Der Effekt ist jedoch an vielen Beispielen, auch zwischen Nichtverwandten nachweisbar (Geladas, Löwinnen, s. Gansloßer 1978).
Wenden wir uns den „inneren" Aspekten einer Beziehung zu. Die dafür eingeführte Bezeichnung lautet „soziale Unterstützung" (social support). Darunter versteht man eben gemeinhin *nicht*, dass ein Tier einem anderen in einer Auseinandersetzung hilft. Vielmehr ist die physiologische, speziell stressdämpfende Wirkung der Anwesenheit eines Beziehungspartners bei der sozialen Körperpflege oder anderen „soziopositiven" Verhaltenselementen gemeint. Gute Zusammenstellungen von Beispielen finden sich bei deVries et al. (2003), sowie Sachser et al. (1998).

Neuausbildung von sozialen Beziehungen
Aus den Studien zur Bildung sozialer Beziehungen bei solchen Experimenten lassen sich auch eine Reihe von Empfehlungen für den Alltag der Neuausbildung sozialer Beziehungen, etwa beim Einbringen eines (oder eines weiteren) Hundes in eine Familie ableiten:
So ist es sinnvoll, das Tier nicht mit allen Beziehungspartnern gleichzeitig zu konfrontieren und eigentlich sollten auch die erträglichsten, das bedeutet die statusniedrigsten Angehörigen der bereits bestehenden Familiengruppe zuerst mit dem Neuling konfrontiert werden und mit diesem die Beziehung ausbilden. Wird der Neuling sofort mit dem ranghöchsten „Anführertier" konfrontiert, und bildet mit diesem eine erfolgsversprechende Beziehung aus, so hat er/sie kein Interesse mehr an der Ausbildung der Beziehung zu anderen. Pferde auf der Koppel oder Zootiere in neu

einzurichtenden Gruppen werden übrigens schon immer nach diesem Schema zusammengeführt, das heißt man bringt das Tier zunächst mit dem rangtiefsten Mitglied der bestehenden Gruppe zusammen und baut dann so langsam von unten her ein Tier nach dem anderen dazu.

Dynamische Veränderungen

Die Dynamik einer sozialen Beziehung oder eines Beziehungsgeflechts endet jedoch nicht mit dem Erreichen der höchsten Beziehungsstufe, sondern auch stabile Beziehungen unterliegen solchen dynamischen Veränderungen. Diese dynamischen Veränderungen können entweder in eine bestimmte Richtung unumkehrbar sein, so durch Gewöhnung der Tiere aneinander, oder durch Alterungs- und Reifungsprozesse. Sie können ebenso zyklisch schwankend sein, zum Beispiel durch Fortpflanzungssaisonalität oder andere jahreszeitliche Änderungen. Oder sie können durch unvorhersagbare Einflüsse, etwa ein geändertes Nahrungsangebot, getrieben werden.

Gute Beispiele für die periodischen Änderungen liefern die Verteilungen zum Beispiel des Körperpflegeverhaltens oder auch des Anführerverhaltens bei paarweise lebenden Tieren, seien es Felskängurus, Gibbons oder Gänse. In diesen Familiengruppen kann deutlich gesehen werden, dass kurz vor der Paarung, wenn sie attraktiver ist für ihn, er ihr überwiegend folgt und die Körperpflege von ihm ausgeht, kurz vor oder kurz nach der Geburt der Jungen dagegen, wenn sie ihn als „Pflegehelfer" benötigt, die Körperpflege von ihr ausgeht und er die Anführerrolle übernehmen kann.

Ein Beispiel für die durch Gewöhnung und andere „Einbahnstraßeneffekte" stattfindenden nicht umkehrbaren Entwicklungen in Beziehungen ist der vor allem bei Affen, aber wohl auch bei anderen in Gruppen lebenden Tieren vermutlich auftretende Effekt, dass mit zunehmender Vertrautheit zwischen den Beziehungspartnern sich die Richtung bestimmter Verhaltenselemente ändert. Anfänglich sind viele dieser Beziehungselemente noch symmetrisch, das heißt, A pflegt zum Beispiel B genauso intensiv und ähnlich häufig wie B den A. Im Laufe der Zeit werden die Beziehungen dann unsymmetrischer, das heißt das Pflegeverhalten geht beispielsweise nur noch von einem der beiden aus, während der andere eher Wachsamkeit oder ähnliche Teile der Beziehung für sich übernimmt. Allgemein gelten unsymmetrische Beziehungen als stabiler denn symmetrische, allerdings ist noch keine systematische Untersuchung gemacht worden, die dies von der Dauer des Zusammenseins unabhängig betrachtet hat.

Stabilitätsfaktoren

Neben den dynamischen Änderungen gibt es jedoch auch Faktoren, die zur Stabilität einer sozialen Beziehung oder einer Sozialstruktur beitragen können. Dazu gehören neben Artgemeinsamkeiten und vorhersagbaren Umweltsituationen auch die fest verankerten Vorerfahrungen und sozialen Dispositionen der beteiligten Tiere. Jedes Individuum hat durch seine Vorgeschichte eine ganz bestimmte soziale Gestimmtheit, die es für eine mehr oder weniger aktive, mehr oder weniger offene Sozialverhaltensrolle prädestiniert (→ S. 228). Die soziale Disposition der Individuen, die von Aufzuchtbedingungen, früheren Erfahrungen, dem derzeit herrschenden Geschlechterverhältnis, der Zahl der anwesenden Artgenossen in der Gruppe und so weiter abhängt, hat entscheidende Bedeutung für das zukünftige soziale Leben eines Individuums.

Auch bei der Entwicklung der Dynamik einer sozialen Beziehung oder einer Struktur sind die beteiligten Individuen keineswegs nur passiv. Wie Kummer bereits zeigte, sind Individuen sehr wohl in der Lage, durch gezielte Investitionen die Qualität eines Partners zu verbessern, sei es, dass sie ihn dazu bringen, bestimmte für einen selber interessante oder wichtige Dinge zu tun, sei es, dass sie die Verfügbarkeit des Partners verändern, oder dass sie etwa durch die Ausbildung von Koalitionen seinen Status verbessern helfen und damit sein RHP (→ S. 99) erhöhen. Dies geschieht aber stets in einem Zusammenhang, der vor allem auch dem Alter nützt.

Beschreibung sozialer Interaktionen und Beziehungen

Die Methoden, mit denen soziale Interaktionen und Beziehungen beschrieben und untersucht werden, sind ebenfalls bereits durch Arbeiten von Hinde (1981) und anderen vorgeschlagen. Nach der Beschreibung der Beziehungen nach Inhalt und Qualität müssen dementsprechend eine Reihe von ordnenden und klassifizierenden Betrachtungen angestellt werden. So ist es von Bedeutung, die Diversität einer Sozialbeziehung zu erkunden. Das bedeutet festzustellen, wie viele verschiedene Verhaltenselemente, wie viele verschiedene Typen von Aktionen und Signalen zwischen den beiden beteiligten Partnern gezeigt werden. Als Nächstes wäre die Qualität zu nennen. Qualität einer Beziehung kann durch die Intensität der gezeigten Verhaltensweisen charakterisiert werden. Sie kann durch die Kombination verschiedener Verhaltensweisen gezeigt werden, etwa eine kontrollierende Beziehung, die aus abwehrenden wie auch kontaktsuchenden Elementen zusammengesetzt wird, im Vergleich zu einer nur auf Negativelementen beruhenden Mutter-Kind-Beziehung oder Ähnliches.

Schließlich ist die Frage nach der reziproken oder komplementären Beziehung zu klären.

Reziproke Beziehungen sind solche, bei denen ein Tier genauso viel oder annähernd genauso viel an Verhalten zurückbekommt, also einen echten Tauschhandel betreibt.

Komplementäre Beziehungen sind solche, bei denen die beiden Partner der Beziehung ebenfalls tauschen, jedoch jeder nur einen bestimmten Teil des Verhaltensrepertoires auf den anderen richtet. Das wurde oben bereits als symmetrische beziehungsweise unsymmetrische Beziehung beschrieben. Das Ausmaß, in dem reziproke Beziehungen gegeneinander „verrechnet" werden, kann ebenfalls Aussagen über die Qualität der Beziehung erlauben. Wenn ein Beteiligter nur etwa 10% und der andere 90% des betreffenden Verhaltens zeigt, ist diese Beziehung sicher von anderer Qualität, als wenn beide annähernd 50% zeigen.

Konfrontations- und Beziehungstest

Neben diesen mehr beschreibend ordnenden Methoden sind jedoch zunehmend auch gezielte Testsituationen zur Untersuchung von sozialen Beziehungen entwickelt worden. Eine der bereits genannten Testsituationen wäre der Konfrontationstest, bei dem Individuen mit fremden Artgenossen in einer neutralen Arena zusammengebracht werden. Dies nimmt ihnen die sonst eben sehr störenden Vorerfahrungen mit den Betreffenden, so dass die Ausbildung der neuen Beziehung meistens auf einer wesentlich besser beobachtbaren und zunächst einmal auch formelleren Ebene erfolgen muss. Eine andere Methode, die Beziehung zu untersuchen, besteht darin, die beiden Partner einer Beziehung gemeinsam einem Test zu unterziehen, zum Beispiel indem man sie mit fremden Artgenossen oder unbekannten Gegenständen oder fremden Räumlichkeiten konfrontiert. Dies erlaubt nicht nur die Registrierung des Verhaltens beider, jeweils im Vergleich zu ihrer Reaktion, wenn sie die gleiche Testsituation allein durchmachen müssen, sondern kann auch gleichzeitig zur Analyse der hormonellen Veränderungen verwendet werden (→ S. 61).
Eine besonders stark standardisierte Situation eines solchen Beziehungstests wurde von der amerikanischen Kinderpsychologin Mary Ainsworth entwickelt, und zur vergleichenden Klassifizierung von Mutter-Kind-Beziehungen herangezogen. Die Testsituation besteht darin, dass sich die beiden Partner einer Beziehung zunächst alleine in einem Raum befinden. Nach einer vorgegebenen Zeit wird ein Fremder den Raum betreten, eine ebenso lange Zeit mit beiden zusammen im Raum verbringen, dann verlässt die Mutter den Raum und das Kind bleibt mit dem Fremden allein. Der Fremde verlässt dann ebenfalls den Raum, das Kind bleibt ganz allein, dann kommt die Mutter wieder dazu und so weiter. Diese über einen längeren Bereich hinweg ablaufende geregelte Folge schafft es schließlich, dass alle denkbaren Kombinationen zum Beispiel des Kindes, das heißt allein, nur mit Fremden, nur mit Mutter, sowie alle denkbaren Eintrittssituationen in An- beziehungsweise Abwesenheit der

beiden beteiligten Partner durchgespielt werden. Dieser Test wurde von der Arbeitsgruppe um Adam Miklosi in den letzten Jahren ganz gezielt auch für die Verhältnisse einer Mensch-Hund-Beziehung angepasst und erfolgreich angewendet (s. Gacsi et al. 2001, Topal et al. 1998). Die Ergebnisse des Tests zeigen, dass nicht nur echte Bindungen an die Besitzer von Hunden aufgebaut werden, sondern auch, dass Hunde, die in einem Tierheim leben und über einen Zeitraum von dreimal zehn Minuten mit einem Menschen Kontakt hatten, bereits intensiveres Bindungs- beziehungsweise Beziehungsverhalten auf diesen Menschen richten und ihn in der Ainsworth-Testsituation erheblich bevorzugen (→ S. 117, Bindung).

Alle genannten Tests sind in den letzten Jahren durch die sehr eleganten Möglichkeiten der nichtinvasiven Hormonbestimmung noch um einen zweiten physiologischen Messwert ergänzbar geworden. Dadurch war es möglich, die Konzepte von sozialer Beziehung und sogar von Bindung vom früheren rein hypothetischen Niveau auf das einer physiologisch messbaren Größe zu heben.

Vorteile von Gemeinschaften

Um die Vorteile eines Zusammenschlusses mit Artgenossen, die ja auch übertragbar sind auf den Zusammenschluss mit anderen Arten, genauer zu studieren, ist es zunächst einmal sinnvoll, von der gesamten Gruppe auszugehen. Welche Vorteile haben Tiere, sich mit Artgenossen zusammenzuschließen? Bemerkenswert ist, dass Artengemeinschaften, also soziale Zusammenschlüsse aus zwei oder auch noch sehr viel mehr verschiedenen Arten als Interessengemeinschaften in der freien Natur sehr häufig vorkommen. Bekannt sind die gemischten Herden der großen Huftiere, etwa auf den afrikanischen Savannen, weniger bekannt, aber noch besser strukturiert sind zum Beispiel Gemeinschaften aus zwei oder drei Meerkatzenarten in den Wäldern Afrikas, die aus bis zu 30 Arten bestehenden Gemeinschaften verschiedener tropischer Vögel in den Regenwäldern Mittel- und Südamerikas oder die sehr eng aufeinander abgestimmten Gruppierungen von beispielsweise Busch- und Klippschliefer, zwei kleinen Fels und Geröll bewohnenden Säugetieren der afrikanischen Trocken- und Savannengebiete. Dass es solche Artgemeinschaften in der freien Natur sehr häufig gibt, beantwortet bereits die häufig gestellte Frage, ob denn Mensch und Hund, als Angehörige zweier verschiedener Arten, überhaupt biologisch in der Lage wären, eine Gemeinschaft oder gar eine strukturierte Gruppe zu bilden. Warum sollen sie es nicht können, wenn es selbst Antilopen und andere Tiere in der freien Natur tun? Die Vorteile des Gruppenlebens sind für die Arten unterschiedlich, aber es lassen sich immer bestimmte Faktoren gemeinsam herausfiltern.

Vermeidung des Gefressenwerdens

Der Erste ist die Vermeidung des Gefressenwerdens. Um Feinden zu entgehen beziehungsweise deren Angriffe wirkungslos werden zu lassen, sehen viele Augen einfach mehr. Zusätzlich gibt es den sogenannten Verwirrungseffekt, ein Raubfeind kann sich eben nicht auf ein bestimmtes Tier konzentrieren, wenn viele andere Gleichartige mit herumstehen oder herumlaufen. Schließlich kommt auch der sogenannte Verdünnungseffekt zum Tragen, wenn hundert Tiere zusammenstehen und der Löwe kommt, ist die Überlebenschance für jeden einzelnen eben 99 %, wenn nur zehn zusammenstehen, ist die Überlebenschance für jeden Einzelnen eben nur maximal 90 %. Die Wachsamkeit ist nicht immer gleichmäßig auf alle Gruppenmitglieder verteilt, häufig gibt es Wächter, Alarmtiere, die bevorzugt an erhöhten Punkten oder anderen Aussichtsstellen sitzen oder stehen und dort nach gefährlichen Lebewesen Ausschau halten. Solche Alarmtiere sind auch in der Struktur von Hundegruppen beziehungsweise -rudeln beschrieben worden (Bloch, mündliche Mitteilung). Die gemeinsame Verteidigung gegen den Angriff des Feindes ist dann natürlich sozusagen die Krönung der gemeinsamen Feindvermeidung. Auch solche Gruppenverteidigungen sind keineswegs nur auf große und wehrhafte Tiere beschränkt, auch Kleintiere können gemeinsam sehr viel gegen den Feind ausrichten, wie wir im Kapitel über Jungtierverteidigungsaggression noch genauer sehen werden.

Erschließung von Nahrungsquellen

Der zweite wichtige Bereich, in dem Artgenossen eine Rolle spielen, betrifft die Findung und Erschließung von Nahrungsquellen. Gruppen können als Informationszentrum dienen. Wenn ein Tier eine besonders gute Futterstelle gefunden hat und dann zur Gruppe zurückkehrt, folgen ihm die anderen auch dann, wenn er sie nicht extra dazu auffordert. Auch die Beobachtung des Nachbarn bei der Nahrungssuche kann bereits helfen, die eigene Suche zu effektivieren. Und schließlich ist Gruppenjagd natürlich auch ein wesentlicher Teil der gemeinsamen Nahrungserschließung, und diese ist ja gerade bei geselligen Raubtieren sehr häufig als Vorteil der Gruppenbildung angeführt worden. Die gemeinsame Jagd wird gerade bei Hundeartigen gerne als einer der wichtigsten Faktoren bei der Entstehung ihrer komplexen Sozialstrukturen diskutiert. Es gibt sehr wohl Befunde, die zeigen, dass ein größeres Rudel die besseren Chancen hat, wenn es zum Konflikt mit Nachbarn kommt, oder wenn es darum geht, die Beute zu verteidigen. Weniger klar ist, ob auch eine Jagd an sich erfolgreicher wird, wenn sich mehr Wölfe, Wildhunde oder Kojoten zusammenschließen. MacDonald (2006) hat hierzu eine ganze Reihe von teilweise doch irritierenden Befunden aus der Literatur erhoben beziehungsweise zusammengetragen. Die meisten Studien, die zu diesem Zweck angestellt wurden, haben es nicht geschafft, einen wirklichen Vorteil der Gruppenjagd für die Hundeartigen zu belegen. Vielmehr scheint es so, dass die Wahrscheinlichkeit vor allem für weniger geschickte Tiere in der Gruppe, doch noch an einer Beute teilhaben zu können, einer der ausschlaggebenden Faktoren ist (s. Kappeler 2006). Und der zweite Vorteil scheint in der besseren Verteidigung und im schnelleren Wegräumen der einmal gemachten Beute zu bestehen, bevor die Nachbarn oder andere eventuell sogar stärkere

Konkurrenzarten eintreffen. Kappeler liefert sogar ein Beispiel für eine zwischenartliche Artgemeinschaft: Kojoten und Amerikanische Dachse gehen bisweilen gemeinsam auf die Jagd nach Bodenhörnchen, fast in der Art, in der ein Jäger und sein Dackel gemeinsam Kaninchen oder andere in Höhlen lebende Tiere erbeuten.

Sicherung von Ressourcen

Neben dem Beuteerwerb beziehungsweise der Ausnutzung einmal gemachter Beute ist auch die Zusammenarbeit bei der Sicherung und Erschließung anderer Ressourcen vielfach ein Faktor, der Sozialität befördert. Gemeinsame Revierverteidigung, gemeinsame Nutzung und Verteidigung von Schlafhöhlen und Schattenplätzen (wie etwa bei tropischen Felskängurus), Bildung von Schlafgemeinschaften gegen die Hitze oder Kälte in Wüstengebieten, all das können weitere Faktoren zur Entstehung einer Gruppenstruktur sein. Nicht zuletzt gibt es natürlich auch noch den Faktor Fortpflanzung und die Zusammenarbeit bei der Betreuung, Bewachung und Aufzucht der Jungtiere (→ S. 209).

Rudelbildung bei Hundeartigen

Gerade in Bezug auf die Entstehung und Aufrechterhaltung von Rudelbildungen bei Hundeartigen sind die genannten ökologischen Faktoren wohl viel komplexer miteinander verknüpft, als dies die einfache Darstellung einer Rudeljagd erwarten ließe. MacDonald (2006) sei hier als tiefer gehende Diskussion des Problems empfohlen. Zusammengefasst sollte hier nur vermerkt werden, dass die gemeinsame Verteidigung eines Nahrungsreviers, selbst wenn dieses die Nahrung in verteilter Form für einzelnahrungssuchende Gruppenmitglieder bereithält, und das gemeinsame Wegräumen der Beute nach dem Töten, also das schnelle Auffressen vor der Konkurrenz, in vielen Fällen die besseren Vorhersagen über eine Gruppenbildung bei Hundeartigen liefern als die eigentliche Jagd oder die Jungtieraufzucht. Die verhaltensökologische

Theorie, die diese Erscheinungen zu erklären versucht, wird als Ressourcen-Verteidigungs-Hypothese (ressource-defense-hypothesis, RDH) bezeichnet. Sie schafft es auch, einen Zusammenhang zwischen der Größe der Beutetiere, der Größe des betreffenden Jägers, und der Gruppen- beziehungsweise Rudelgröße herzustellen, wobei der Stoffwechselbedarf und andere nährwertbezogene Berechnungen ebenfalls mit eingehen.

Optimale Gruppengröße
Je nach Aufgabe und Bedeutung der Gruppe ist dann auch eine unterschiedliche Zahl von Individuen in einer solchen Gruppe als optimal zu betrachten. Die Frage nach der optimalen Gruppengröße ist in vielen Untersuchungen verschiedener Säugetier- und Vogelarten angegangen worden. Die Gruppen können durch verschiedene Vorgänge, wie Geburt und Einwanderung, wachsen, durch andere Vorgänge, wie Tod von Gruppenmitgliedern oder Abwanderung, wieder schrumpfen. Wie viele Tiere für welche Tätigkeit ideal sind, hängt unter anderem von den zeitlichen und räumlichen Gegebenheiten der Nahrungsverteilung ab. Nahrungsressourcen, die groß aber unregelmäßig vorkommen, an denen aber mehrere Tiere satt werden, fördern die Ausbildung großer beweglicher Gruppen. Sind die Nahrungsressourcen dagegen gleichmäßiger verteilt, wird die Gruppengröße mehr von der Dichte und weniger von der Menge der Nahrung bestimmt. Ebenso beeinflusst die zeitliche Variation der Ressourcenvorkommen die optimale Gruppengröße.

Je unvorhersagbarer die Nahrung und andere Ressourcen verteilt sind, desto kleiner werden die Gruppen sein, je vorhersagbarer, desto größer.

Dies gilt jedoch nicht, wenn die Anwesenheit von Gruppenmitgliedern selbst schon wieder die Chance zur Ausnutzung oder Entdeckung der Nahrungsressource steigert. Und letztlich ist auch hier wieder der Feinddruck zu berücksichtigen.

Die Beziehungsbildung bei Pferden durchläuft ebenso eine Stufenabfolge wie z.B. bei Pavianen. Nach mehr oder weniger stark aggressiven Phasen, folgt die ein-, später gegenseitige Körperpflege (hier: Dülmener Wildpferde).

Geradezu namengebend war die Exklusivität der Paarbindung bei den Unzertrennlichen (engl. Lovebirds).

Je weniger Feinde anwesend sind, desto kleiner werden die Gruppen der jeweiligen Art sein.

Angesichts solcher Überlegungen ist es auch nicht verwunderlich, dass nicht alle Individuen in einer Gruppe die gleiche optimale Gruppengröße bevorzugen: Für große wehrhafte, zum Beispiel erwachsene männliche Tiere kann eine kleinere Größe der Gruppe durchaus vorteilhaft sein, wenn dadurch die Nahrungskonkurrenz reduziert wird und das Feindrisiko für dieses große Tier trotzdem kaum steigt. Auch die Unterschiede in der Rangposition können sich auf die optimale Gruppengröße auswirken. Ranghohe Tiere haben eventuell andere „Vorstellungen" über eine optimale Gruppengröße als Rangtiefe, es sei denn, sie rekrutieren die Rangtiefen aktiv als Helfer. Da alle diese Flexibilitäten und Variabilitäten bei sozial lebenden Tieren über viele Generationen hinweg gewirkt haben, kommt es zu einem sehr komplexen Geschehen, das von jedem einzelnen individuellen Standpunkt aus zu anderen Ergebnissen führen muss. Die Entscheidungen jedes einzelnen Tieres über „seine" optimale Zahl an Gruppen- und Beziehungspartnern werden dann wiederum auch noch von den Persönlichkeitsstrukturen (→ S. 79) beeinflusst.

Soziale Steuerung über das Gehirn

Auswirkung der Gehirngröße auf soziale Beziehungen

Man hat bereits seit Langem versucht, auch das Gehirn beziehungsweise dessen Größe mit sozialen Fähigkeiten in Verbindung zu bringen. Die meisten Arbeiten haben sich dabei auf die gesamte Hirngröße bezogen und sind, wegen der unterschiedlichen Anforderungen an die verschiedenen Hirnabschnitte, nicht wirklich weit gekommen. Bezüglich sozialer Beziehungen konnten zunächst R. Dunbar und seine Gruppe (Dunbar 1998, Dunbar und Bever 1998, Kudo und Dunbar 2001) zeigen, dass es vorwiegend die Größe der Neuhirnrinde, des Neocortex ist, die positiv mit sozialen Beziehungen korreliert: Je größer, relativ gesehen, die Hirnrinde, desto größer die durchschnittliche Gruppengröße und, zumindest bei Primaten, auch die Größe der durch soziale Körperpflege aufrechterhaltenen Koalitionen. Dunbar und Bever (1998) haben die gleichen Betrachtungen bezüglich der Hirnrinde auch bei Raubtieren, einschließlich einer größeren Zahl von Canidenarten, angestellt und auch hier die Beziehung bestätigt. Weitergehende Analysen, vergleichbar mit den Laus-Koalitionen, stehen leider noch aus. Ebenfalls nur für Primaten wurde auch eine positive Beziehung von Neuhirnrindengröße zur Länge der Jugendentwicklung (nicht aber zum Beispiel der Trag- oder Säugezeit), und eine indirekte Beziehung zwischen der Neuhirnrinde und der Rangabhängigkeit des Fortpflanzungsprivilegs bei Männchen festgestellt – je mehr Neuhirnrinde, desto bessere Chancen haben Rangtiefe! Auch diese Beziehungen sind bei anderen Säugern noch nicht getestet.

Hormonelle Einflüsse

Der „wahre Kern" der sozialen Steuerung im Gehirn, und das gilt offenbar für alle Wirbeltiere (Studien an Bootsmannfischen, Geckos, Prachtfinken, Hamstern, Ratten und Feldmäusen!), liegt tiefer (Übersichten bei Curley und Keverne 2005, Keverne und Curley 2004, Goodson 2005 a, b, Neumann und Newman 1999, Young 1999). Es handelt sich um ein Netzwerk von sechs Gebieten, davon fünf aus dem Limbischen System (unter anderem mehrere Hypothalamus-Gebiete des Zwischenhirnbodens, einige Teile des Mandelkerns und der sogenannten medialen präoptischen Region) und ein zentraler Teil des Mittelhirns. Diese sechs Regionen sind miteinander in mehrfacher Weise verbunden und sind charakterisiert durch eine, je nach Sozialsystem unterschiedliche Dichte und Verteilung von Rezeptoren für Botenstoffe und Hormone. Dabei spielen neben den Geschlechtssteroiden Östrogen und Testosteron (in *beiden* Geschlechtern, → S. 203) auch die beiden Eiweißhormone

Oxytocin und Vasopressin aus der Hirnanhangdrüse eine Rolle. Gerade die oxytocin- (bei Weibchen!) und vasopressin- (bei Männchen!) empfindlichen Regionen haben einerseits Verbindung zu den Regionen, die Sinneseindrücke empfangen (zum Beispiel Riechsystem bei Nagern), andererseits zum hirneigenen Belohnungssystem, zum Beispiel dem Dopamin. So wird in komplexer Art die Erkennung eines Individuums an dessen speziellen Eigenschaften belohnt, dadurch soziales Lernen gefördert und eine Bindung an dieses Tier erleichtert beziehungsweise ermöglicht.
Durch „Hochfahren" der Produktion von Rezeptoren in bestimmten Situationen (zum Beispiel bei Müttern kurz vor Geburt) und Anregung der Hormonausschüttung durch intensiven Sexualkontakt in der Frühphase der Paarbindung wird dies noch erleichtert. Jedoch besitzen die genannten Hormone und Hirnregionen weitere Verknüpfungen. So werden Revierverteidigung, männliche Aggression, aber auch „Kontaktbedürfnis" bei Männchen, weibliches Sexualverhalten, soziale Erregung und sozialer Stress ebenso über diese Knotenpunkte gesteuert. Das Ganze ist hochgradig artverschieden, je nach Sozialsystem und Grad der Geselligkeit. Zudem findet man (nachgewiesen zum Beispiel bei paarbildenden Feldmäusen) eine hohe individuelle Variabilität in der Rezeptordichte und damit in der Erregbarkeit. Diese Variabilität beziehungsweise die individuelle Ausprägung ist langzeitlich Folge eines stabilen, eventuell lebenslangen Charakteristikums und sogar durch Kastration unbeeinflussbar.
Man darf sich nun nicht so einfach vorstellen, jede Hirnregion wäre für einen Teil des Verhaltens zuständig. Vielmehr scheint eine zeitliche Abfolge verschiedener Verhaltensweisen und Sinneseindrücke ein charakteristisches, zeitlich aufeinander abgestimmtes Muster von chemischer und elektrischer Aktivität in den verschiedenen Regionen zu verursachen. Diese genauen zeitlichen Muster der Aktivitäten, Hormonschwankungen und daraus wieder resultierenden Verhaltensweisen bestimmen, welcher Verhaltensbereich (z. B. männliches beziehungsweise weibliches Sexualverhalten, oder Reviermarkierung beziehungsweise -verteidigung)

abgerufen wird. Diese spannende Thematik müsste uns eventuell auch beim Verständnis der unterschiedlichen „Geselligkeiten" beziehungsweise der Beziehungsfähigkeit verschiedener Hunderassen helfen, diese zu erklären!

Aufbau von Bindung

Die Wirkungsweise der beiden Hormone Oxytocin und Vasopressin hat uns bereits auf elegante Weise wieder zu einem wichtigen weiteren Thema im Kapitel der sozialen Beziehungen gebracht: Dem Thema Bindung. Bindungen sind nämlich etwas Exklusives und durch die Wirkung der beiden genannten Hormone verstehen wir nun sogar, wie diese Exklusivität im Gehirn zustande kommt. Wir werden das Bindungsthema und seine Exklusivität nochmals im Thema soziale Unterstützung erleben (→ S. 133). Es zeigt sich, dass nur ein individuell gebundener Beziehungspartner, nicht einfach nur ein bekanntes Tier, die Fähigkeit zur Reduktion von Stress und anderen Belastungserscheinungen und zur Verbesserung des Gesundheitsstatus hat.

Die Fähigkeit, belastungsmildernde oder belastungsvermeidende Auswirkungen eines Bindungspartners nachzuweisen, sowie die bereits diskutierten Zusammenhänge mit den beiden Hormonen, lassen den Bindungsbegriff nun auch endgültig als physiologisch messbare, und nicht nur verhaltensbiologisch/-psychologisch definierbare Variable erscheinen. Trotzdem sind auch vor diesen physiologischen Untersuchungen bereits eine Reihe von mehr oder weniger gut operationalisierbaren Definitionen für eine Bindung aufgestellt worden (s. Gansloßer 1998). Von dem Verhaltensbiologen Wickler wurde Bindung folgendermaßen definiert:

> *Bindung ist ein Bestreben nach Aufrechterhaltung der Nähe zu einem spezifischen Partner, der nicht von einem anderen der gleichen sozialen Kategorie ohne weiteres ersetzt werden kann.*

Bowlby-Ainsworth-Konzept

Etwas differenzierter ist der aus der Kinderpsychologie stammende Bindungsbegriff des sogenannten Bowlby-Ainsworth-Konzeptes. Dieses Bowlby-Ainsworth-Konzept der sozialen Bindung erfordert als wichtigste Voraussetzungen und Bestandteile: Eine sogenannte **innere Repräsentanz**, man könnte auch sagen, eine Erinnerungsfähigkeit an die Eigenschaften des Bindungspartners, dann eine **Zielgerichtetheit** des Kontakthaltens, das heißt ein Rückkopplungsmechanismus muss vorhanden sein, der das Aufrechterhalten des sozialen Kontaktes immer wieder verstärkt und schließlich die Rolle des Partners als „**sichere Basis**" für Erkundungsverhalten. Die Spezifität einer Bindung endgültig nachweisen konnte man zunächst nur durch Trennungsexperimente. Mittlerweile sind die genannten Hormonuntersuchungen hier natürlich ein weiterer Ansatzpunkt.

Stärke einer Bindung

Eine andere Frage jedoch als die nach der Spezifität ist die nach der Stärke einer Bindung. Lamprecht (1984) hat dies als Scheidungstendenz bezeichnet, die Wahrscheinlichkeit einer permanenten Trennung, vorausgesetzt diese Trennung wird nicht durch äußere Einflüsse hervorgerufen. Um diese Scheidungstendenz messen zu können, müssen also äußere Einflüsse einschließlich auch der Anwesenheit von geeigneten Ersatzpartnern konstant gehalten werden. Das lässt sich nur durch gezielte Verhaltensversuche bestätigen. Die Tendenz, einem Fremden zu folgen oder sich an ihn anzunähern, wurde bei verschiedenen Bindungspaaren gemessen. Kummer hat dies bei Geladas und bei Mandelpavianen unternommen und fand sehr wohl unterschiedliche Wahrscheinlichkeiten von gebundenen Weibchen, sich einem fremden Mann anzuschließen, in Abhängigkeit von der Art und Häufigkeit sozialer Interaktionen mit dem eigenen Haremsführer. Eine überwiegend bei Vögeln bisher genutzte, denkbar aber auch bei Säugetieren einsetz-

bare Möglichkeit der Untersuchung von Bindungsqualität und Scheidungstendenz, wäre ein Test: Wie viel Aufwand betreibt ein Tier, um die Nähe des anderen zu erhalten oder sogar die Annäherung an den anderen zu ermöglichen. Lamprecht hatte solche Versuche mit Gänseküken durchgeführt.
Bindungen werden normalerweise zu anderen Lebewesen, meist zu Artgenossen angenommen. Jedoch ist eine Ortsbindung, also eine bevorzugte Bindung an bestimmte Stellen im Lebensraum, ebenfalls bei vielen frei lebenden wie auch im Gehege gehaltenen Tieren nachweisbar. Sie ist sogar eine der Grundlagen für das im nächsten Kapitel zu besprechende Revierverhalten (→ S. 146). Auch zu anderen Gegenständen können Bindungen aufgebaut werden. Hier ist die Spezifität, also die Einmaligkeit des Bindungsgegenstandes, der entscheidende Definitionspunkt.

Bindung kontra Beziehungen

Und hier stellt sich dann auch die Frage, unter welchen Umständen eine Bindung gegenüber einer „losen Beziehung" denn wirklich erforderlich ist.

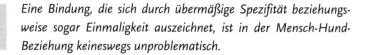

Eine Bindung, die sich durch übermäßige Spezifität beziehungsweise sogar Einmaligkeit auszeichnet, ist in der Mensch-Hund-Beziehung keineswegs unproblematisch.

Man denke an das Problem eines Krankenhausaufenthaltes des menschlichen Bindungspartners. Exklusive Bindungen sollten daher möglichst vermieden werden, sie sind eigentlich nur für monogame und paarweise lebende Säugetier- und Vogelarten zwingend notwendig. Alle anderen, die in Familiengruppen vorkommen, wie das sowohl Hunde als auch Menschen tun, sollten mit einer guten, stabilen und möglichst hochwertigen Beziehung sehr wohl zufrieden sein. Wie wir in den Untersuchungen mit Totenkopfaffen gesehen haben, ist bei Arten, die keine exklusive Paarbindung in ihrem natürlichen Sozialsystem aufweisen, auch die soziale Unterstützung im Sinne der physiologischen Auswirkungen durchaus durch persönliche Beziehungspartner möglich, wie auch ein summierender Effekt. Wir sollten also hier sehr vorsichtig sein, die Bindung eines Hundes an einen bestimmten Menschen als erstrebenswertes Ziel zu betrachten. Vielmehr ist, auch nach Auffassung vieler Hundetrainer/innen, mit denen wir über diese Themen diskutiert haben, letztlich doch die qualitativ gute, durch möglichst vielfältige Verhaltensweisen und möglichst vielfältige Vorteile beiderseits ausgezeichnete Beziehung, und diese zu möglichst mehreren Personen der Familie, das wesentlich „pflegeleichtere" soziale Modell.

Mensch-Hund-Bindung

Wie schnell die Ausbildung von Bindungen an einen Menschen bei Hunden möglich ist, haben die Anwendungen des Ainsworthschen Tests durch die Arbeitsgruppe um Adam Miklosi gezeigt. Topal et al. (1998) sowie Gacsi et al. (2001) konnten zeigen, dass Hunde, die beispielsweise in Tierheimen lebten, bereits durch insgesamt dreimal je zehn Minuten sozialen Kontakt mit einem vorher unbekannten Menschen zu diesem eine besondere Beziehung aufbauten. Diese besondere Beziehung ließ sich dadurch zeigen, dass sie sich im anschließenden Wahlversuch zwischen diesem bekannten und einem ihnen völlig unbekannten zweiten Menschen sich diesem bekannten Menschen wesentlich häufiger annäherten als dem Fremden, ihm fast nie beim Verlassen des Käfigs folgen wollten, wesentlich weniger in der Nähe der Tür standen, solange der bekannte Mensch mit anwesend war und damit eine besondere Beziehung, eventuell sogar schon mit beginnender Bindungstendenz aufbauten. Der Ainsworthsche Bindungstest wurde in der gleichen Arbeitsgruppe auch zur Klassifizierung der Mensch-Hund-Beziehung verwendet, und dabei wurden mehrere Faktoren, nämlich Ängstlichkeit, Akzeptanz und Bindung als wichtige Dimensionen dieser Mensch-Hund-Beziehung herausgefunden. Durch eine statistische Analyse zeigte sich, dass es fünf grundlegend verschiedene Klassen oder Typen von Hunden bezüglich dieser Bindungstests gab, und dass die Hunde insgesamt, vergleichbar der Eltern-Kind-Beziehung beim Menschen, auf einer Achse von sicher bis unsicher gebunden eingeordnet werden können. Der endgültige Nachweis der Bindung, der durch ein Trennungsexperiment oder den Nachweis sozialer Unterstützung nur durch die Person des bekannten „Besuchers" beinhalten würde, steht allerdings noch aus.

Die Anführer-Gefolgschafts-Beziehung

Zuletzt noch ein Blick auf eine weitere, häufig missverstandene Beziehung, die sehr oft mit der Dominanzbeziehung (→ S. 162) verwechselt wird: Die Anführer-Gefolgschafts-Beziehung. Der Zusammenhalt von Mitgliedern einer Sozialeinheit wird immer dann besonders beansprucht, wenn Richtungs- oder Aktivitätswechsel koordiniert stattfinden müssen. Die verschiedenen Mitglieder der Gruppe haben dazu meist unterschiedliche Handlungsbereitschaften, irgendjemand muss nun entscheiden, wo und in welcher Geschwindigkeit es wann losgeht. Gute theoretische Übersichten zu diesem Thema finden sich bei Lamprecht (1996) und Kummer (1988). Auf diese Arbeiten, und einige weitere Beispiele (s. Gansloßer 1998) stützt sich die folgende Zusammenfassung. Bei allen untersuchten Tierarten, insbesondere bei solchen mit komplexen Sozialsystemen wie bei Mandelpavian, Elefanten, Schimpansen, aber sogar bei Zwergmangusten und Kaffernbüffeln zeigt sich, dass die Anführerrolle grundsätzlich von der Rangposition der betreffenden Tiere unabhängig ist.

Anführer sind einerseits Tiere, die durch ihr Wissen, ihre Vorerfahrung oder durch besondere Ruhe und Entscheidungskraft in der Lage sind, den Rest der Gruppe in koordinierter Weise zum gemeinsamen Vorteil anzuleiten. Andererseits ist eine wichtige Eigenschaft dieser Beziehung, dass sie in extremem Maße unsymmetrisch ist.

Distanz zwischen Gruppenmitgliedern

Lamprecht konnte sehr gut ableiten, dass der Anführer mit höchster Wahrscheinlichkeit dasjenige Individuum sein wird, das eine größere Toleranz für eine sich vergrößernde Distanz zu den restlichen Gruppenmitgliedern hat, wohingegen die restlichen Gruppenmitglieder nur eine sehr bedingte Toleranz für eine solche sich vergrößernde Individualdistanz zum Anführer haben.
Vereinfacht gesagt: Dem Anführer ist es egal, ob der Rest hinter ihm herläuft oder nicht, dem Rest aber ist es nicht egal, wenn sich der Anführer von ihm entfernt.

Bei Elefanten und Pavianen sowie Schimpansen konnte eindeutig gezeigt werden, dass ältere, besonders erfahrene, dadurch auch ruhige und „selbstsichere" Individuen, auch wenn sie (nicht mehr) die höchsten Ränge bekleiden, in Extremsituationen plötzlich ohne Machtdemonstration und sonstige imponierende Verhaltensweisen einfach durch zielsicheres Losgehen die Gruppe zum Beispiel um eine überflutete Furt herum über einen alten, früher in der Gruppe üblichen Weg auf die andere Flussseite geführt haben.

Erschließung von Ressourcen

Häufig spielt die Kompetenz des Anführers, durch die Fähigkeit bestimmte Ressourcen zu erschließen, eine wichtige Rolle. Wenn man etwa einem Schimpansen verstecktes Futter zeigt, dann folgt die Gruppe ihm, wenn sie ihn schon lange kennt und weiß, dass sie von ihm etwas abbekommt. Dem Ranghohen folgt man häufig deshalb nicht so gerne, weil man weiß, dass er sowieso alles für sich behält. Bei manchen Arten, etwa beim Mandelpavian, kommt noch eine gegenteilige Tendenz dazu: Der Anführer ist in der Lage, durch Bestrafung, etwa den Nackenbiss der Paviane, Abweichler wieder in die Linie zu holen. Hier wird nun dem Gruppenmitglied zweierlei geboten: Die Vorteile, wenn es freiwillig folgt, und die Nachteile, wenn es das nicht tut.

Anführerschaft aus hinteren Positionen heraus

Bei etlichen Tierarten, beispielsweise Pferden und Steppenzebras, lässt sich auch sehr gut zeigen, dass eine Anführerrolle auch von hinten aus erfolgen kann. Der Hengst einer solchen Zebra- oder Pferdegruppe läuft nicht etwa an der Spitze der Gruppe, er läuft ziemlich am Ende seitlich leicht versetzt von der Kolonne. Die Spitzenposition hat die ranghöchste Stute, und diese gibt die Geschwindigkeit und normalerweise auch die Richtung vor. Wenn es dem Hengst aber nicht gefällt, dann kann er durch sehr subtile Verschiebungen seiner Position zu der der Leitstute wie mit einem Gummiband die Gruppe etwas auf seine Seite abbiegen lassen, wenn er sich zurückfallen lässt oder in die andere Richtung abdrängen, wenn er leicht nach vorne zieht. Solche Anführerschaft von hinten ist ebenfalls von einer Reihe weiterer Säugetierarten bekannt.

Wer läuft vorne?

Im Hinblick auf die häufig gemachten und mit sehr viel Energie und wenig Sachkenntnis durchgeführten Gehorsamsübungen von Hunden, nach dem Motto: „Der Hund muss als Letzter durch die Tür", sind aber wiederum Beobachtungen an Wölfen und verwilderten Haushunden von ganz besonderer Bedeutung. Bloch (mündliche Mitteilung 2006, Bloch und Bloch 2003) hat an Wolfsrudeln und an einem Rudelverband verwilderter Haushunde sehr deutlich zeigen können, dass bei Wanderungen dieser Gruppe fast nie die Ranghöchsten vorneweg laufen. Zumindest solange sich die Gruppe in vertrautem Gebiet befindet, sind immer einige, meist niedrigrangige jungerwachsene Tiere an der Spitze des Verbandes, während die Ranghöchsten sozusagen mit ihrem Hofstaat im Zentrum des hinterhertrottenden Pulks zu finden sind. Nur in unbekanntem Gelände, das heißt, wenn man sich aus dem angestammten normalen Streifgebiet entfernt, übernehmen dann auch schon mal die Ranghöheren den Anführerposten. Sobald es zur Jagd geht, sind ohnehin spezialisierte Fährtensucher vornean, und diese

geben natürlich auch die Richtung vor. Wer unbedingt glaubt, als Erster vor seinem Hund durch die Tür gehen zu müssen, draußen aber nicht weiß, was er mit dem Spaziergang anfangen soll, oder, fast genauso schlimm, immer nur den gleichen langweiligen Weg abgeht, ohne dem Hund interessante Abwechslung und interessante Anregung zu bieten, der verkörpert keine Anführerfigur. Aus der Tatsache, dass die Anführerrolle eine Beziehung ist, ähnlich wie die Dominanzposition (→ S. 154), folgt natürlich auch, dass es keine, weder genetisch noch phänotypisch verankerten Anführer gibt. Es gibt bestenfalls das, was Lamprecht als Führungspotenzial bezeichnet, nämlich die Frage, wie sehr ein bestimmtes Individuum, sei es durch Selbstsicherheit, besonders guten Orientierungssinn oder einer feinen Nase für Beutespuren oder andere Eigenschaften, vermag, Art und Richtung der Gruppenaktivität zu kontrollieren. Bei solchen Arten, bei denen die ranghöchsten Tiere meistens die Ältesten und Erfahrensten sind, kommt es dann zu einer Vermischung beider Rollen.
Die Anführer sind nicht deshalb die Ranghöchsten, weil sich das so gehört, sondern weil die Ranghöchsten als Älteste am längsten im betreffenden Gebiet sind oder andere Vorkenntnisse haben, die für den Rest der Gruppe von Vorteil sind.

Demokratie unter Tieren

Entscheidungsprozesse in vielen Gruppen, seien es Büffel, seien es Paviane, seien es Vogelschwärme, werden häufig nicht nach Rangposition oder anderen eindeutigen Machtdemonstrationen vorgenommen, sondern regelrecht durch demokratische Abstimmungsprozesse. Wenn im Laufe einer Dreiviertelstunde alle Büffel einer Kaffernbüffelherde nach und nach aufstehen, sich mit besonders auffallendem Schnauben in eine bestimmte Richtung drehen und dann wieder niederlassen, so liegt plötzlich die gesamte Herde mit ihrer Körperachse in einer bestimmten Richtung. Und diese Richtung zeigt genau auf die im Laufe der Nacht aufgesuchten Weidegründe, selbst wenn der Weg dorthin mit Umwegen verbunden ist.

Ein weiteres Beispiel zur Frage Anführerrolle versus Rangposition, nochmals aus der Welt der Rinder: Bereits seit Längerem ist bekannt, dass morgens beim Weg aus dem Stall auf die Weide meist immer die gleiche Kuh führt, dass es sich dabei aber nicht um die Ranghöchste handelt. Vielmehr ist es ein besonders ortskundiges, besonders trittsicheres oder anderweitig ruhiges und „selbstsicheres" Tier. Dass beim nachmittäglichen Rückkehren in den Stall die Ranghöchste an der Spitze der Herde zieht, hat einen ganz anderen Grund: Im Stall gibt es das besonders begehrte Kraftfutter, da spielt sie eben ihre Rangposition aus, um diese begehrte Ressource so schnell wie möglich zu erhalten. Und so sind wir nun auf elegante Weise beim Thema der Ressourcenverteilung und der für diese Verteilung geeigneten Beziehungen angelangt.

Geselligkeit und Sozialverhalten

Es hat immer wieder Versuche gegeben, die Themen Geselligkeit oder Sozialität einer Art oder eines Individuums zu definieren und mit anderen zu vergleichen. Hendrichs (1978, 1996) hat die Begriffe und ihre Komplexität wenigstens etwas zu sortieren versucht. Er unterscheidet dabei die soziale Komplexität, das heißt die Sozialstrukturen, von der physiologischen Komplexität, zu der nicht nur die unterschiedlichen Stress- und Copingreaktionen gehören (→ S. 60), sondern auch die Hirndaten, die wir später in diesem Kapitel noch kennen lernen werden (→ S. 133). Dazu rechnet er als weitere Bereiche der Komplexität die sogenannte mentale Komplexität, die Fähigkeit zum Erkennen und Differenzieren. Dies würde etwa unserem Begriff der sozialen Kognition (→ S. 126) entsprechen und schließlich die Verhaltenskomplexität von motorischen und mimischen Fähigkeiten, also die Komplexität der verschiedenen Aktionen und Signale im Sinne unseres obigen Schichtenaufbaus. Hendrichs hat dargelegt, dass es eine Reihe von gegenseitigen Abhängigkeiten in diesem Bereich gibt, und dass Unterschiede, etwa in der Feindvermeidung oder Nahrungssuche, nicht ausreichen, um die unterschiedliche Geselligkeit zu erklären. So stellt er fest, dass eine höhere mentale und verhaltenstypische Fähigkeit zwar eine physiologische Komplexität, aber nicht notwendigerweise eine komplexe soziale Organisation benötigt, dass eine komplexe soziale Organisation ihrerseits nicht notwendigerweise mit einer hohen mentalen Komplexität einhergeht, aber auch umgekehrt eine höhere mentale Komplexität keineswegs unbedingt nur mit einem komplexerem Sozialsystem erklärt werden kann.

Ein beispielhaftes Verhalten für diese Aussage wäre etwa das des Orang-Utan, der ein ausgesprochener Einzelgänger ist, zumindest eine der beiden Unterarten und trotzdem im Zoo als der „ultimative Werkzeugverwender" bekannt ist, der so ziemlich jede Schraube und jeden Apparat aufkriegt. Letztlich stellt Hendrichs fest, dass die fehlende soziale Komplexität zwar eine Folge fehlender verhaltensmäßiger und physiologischer Fähigkeiten sein kann. Man darf, wie Hendrichs und andere dargelegt haben, auch Geselligkeit oder „höhere soziale Organisation" nicht mit der Zahl von Artgenossen in einer Sozialeinheit gleichsetzen. Selbst in geschlossenen Gruppen müssen nicht alle Mitglieder, auch wenn sie einander individuell kennen, Beziehungen zu jedem anderen Mitglied ausbilden und diese auch noch überbrücken. Um Aggregationen koordiniert verhalten zu lassen, bedarf es nur Wahrnehmungs- und Verarbeitungsfähigkeiten zum Beispiel im Bereich der Individualdistanzen. Nur bei geschlossenen Gruppen mit individuellen Beziehungen steigt die Belastung der Individuen mit zunehmender Individuenzahl auch an, insbesondere wenn mehrere reproduktivaktive männliche Tiere zur Verfügung stehen.

Einfluss stammesgeschichtlicher Entwicklung

In vielen Fällen hat die Sozialität nichts mit stammesgeschichtlicher Entwicklung zu tun, eine Reihe von sehr nahe verwandten Arten haben sehr unterschiedliche komplexe Sozialsysteme. Bei den Säugetieren finden sich hierfür viele Beispiele, zum Beispiel die Mangusten, die auf einem sehr niedrigen stammesgeschichtlichen Niveau innerhalb der Raubtiere eine sehr komplexe Sozialstruktur ausbilden, oder die Murmeltiere und Biber innerhalb der Nagetiere. Soziale Komplexität und auch mentale Komplexität finden sich durchaus außerhalb der Ordnung der Primaten, trotzdem werden als Musterbeispiele in vielen Fällen eben immer noch Primaten angeführt. Dies liegt einfach an dem früheren Schwerpunkt der Primatenhaltung und Forschung im Rahmen der Kognitionspsychologie.

Es wäre sehr spannend, wenn noch mehr solche Untersuchungen beispielsweise an Hundeartigen mit unterschiedlichen Sozialsystemen wiederholt werden, wie dies teilweise in den später zu referierenden Arbeiten etwa von Miklosi et al. oder Hare und Tomasello geschieht.

Soziale Kognition bei Tieren

Eine weitere, wenn auch eher im Tier selbst zu findende Voraussetzung für komplexere soziale Beziehungen betrifft die Fähigkeit zur sogenannten sozialen Kognition.

> *Zu dieser Fähigkeit rechnet man (Miklosi et al. 2004) unter anderem die Erkennung und Kategorisierung von Artgenossen und ihrer Emotionen, die Bildung und den Unterhalt sozialer Beziehungen, das soziale Lernen, die Manipulation anderer im eigenen Sinne durch Kommunikation, die Fähigkeit zur Planung kooperativen Vorgehens und zum Hineinversetzen in andere.*

Eine Vielzahl neuerer Untersuchungen zu diesen Themen wurde erstmals auch nicht nur mit den traditionellen Versuchstieren, Affen und Menschenaffen, gemacht. Um mit einem besonders bemerkenswerten Beispiel zum letztgenannten Bereich zu beginnen (Emery und Clyton 2005): Viele Rabenvögel verstecken Futter (genau wie Hundeartige!). Bei einem Versuch mit einer amerikanischen Häherart ließ man ein Tier Vorräte in An- oder Abwesenheit eines Artgenossen verstecken. Nur diejenigen, denen ein Artgenosse zusah und die selber schon mal die Vorräte anderer Artgenossen geplündert hatten, kehrten hinterher, sobald sie allein waren, zurück und suchten ein neues Versteck frei nach dem Motto: „Was ich denk und tu, das trau ich auch dem andern zu!" Es wäre spannend, diese Versuche mit verschiedenen Hundeartigen zu wiederholen!

Wahrnehmung von Artgenossen
Bei einer Reihe von Gattungen der Säugetiere gibt es so viele verschiedene Arten, dass es möglich ist, die Arterkennung dieser Tiere auch durch entsprechende Versuche zu testen. Emery und Kletel (2005) zitieren beispielsweise eine Untersuchung an Japanmakaken, einer asiatischen, dem Rhesusaffen verwandten Art, die in der Lage waren, Mitglieder ihrer eigenen Art von sehr nahe verwandten anderen Arten zu unterscheiden.
Andere Untersuchungen der zur gleichen Gattung gehörenden Langschwanzmakaken zeigten, dass sie nicht nur in der Lage sind, Gesichter ihrer Gruppengenossen im Frontal-, also Porträtblick zu unterscheiden, sondern auch in der Lage waren, anschließend ihnen unbekannte Profilaufnahmen von bekannten und unbekannten Affen sinnvoll zu sortieren. Sie waren also zu dieser Übertragungsleistung fähig.
Im Bereich der sozialen Beziehungen und ihrer Manipulation und Regelung hat Kummer (2001) eine Reihe von Beispielen angeführt. So sind Affen verschiedener Arten, von Makaken und Pavianen bis zu Menschenaffen, offensichtlich in der Lage, ihre Beziehungen nach einem Konflikt durch Versöhnung zu reparieren (→ S. 163). Kummer erwähnt bereits, dass anekdotische Beobachtungen von Tierpflegern und Zirkustierlehrern solche Fähigkeiten auch bei Großkatzen aufzeigen.
Ein zweites interessantes Thema der Kummerschen Zusammenstellung ist die Tatsache, dass Affen den Nutzen eines Gruppenmitglieds für sich selbst offenbar sehr gut erkennen und danach handeln können. Wenn man Jarvaneraffen, wieder einer Makakenart, die Möglichkeit gibt, durch einen Hebeldruck Futter zu erwerben,

während die anderen Gruppenmitglieder darauf angewiesen sind, von diesem hebeldrückenden Individuum etwas abzubekommen, so werden in der darauffolgenden hebeldruckfreien Beobachtungszeit die ranghohen Gruppenmitglieder überwiegend denjenigen sozial groomen (sich gegenseitig das Fell pflegen) und sich mit ihm freundlich beschäftigen, von dem sie vorher sehr viel abbekommen haben. Der hebeldrückende Rangtiefere dagegen ändert sein Pflegeverhalten den Ranghöheren gegenüber nicht.

Dass Affen verschiedener Arten in der Lage sind, individuelle Bevorzugungen zwischen Dritten, also zwischen anderen Artgenossen zu erkennen und für sich einzuordnen, zeigen weitere Untersuchungen der Kummer-Gruppe, in denen ein Pavianmännchen die Paarbeziehung eines Rivalen mit dessen Partnerin beobachten musste. Hinterher hatte er die Möglichkeit, dieses Weibchen „abspenstig" zu machen. Es zeigte sich, dass Pavianmänner es nur bei solchen Weibchen versuchten, deren Beziehung zu ihrem vorherigen Partner nicht sehr stabil und etwas wackelig war. Je stärker das Weibchen seinen Gatten unter allen Männchen der Kolonie bevorzugt hatte, desto stärker war das „Anbaggern" des Beobachters gegenüber ihr gehemmt.

Affen und Menschenaffen sind sogar in der Lage, diesen Einblick in die Beziehung von Dritten für sich selbst wieder zu nutzen, indem sie gezielte Versöhnungen zwischen anderen Gruppenmitgliedern herbeiführen.

Solches ist bisher nur exakt dokumentiert von Menschenaffen, den Schimpansen: Wenn zwei Männchen einer Schimpansengruppe eine Auseinandersetzung miteinander hatten, kam es häufiger vor, dass sich ein Weibchen hinterher einem der beiden näherte, mit ihm eine kurze Körperpflegesitzung begann und sich dann ganz langsam auf den anderen ehemaligen Streithahn zu bewegte. Blieb er zurück, kehrte sie um und nahm ihn zum Teil sogar am Arm, um ihn zu seinem Ex-Gegner zu führen. Kamen die beiden dort an, begannen beide Männchen meist sofort gemeinsam das Weibchen zu kraulen, sie musste nur noch aufstehen und sich zurückziehen, um die Versöhnung zwischen beiden perfekt zu machen.

Bei Elefanten, männlich wie weiblich, findet man nur in wenigen Situationen das ranghöchste Tier vorn. Die Herde wird von älteren, besonders erfahrenen Tieren angeführt.

Auch Kuhherden haben spezielle soziale Strukturen, die auf Alter, Kampferfolg, Verwandtschaft und Persönlichkeit beruhen. Der Vorteil für alle war wohl ursprünglich die Feindvermeidung.

Soziales Lernen

Eine weitere Form der Untersuchung sozialer Kognitionsfähigkeiten beschäftigte sich mit der Frage, inwieweit Tiere in der Lage sind, die Blickwinkel und Perspektiven eines Artgenossen einschätzen zu können. In diesem Falle wurden überwiegend Versuche durchgeführt, die zeigten, dass Affen sehr wohl in der Lage sind, zu erkennen, dass der Blickwinkel und die Blickrichtung eines Artgenossen zwangsläufig, zumindest wenn dieser weit von ihnen entfernt sitzt, ein anderer sein muss als ihr eigener. Schließlich ist auch die Fähigkeit zum sozialen Lernen eine der wichtigen Bestandteile des sozialen Kognitionsapparates.

Soziales Lernen kann aus verschiedenen Bestandteilen bestehen, im einfachsten Fall handelt es sich um ein relativ einfaches Phänomen, das man als lokale Verstärkung oder auch Reizverstärkung bezeichnen kann. In diesen Fällen wird die Aufmerksamkeit eines Tieres nur dadurch auf einen bestimmten Ort oder auf einen bestimmten Gegenstand und die von ihm ausgehenden Reize gelenkt, dass ein Artgenosse sich damit beschäftigt. Man geht dann einfach unbedarfter dorthin und sieht nach, oder man nimmt die Nahrung, die der Artgenosse vorher gefressen hat, leichter auf. Zu diesen Beispielen zählen die Futtertraditionen bei Ratten: Wenn eine Ratte ins heimatliche Gebiet kommt und nach einem bestimmten Futtertyp riecht, werden die Artgenossen leichter bereit sein, diesen Futtertyp auch aufzunehmen, wenn sie ihn das erste Mal sehen.

Klassische Konditionierung Eine weitere Form sozialen Lernens besteht aus Konditionierungsvorgängen, insbesondere klassische Konditionierungen. So lernen etwa Affen die Furcht vor Schlangen leichter durch die Beobachtung der Interaktion anderer Artgenossen mit diesen Tieren kennen. Jedoch ist eine gewisse innere Prädisposition zu diesem Verhalten vorhanden, es lässt sich zeigen, dass die Reaktion auf Schlangen leichter konditionierbar ist als die auf Groomen oder auch auf Gartenschläuche. Bei einigen Untersuchungen mit Menschenaffen konnte man auch eine Vorgehensweise beobachten, die zeigte, dass der Beobachter offensichtlich das Ziel der Handlung des Demonstrators erkannt und sich dann seine „eigenen Gedanken dazu" gemacht hat. Wenn man einem Schimpansen vorführt, dass er mit einem umgekehrten, mit den Zinken nach oben zeigenden Rechen Futter heranziehen kann, wird der Schimpanse mit gleicher Wahrscheinlichkeit den Rechen in die andere Richtung drehen und hat damit gezeigt, dass er verstanden hat, worum es wirklich geht, anstatt einfach nur zu imitieren. Solche als Ziel-Emulation bezeichneten kognitiven Fähigkeiten zeigen auch Hunde (Miklosi et al. 2004), wenn sie etwa einen Knopf, den der menschliche Demonstrator mit der Hand bedient, anschließend mit der Schnauze anstupsen. So einfach das erscheint, hat es doch gezeigt, dass der Hund das Ziel der Handlung verstanden, anstatt nur die Handlung des Demonstrators imitiert hat. Die besten Beispiele zur Nachahmung von Aktivitäten, selbst wenn sie keine wirklich zielgerichtete Vorgabe hatten, stammen von Graupapageien, die beispielsweise lernten, immer bei einem bestimmten Wort gleichzeitig zu winken oder ihre Zunge herauszustrecken. Dass sie dies auch taten, wenn sie alleine waren und über Videoüberwachung beobachtet wurden, zeigt, dass auch keine unbewussten Einflüsse des Demonstrators mitwirkten.

Selbsterkennungsfähigkeiten Letztlich gehören zu diesem Bereich auch die Untersuchungen über die Selbsterkennungsfähigkeit von Tieren im Spiegel (Emery und Clyton 2005). Hier zeigt sich, dass vorwiegend höhere Primaten sowie Delfine in der Lage sind, ihr Spiegelbild zu erkennen und auf entsprechende Veränderungen ihres Gesichts zu reagieren. Jedoch sind durchaus auch andere Studien zu dem Ergebnis gekommen, dass dies bei Vögeln mancher Arten ebenfalls möglich sein soll. Möglicherweise handelt es sich also hier doch um ein Beispiel für den oben genannten „Schimpuzentrismus", die Tatsache, dass bestimmte, also komplexgebende Verhaltensweisen eben nur bei sogenannten höchstentwickelten Tieren gesucht werden. Inzwischen hat man diese Eigenschaft auch bei Elefanten nachgewiesen.

Täuschungs- und Verwirrmanöver

Zu den am weitesten verbreiteten Fällen sozialer Kognitionsleistungen gehören sicher taktische Täuschungs- und Verwirrmanöver, die in einer Vielzahl von beobachtenden Studien an Tieren im Labor wie auch im Freiland beschrieben wurden. Eine sehr umfassende Liste solcher taktischer Verwirr- und Täuschungsmanöver haben Whiten und Byrne (1988) zusammengestellt und klassifiziert. Dazu gehört zum Beispiel die Unterdrückung von Information, das heißt, man wird ausgesprochen schweigsam und geht unauffällig weg, wenn man als Rangtiefer ein besonders gutes Futterstück gefunden hat, oder das Verbergen des eigenen Tuns, indem man heimlich außer Sichtweite Ranghöherer Werbeverhalten zeigt. Dazu gehört das Ablenken oder Wegführen, zum Beispiel durch Äußerung von Warnrufen, die man dann selbst nicht befolgt und damit an das begehrte Futter kommt, dazu gehören Nutzungen von Artgenossen als soziale Werkzeuge, etwa im Bereich des sogenannten „gesicherten Drohens": Wenn ein rangtiefer Pavian so droht, dass ein ranghöheres Tier zwar diese Drohung auf sich bezieht, gleichzeitig jedoch der Rangtiefe dem gemeinsamen ranghöchsten Dritten, etwa dem Gruppenanführer, das Hinterteil beschwichtigend hinhält, so wird der ursprünglich bedrohte Rangmittlere, wenn er die Falle nicht merkt, zurückdrohen oder sogar angreifen. Der Ranghohe bezieht diese Aktivität dann auf sich und greift seinerseits den attackierenden Rangmittleren an. Andere Beispiele dazu sind Jungtiere, die von ihrer Mutter abgewiesen werden, dann zu einem Gruppenmitglied gehen und dieses solange ärgern, bis sie bedroht oder angegriffen werden. Daraufhin kommt garantiert die Mutter und nimmt ihr Junges tröstend an die Brust. Ein letztes Beispiel zu diesem Thema: Ein halbwüchsiger Husarenaffe nimmt ein Kind und geht damit zu einem ranghöheren Männchen, er ärgert es solange, bis dieses angreift. Das Kind bezieht den Angriff auf sich, kreischt und alle Weibchen greifen das Männchen an. Diese Beobachtungen sind keineswegs auf Affen beschränkt. So wurden Ablenkmanöver durch falsche Warnrufe bereits bei Bibern, Bodenhörnchen und anekdotischen Berichten zufolge auch von

Hunden immer wieder gesehen. Auch ein Impalamännchen, eine Antilopenart aus Afrika, das in einen Busch in der Nähe der Reviergrenze starrt, als ob dort ein Leopard verborgen wäre und damit die Weibchengruppe vom Überschreiten der Reviergrenze und Passieren zum Nachbarn abhält, wie es Peter Jarman (mündlich) beobachtet hat, kann in diese Kategorie eingeordnet werden.

Soziale Kognition bei Haushunden
Die erstaunlichen Fähigkeiten zur sozialen Kognition von Haushunden im Umgang mit dem Menschen wurden in den letzten Jahren wiederholt beschrieben. Zusammenfassungen finden sich bei Hare et al. (2002) sowie Miklosi et al. (2004). Diese Untersuchungen zeigen, dass Haushunde besser in der Lage sind, den Blicken und Gesten des Menschen zu folgen, als dies Schimpansen oder auch handaufgezogene Wölfe tun. Wenn ein Mensch ihnen einen Umweg um einen Zaun herum vormacht, während sie selbst eigentlich durch ein Zauntürchen direkt zur Futterschale auf der anderen Seite des Zaunes gelangen können, sind sie nach dem Schließen des Tores schneller in der Lage, diesen Umweg zu nutzen, als ihre Kontrollartgenossen, denen er nicht gezeigt wurde. Dies bedeutet, dass Hunde offensichtlich eine Information, ohne jeglichen vorherigen Belohnungswert, für die Zukunft als „möglicherweise nützlich" abgespeichert haben. Die Untersuchungen zeigen weiter, dass Hunde in ihrer Ausdauer bei der Lösung bestimmter Suchaufgaben schneller nachlassen als Wölfe, wenn der menschliche Hundehalter anwesend ist und sie von ihm erwarten können, dass er für sie die Aufgabe lösen wird. Wenn der Halter dagegen zwar anwesend ist, den Hund aber ständig ermuntert und auffordert, dann ist die Ausdauer des Hundes bei der Suchaufgabe der des Wolfes sehr ähnlich. Viele der Untersuchungen über die Fähigkeit von Hunden, den Blicken oder den Deutgesten des Menschen zu folgen und dann aus dem richtigen Container das Futter zu entnehmen, oder die bemerkenswerte Eigenschaft, dass Hunde auch fremde Menschen nur dann anbetteln, wenn diese vorher wenigstens kurz Blickkontakt mit ihnen gehabt haben, zeigen

sich schon bei Welpen, auch bei solchen aus Laborzuchten oder Tierheimen, das heißt, sie sind ganz offensichtlich von den Aufzuchtsbedingungen unabhängig. Die Autoren der genannten Arbeiten schließen daraus, dass in der langen Geschichte, die der Hund mit dem Menschen zusammen durchgemacht hat, offensichtlich eine Anpassung des Hundes an die interspezifische Kommunikation mit dem Menschen so weitgehend entwickelt wurde, dass die Grundfähigkeit bereits im Erbgut verankert wurde. Nur so ist zu erklären, dass handaufgezogene Wölfe wesentlich schlechter abschneiden als schlecht sozialisierte Tierheim- oder Laborhunde. Die hier referierten Befunde über die bemerkenswerten sozialen Kognitionsfähigkeiten lassen sich vielleicht in hoffentlich nicht allzu ferner Zukunft verknüpfen mit einer neuen Richtung der Hirnforschung, die sich speziell mit den für Sozialverhalten im weitesten Sinne zuständigen Hirnregionen sowie den dort vorhandenen Botenstoffen und Hormonen beschäftigt.

Positive Auswirkung der Anwesenheit von Artgenossen

Diese sind über mehrere physiologische Wege erklärbar. Einerseits wird eine Verminderung der Produktion von Cortisol deutlich, also von Glucocorticoiden aus der Nebennierenrinde, wenn Artgenossen und zwar nur solche, mit denen eine Beziehung oder sogar Bindung besteht, anwesend sind und diese vielleicht sogar in sozialer Körperpflege, Beknabbern, oder anderen direkten Körperkontakten engagiert sind. Die Wirkung sozialer Körperpflege wurde bei verschiedenen Studien auch bereits durch eine Senkung der Pulsfrequenz, des Blutdrucks und anderer Herz-Kreislauf-Werte deutlich. Zumindest im Bezug auf die Senkung der Cortisolwerte beziehungsweise geringere Produktion von Cortisol wird diskutiert, ob das Oxytocin, das wir als Bindungshormon kennengelernt haben (→ S. 116), hier eine direkte Wirkung haben könnte. Nachgewiesen ist zumindest, dass alles, was Oxytocinausschüttung fördert, zugleich in stressenden Situationen die Cortisolausschüttung dämpft: So wurden Injektionen von Oxytocin vor stressenden Situationen in Menschen, Laborratten und anderen Versuchstieren durchgeführt und man konnte eine deutlich verringerte Stresswirkung feststellen. Ebenso ist die Stimulation der Brustwarzen bei Frauen und weiblichen Säugetieren mit einer Ausschüttung von Oxytocin und einer daraus folgenden Reduzierung der Cortisolproduktion nachgewiesen. Welche genauen biochemischen Wege eingeschlagen werden, ist allerdings noch unklar.

Beispiele zur Wirkung sozialer Unterstützung
Bringt man ein männliches Meerschwein in Anwesenheit seiner persönlich gebundenen Partnerin, oder ein junges Meerschwein in Anwesenheit eines Wurfgeschwisters oder in Anwesenheit der Mutter in eine belastende Situation (hier geht es einfach nur um das Verbringen in einen unbekannten Raum), so ist die Stressantwort sowohl im Catecholamin- als auch im Glucocorticoidsystem praktisch nicht nachweisbar. Anwesenheit eines anderen, zwar persönlich bekannten, aber nicht persönlich gebundenen Tieres dagegen führt zur gleichstarken Stressreaktion wie es bei alleiniger Anwesenheit in dieser belastenden Situation gewesen wäre. Bringt man einen Totenkopfaffen alleine in Sichtweite einer Schlange in einem Terrarium, so findet man bei diesem Affen eine erhebliche Steigerung der Stresshormonausschüttung, dazu auch ein sehr intensives Geschrei und Alarmverhalten. Wird das Totenkopfäffchen dagegen mit einem Partner zusammen einer solchen Schlangensituation ausgesetzt, dann steigt das Geschrei- und Alarmverhalten genauso, die Cortisolwerte aber kaum.

Persönlich gebundene Artgenossen, insbesondere Paarbindungspartner, können auch auf lange Sicht zu einer wesentlich gesünderen Konstitution führen. Musterbeispiel dafür sind die sogenannten „harmonischen Paare" bei den Spitzhörnchen oder Tupajas. Diese kleinen tagaktiven, nahe mit Halbaffen verwandten Tiere aus den Regenwäldern Südost- und Südasiens dienen seit längerer Zeit als bekannte „Haustiere" der Stressforschung. Bringt man ein Pärchen, das sich nicht kennt, zusammen, so gibt es drei mögliche Reaktionen:

- Etwa ein Drittel der Tiere verschwindet sofort im gemeinsamen Häuschen und ist zukünftig ein Herz und eine Seele. Im Labor sind diese „harmonischen Paare" die Einzigen, die sich auch vermehren.
- Von den verbleibenden zwei Dritteln ist wiederum etwa die Hälfte ständig in heftige Auseinandersetzungen verwickelt.
- Die andere Hälfte lebt wie ein altes Ehepaar nebeneinander her, und meckert sich nur an, wenn man sich zu nahe kommt.

Beide Typen von unharmonischen Paaren vermehren sich im Labor nicht. Die harmonischen Paare dagegen zeigen innerhalb von wenigen Tagen eine erhebliche Verbesserung ihres gesamten Gesundheitszustandes: Der Immunstatus, gemessen an der Anwesenheit von Immunglobulinen im Blut, steigt, der Testosteronspiegel steigt, die Werte für Cortisol und Catecholamine gehen deutlich zurück. Besonders auffallend ist, dass nachts die Rate des Herzschlags und der Blutdruck sehr viel stärker abfallen, die Tiere schlafen also sozusagen wesentlich besser. In anderen Untersuchungen zeigte sich, dass gerade diese nächtliche Absenkung von Pulsrate und Blutdruck für ein dauerhaft gesundes Herz-Kreislauf-System zuständig ist.
Ein weiteres Beispiel zeigt deutlich die Bedeutung sozialer Stabilität für die Reduktion von belastenden körperlichen Auswirkungen: Wenn man einem ranghohen Javaneraffen eine cholesterinreiche Nahrung verfüttert, so findet man keinerlei Änderungen in den Blutgefäßen und keinerlei Gefahr von Ablagerungen, solange die Rangordnung in dieser Gruppe stabil ist und der Ranghohe sich also seiner Position sicher sein kann. Sorgt man experimentell durch Hinzufügen oder Herausnehmen von Tieren für soziale Unruhe, so muss der Ranghöhere seine Position ständig neu demonstrieren und wird auch in Auseinandersetzungen verwickelt. Dies führt bereits innerhalb von wenigen Tagen zu einem Anstieg der Blutcholesterinwerte und zur beginnenden Ablagerung, also zum Beginn einer atherosclerotischen Gefäßerkrankung. Wie stark die Wirkung der sozialen Unterstützung wiederum von der Sozialstruktur der betreffenden Art abhängig ist, zeigen Vergleiche verschiedener südamerikanischer Affenarten: Die paargebundenen

Springaffen, ebenso wie die in persönlich gebundenen Familiengruppen lebenden Krallenaffen verschiedener Arten, zeigen die Wirkungen sozialer Unterstützung in Konfrontation mit Fremden nur, wenn ein persönlich gebundener Artgenosse anwesend ist. Die in größeren Gruppen lebenden Totenkopfaffen dagegen zeigen diese Wirkungen auch bei Anwesenheit eines zwar persönlich bekannten, aber nicht individuell gebundenen Gruppenmitglieds. Bei Totenkopfaffen wirkt auch die Anwesenheit von mehreren Bekannten stärker als die Anwesenheit von nur einem Bekannten. Auch beim Menschen sind vergleichbare Unterschiede nachweisbar: In mehreren Studien konnte man zeigen, dass in besonders belastenden Situationen Gespräche nur mit langjährigen Bekannten (zu denen also eine individualisierte Beziehung besteht) stressmildernde Wirkung haben, Gespräche mit anderen Personen dagegen nicht.

Kommunikation

Kommen wir nun zu einigen Voraussetzungen, die bei jedem Tier erfüllt sein müssen, bevor es zur Ausbildung von Beziehungen kommen kann. Die erste und unumgängliche Voraussetzung ist soziale Verständigung, also Kommunikation. Der Kommunikationsbegriff wird ebenfalls sehr unterschiedlich verwendet, es ist daher sinnvoll, sich vorher auf eine gemeinsame Definition zu einigen. Wir werden hier eine Definition verwenden, die auf den amerikanischen Verhaltensbiologen Peter Marler zurückgeht.

> *Kommunikation ist ein Vorgang, mit dem ein Individuum das Verhalten eines anderen beeinflusst, ohne selbst die für diese Verhaltensänderung notwendige Energie zur Verfügung zu stellen.*

Das bedeutet, dass man zwar den Befehl „Spring von der Brücke" als Kommunikationsakt auffassen kann, wirft man den anderen aber über das Geländer, ist es keine Kommunikation mehr. So banal dieses Beispiel scheint, gerade bei manchen etwas gewaltbereiten

Hundeerziehern ist ein ähnlicher Fall durchaus häufig zu beobachten. Und es entsteht eben keine Kommunikation und damit auch keine Unterwerfung, wenn man den Hund gewaltsam auf den Rücken wirft. Wichtig beim Kommunikationsbegriff in unserem Sinne ist, dass keine „Absicht" des Senders beteiligt sein muss. Auch unabsichtliche Mitteilungen können eine Verhaltensänderung beim anderen auslösen. Auf diesen Erscheinungen beruht häufig die Wirkung eines größeren Zusammenschlusses von Tieren als Informationszentrum. Wenn ein Reiher nach dem Beutezug schwer beladen und mit vollem Kropf in die Brutkolonie zurückkehrt, sehen alle, dass er offensichtlich gute Fischgründe gefunden hat. Fliegt dieses Tier dann wieder los, dann folgen ihm sehr viele seiner Koloniegefährten nach. Fliegt einer los, der schon mit sehr leichtem und lockerem Flügelschlag und offensichtlich leerem Kropf das letzte Mal zurückkam, folgt ihm oder ihr keiner. Dies zeigt, dass Kommunikationsakte durchaus nicht immer den Interessen des Senders gerecht werden müssen, denn der erfolgreiche Reiher würde sicherlich gerne seine Fischgründe weiterhin für sich behalten.

Ein Kommunikationssystem besteht immer aus drei Bestandteilen, nämlich dem Sender, dem Empfänger und dem Signal.

Eigenschaften von Signalen

Das Signal ist eine etwas kompliziertere Geschichte, denn es kann in unterschiedlichen Kanälen gesendet werden, die physikalischen Eigenschaften der verschiedenen Übertragungswege beeinflussen auch die Wirkung des Signals. So sind tiefe Töne über größere Entfernungen wesentlich besser transportabel als hohe Töne, die Fernkommunikation der meisten Tiere findet daher im tieferen Tonbereich statt. Jedoch sind insbesondere kleinere Tiere aus Gründen ihres fehlenden Resonanzraumes nicht in der Lage, tiefe Töne so gut zu produzieren. Wer tiefe Töne produzieren kann, sagt also auch etwas über seine Größe aus. Auch bei der optischen Kommunikation sind die Distanzen von Bedeutung. Fein abgestufte Signale, etwa die ineinander übergehenden verschiedenen Gesichtsausdrücke eines Affen oder auch eines Wolfes, sind über größere Distanzen nicht zu identifizieren. Sie werden daher überwiegend im Innergruppenzusammenhang, im Nahbereich der Kommunikation verwendet. Starre, einigermaßen formkonstante Körperpositionen oder vorgegebene rhythmische Körperbewegungen dagegen sind auch auf größere Distanz gut zu erkennen. Sie, genau wie die Tieftonkommunikation im akustischen Bereich werden daher auch in der Kommunikation zwischen Gruppen eingesetzt, man denke an die Heulzeremonien der Hundeartigen oder an die mit heftigen Baumschütteln und Laubraschen gekoppelten Gesänge der revierabgrenzenden Gibbonpaare. Signale können entweder diskret oder fein abgestuft sein, wie wir gesehen haben und insbesondere die fein abgestuften Signale sind für die Nahkommunikation geeignet, da sie eine sehr große Menge an Information übertragen können (Informationsbegriff, › S. 139). Eine weitere Eigenschaft, in der sich Signalkategorien unterscheiden können, ist die Frage der Willkürlichkeit oder der direkten Zuordenbarkeit.

▸ **Willkürliche Signale** sind zum Beispiel einfache Warnrufe oder Kopfnickbewegungen.

▸ **Direkt zugeordnet** werden können solche Signale, die einen direkten Zusammenhang zwischen ihrer Intensität und den Eigenschaften der Situation haben, auf die sie sich beziehen, etwa wenn Warnrufe umso lauter oder in umso schnellerem Staccato geäußert werden, je näher der Feind kommt oder je größer er ist. Letzteres ist bei vielen bodenlebenden Nagetieren nachgewiesen. Auch beim Geheul eines Wolfsrudels lassen sich solche, anzeigenden Eigenschaften identifizieren, denn das Geheul gibt Aufschluss über Größe, Zusammensetzung und andere Aspekte des Rudels. Solche anzeigenden Signale sind meistens abgestuft graduell, nur selten diskret. Dadurch sind sie allerdings auch wieder einer stärkeren Verzerrung durch physikalische Störeinflüsse der Umwelt unterworfen.

▸ **Diskrete Signale** sind durch keinerlei Störgrößen der Umwelt aus ihrem Zusammenhang zu reißen, sie bleiben immer eindeutig.

Informationsbegriff

Wie erwähnt ist der Informationsbegriff im Zusammenhang mit der Signalübertragung bei Tieren sehr wichtig. Allgemein versteht man unter Information die Reduktion der Unsicherheit beim Empfänger, das heißt je sicherer sich der Empfänger nach dem Empfang eines Signals über irgendeine Sache ist, im Vergleich zur vorangehenden Unsicherheit, desto mehr Information wurde übertragen. Dies ist bedeutsam, wenn man zum Beispiel Signale wiederholt sendet.

> *Die Unsicherheit wird mit jeder Wiederholung des Signals geringer, aber die größte Reduktion der Unsicherheit findet beim ersten Signal statt. Daher enthält das erste Signal die meiste Information, jede Wiederholung verringert den Informationsinhalt. Man sollte sich also bemühen, Signale von Anfang an eindeutig zu senden, und möglichst selten zu wiederholen, denn sonst nutzen sie sich buchstäblich ab.*

Sprachbegriff

Eine weitere Ungenauigkeit im Zusammenhang mit dem Thema Kommunikation betrifft den Sprachbegriff. In vielen Veröffentlichungen, auch über Hunde und andere Haustiere, wird von deren Sprache, etwa im Sinne von Körpersprache oder anderen Teilen der Kommunikation gesprochen. Es muss hierbei betont werden, dass es sich ganz sicher nicht um eine Sprache handelt. Der Sprachbegriff erfordert nämlich eine Reihe von Voraussetzungen, die einerseits über die Signale, andererseits über die zu den Signalen gehörenden Bezüge definiert werden. Einige dieser Merkmale (s. Gansloßer 1998) sind:

> *Die Signale bei einer Sprache müssen erlernt, durch freie Kombination verwendbar, über die Zeit variabel und in willkürlicher Form, jedoch in geregelten Strukturen verwendet werden.*

Das bedeutet, dass wir bei einer Sprache erwarten können, dass im Laufe der Zeit neue Begriffe, neue Signale, sozusagen neue Modewörter hinzugefügt werden, die es vorher nicht gab. Die Bezüge zu Ereignissen, Zuständen etc. müssen symbolisch sein, sie müssen auch auf abstrakte Ideen und äußere Objekte anwendbar sein, auch sie müssen gelernt und für neue Informationen jederzeit offen sein. Bisher hat man bei keinem anderen Lebewesen, außer dem Menschen, alle Kriterien für Sprache nachweisen können. Es gibt jedoch einige Tierarten, bei denen zumindest Teile dieser Definitionsmerkmale vorhanden sind. So sind die Gesänge der Buckelwale über die Zeit variabel, bestehen aus frei kombinierbaren Einheiten und werden sozusagen durch Modegesänge von einem Jahr zum anderen verändert, die Warnrufe der grünen Meerkatzen sind willkürlich, beziehen sich auch auf äußere Objekte, nämlich die verschiedenen Formen der Feinde und sind durch Erfahrung beeinflussbar. Eine Anwendung des Sprachbegriffs auf die Mimik und Körperhaltungen des Hundes dagegen überdehnt den Begriff so sehr, dass er geradezu nutzlos wird. Wir sollten auch das möglichst vermeiden.

Auswirkung von Signalen auf Sender und Empfänger

Signale, so sie denn gesendet werden, wirken meistens auch auf den Sender zurück. Ein Tier, das intensiv balzt, imponiert oder sein Revier markiert, hat hinterher eine größere Wahrscheinlichkeit, weitere sexuelle, aggressive beziehungsweise revierverteidigende Verhaltensweisen zu zeigen, als eines, dem diese vorherige Selbststimulation fehlt. Aber auch der Empfänger ist natürlich ein wichtiger Teil des Systems. Hier haben wir wieder einmal ein methodisches Problem: Wir können definitionsgemäß ja einen Kommunikationsakt im Sinne der obigen Definition, also eine Verhaltensänderung, nur erkennen, wenn diese auch stattfindet. Reagiert der Empfänger nicht auf das Signal, dann können wir nicht erkennen, ob er es nicht wahrgenommen, nicht verstanden oder einfach nicht ernst genommen hat. Wir müssen also so lange warten, bis eine Reaktion erfolgt. Vermenschlicht gesagt, wenn ich jemanden den Befehl gebe, tue nichts was du nicht schon vorher getan hast, dann kann ich nicht feststellen, ob er ohne diesen Befehl nicht plötzlich was ganz anderes getan hätte, dieses ganz andere Tun aber unter dem Eindruck des Befehls eben unterließ. Hier hilft uns wiederum bestenfalls die Statistik weiter, um solche Prozesse zu analysieren.

Fälschungssicherheit von Signalen

Gerade unter dem Eindruck der „Wozu?"-Frage, also der auf die individuellen Vorteile bezogenen verhaltensökologischen beziehungsweise evolutionsbiologischen Betrachtung, muss man sich auch von der Vorstellung verabschieden, dass Kommunikation immer ein Akt auf Gegenseitigkeit im gemeinsamen Interesse wäre. Es gibt sogar Radikalpositionen unter Verhaltensökologen, die behaupten, dass jede Kommunikation nur Manipulation wäre, dass grundsätzlich bei der Kommunikation, zumindest wenn sie erfolgreich ist, immer nur das Interesse des Senders und niemals das Interesse des Empfängers befolgt werden würde.

Signale sind über einen längeren Zeitraum, evolutionär gesehen, nur dann stabil und zuverlässig, wenn sie mit einem hohen Grad an Fälschungssicherheit verbunden sind.

Signale, die leicht gefälscht werden können, die auch in unangemessenen Situationen leicht gesendet werden können, oder die auch der „falsche" Sender ohne Nachteile für sich selbst benutzen darf, sind meist über einen längeren Evolutionszeitraum nicht erfolgreich.
Fälschungssicherheit von Signalen kann am besten dadurch erzielt werden, dass sie sehr teuer sind. Das heißt, dass sie entweder sehr viel Energie benötigen, um sie zu senden, oder dass die dafür notwendigen Organe mit sehr viel Aufwand und einem großen Bedarf an Baustoffen hergestellt werden müssen, oder dass es mit den Artgenossen erheblichen Ärger im Sinne von Strafmaßnahmen gibt, wenn man sie falsch benutzt.

Beispiel für die erste Kategorie wären die röhrenden Rothirsche, das Röhren des Rothirsches kostet so viel an Energie, dass es nur von einem sehr kräftigen Tier im Laufe der Brunft immer wieder und mit ungebremster Intensität zu hören ist.

Auch für die zweite Kategorie sind Rothirsche ein gutes Beispiel. Das Geweih eines großen kräftigen Platzhirsches kostet sehr viel an Mineralien, und ist daher nur für ein gesundes und durchsetzungsfähiges Tier zu leisten.

Beispiele für die dritte Kategorie stammen überwiegend aus der Untersuchung von Vögeln, dort konnte nachgewiesen werden, dass Artgenossen wesentlich heftiger verprügelt wurden, wenn sie ein Dominanzsignal gesendet haben, welches ihrem eigentlichen Status nicht angemessen war, als wenn sie ehrlich signalisierten und trotzdem in einen Kampf verwickelt wurden.

Im Bereich des Hundeverhaltens sind auch einige Beispiele für teure und damit fälschungssichere Verhaltensweisen bekannt: So ist die Breitseitsstellung, die ein sehr selbstsicheres Tier beim Imponieren zeigt, zunächst für den Sender eine gefährliche Position, denn er kann sehr leicht vom Gegenüber plötzlich in die Flanke gebissen werden. Wer dieses Signal sendet, hat sozusagen genug Selbstbewusstsein, um zu wissen, dass er trotzdem noch einen Kampf bestehen und gewinnen kann, wenn dieser Angriff plötzlich in die Flanke erfolgt.

Ein zweites teures Signal ist das Schwanzheben beim gegenseitigen Beschnuppertwerden, denn ein übelmeinender Gegner kann einen da plötzlich in die sehr empfindlichen Analdrüsen beißen, was nicht nur schmerzhaft ist, sondern auch sehr unangenehme und gefährliche Entzündungsprozesse auslösen kann. So ist zu beobachten, dass ranghohe Wölfe diese beiden Signale, Breitseitsstellung und Schwanzheben beim Beschnuppertwerden, wesentlich häufiger zeigen als Haushunde. Selbst im Umgang mit bekannten Artgenossen ist bei Haushunden der Schwanz viel seltener erhoben als bei Wölfen. Man könnte also daraus entnehmen, dass Wölfe gegebenenfalls ein höheres „Selbstbewusstsein" in sozialen Auseinandersetzungen haben. Anekdotische Beobachtungen von Hundehaltern zeigen auch, dass Hunderassen, deren Körperposition eine „permanente Provokation" darstellt, etwa durch permanent erhobenen Schwanz oder permanent gesträubtes Rückenfell, zumindest wenn sie gut sozialisiert sind, wesentlich mehr signalisieren und in wesentlich intensivere Kommunikationsprozesse mit Artgenossen verwickelt zu sein pflegen, als dies bei anderen Hunderassen ohne solche bauartbedingten „Frechheiten" der Fall ist.

Lauschangriffe

Ebenfalls in den Bereich der Manipulation beziehungsweise unerwünschten Nebenwirkungen von Kommunikationsprozessen gehört die Frage der unbeabsichtigten Mithörer, also der Lauscher an der Wand. Viele Tierarten haben ihre Verhaltensweisen der Kommunikation so ausgerichtet, dass solche Lauscher an der Wand möglichst ausgetrickst werden. Diese Lauscher können entweder Fressfeinde sein oder Artgenossen, die sich gerne in die ablaufende Kommunikation einschalten und zu ihren eigenen Interessen dabei tätig werden möchten. In beiden Fällen kann man nachweisen, dass die Sender ihre Signale unter solchen Bedingungen so abändern, dass der Lauscher möglichst wenig Information daraus ziehen kann. So sind Warnrufe von Vögeln oftmals in genau dem Frequenzbereich, in dem ein Sperber oder andere Greifvögel schlecht hören.

Auch im sozialen Bereich kann man feststellen, dass unter bestimmten Bedingungen Vogelgesänge beispielsweise so leise gegeben werden, dass weiter entfernte Artgenossen davon nichts mitbekommen sollen. Auch hier sind wiederum die Heulstrophen einzelner, vom Rudel versprengter Wölfe ein sehr vergleichbares Hundebeispiel, denn auch diese werden in Frequenzbereichen und Amplitudenbereichen gesendet, die eine Ortung möglichst unwahrscheinlich machen. Dadurch kann ein eventuell in der Nähe befindliches größeres Rudel den Versprengten nicht finden und angreifen, wie es sonst zwischen Reviernachbarn durchaus üblich ist. Es gibt aber auch Fälle, in denen zwischen Beutetier und

Räuber eine Kommunikation gezielt eingesetzt wird, etwa bei dem bekannten Prellspringen afrikanischer Antilopen in Anwesenheit von Feinden. Diese werden allgemein so interpretiert, dass hier der Feind informiert werden soll, wie gut man rennen und springen kann, es sich also gar nicht lohnt, die Verfolgung aufzunehmen.

Ritualisierung von Signalen

Als Letztes muss dann bei der Frage der Kommunikation noch der ebenfalls sehr dehnbar verwendete Begriff der Ritualisierung geklärt werden. Ursprünglich, in der traditionellen Ethologie (s. Immelmann 1982) verstand man darunter nur solche Signale, die im Dienste der Kommunikation einen Funktionswandel durchgemacht hatten, also etwa die Übernahme des Fütterungsverhaltens in die Balz (mit Endpunkt Kuss bei höheren Primaten). Später wurde der Begriff auf alle Verhaltenselemente erweitert, die speziell an Kommunikationsaufgaben, also an die Informationsübertragung, evolutionär angepasst wurden. Diese Definition ist auch heute noch die weitverbreitetste. Ritualisierung geht dabei meist mit einer größeren Formkonstanz, festgelegter Intensität, Rhythmik und/oder Amplitude der Bewegungen, sowie häufig mit der Ausbildung speziell dafür entwickelter Körperteile (Zeichnungen, Mähnen, Schöpfe etc.) einher.

Da die Wege der Kommunikation, sowie die verwendeten Signale durch eine lange Geschichte der evolutionären Anpassung gegangen sind, spiegeln sie oft auch recht stabil die früheren Verhältnisse wieder. So trägt der Hund eben die Kommunikation seiner Vorfahren, die in hindernisreichen Gegenden, zum Beispiel Wäldern, einerseits fein differenziert innerhalb eines komplexen Rudels, andererseits eindeutig, klar, aber nicht immer gut zu orten im Fernbereich zwischen Rudeln und Revieren ganz unterschiedliche Aufgaben hatte. Nur wenn man diese Vorgeschichte berücksichtigt, wird man sein heutiges Verhalten verstehen, auch wenn es inzwischen an das Zusammenleben mit dem Menschen schon evolutionär angepasst wurde.

Ein allein heulender Wolf ruft sein Rudel. Die Heultöne werden in einer Frequenz gesendet, die für Fremde schwer zu orten ist.

Bei vielen männlichen Huftieren ist die Bildung der Geweihe so aufwändig, dass diese ein erhebliches Statussymbol bilden.

Eine weitergehende und mit vielen Beispielen versehene Behandlung des Themas Kommunikation findet sich bei McGregor (2005) wieder. Die Höhe, Intensität und andere Qualitätsmerkmale der Lautgebung von Caniden können RHP (→ S. 99) ebenso ausdrücken wie derzeitige Motivation. Sie können Distanzvergrößerung und Kontaktvermeidung genauso bewirken wie Wiederzusammenfinden eines Rudels. Zumindest bei Füchsen (Rot- und Polarfuchs) sind individuelle Zuordnungen der Stimmen, also Individualerkennung, ebenso nachgewiesen wie (bei Polarfüchsen) verwandtschaftsgruppentypische Merkmale (MacDonald und Sillero 2004).

Vermeidung und Regelung von Konflikten

Nachdem wir gesehen haben, dass soziale Beziehungen und das Leben in einer durch sie strukturierten Einheit für Individuen vieler Arten vorteilhaft sind, ergibt sich als logische Folge, dass in solchen Beziehungen auch Möglichkeiten zur Vermeidung beziehungsweise Regelung von Konflikten vorhanden sein müssen. Sonst hält das Ganze nicht lange. Konflikte zwischen Tieren einer Sozialeinheit treten in vielfältiger Weise auf, keineswegs nur um Ressourcen (wie Nahrung, Partner oder Schlafplätze). Mason (1993) nennt einige weitere Möglichkeiten:

- Konflikte über Motivationen (einer will spielen, der andere weist ab),
- Konflikte durch „enttäuschte Erwartungen" an den Partner,
- Konflikte über neue oder bestehende Beziehungen (→ S. 100, triadische Effekte),
- Wettbewerb um sozialen Status,
- Konflikte über Zeitbudget (einer will zum Wasser, einer nicht),
- Räumliche Konflikte, d.h. die Individualdistanz wird unterschritten.

Die Lösungsmöglichkeiten für solche Konflikte, abhängig von Erfahrung, Vorwissen, sozialer Disposition der Beteiligten und momentaner Situation, sind recht vielfältig. Einige davon sind im Folgenden dargelegt, vor allem solche, die auch für Hundeartige zutreffen. Zu beachten ist, dass die Entwicklung solcher Lösungen oftmals über evolutionäre Zeiträume geschieht und daher nicht immer eine höhere Verhaltensleistung der befähigten Individuen darstellt.

Bildung von Revieren

Eine sehr weit verbreitete Form ist die Bildung von Revieren, letztlich eine ortsabhängige Dominanzbildung. Es gilt als Voraussetzung für die Annahme einer Revierbildung, dass einerseits das betreffende Gebiet markiert oder anders angekündigt wird, andererseits zumindest Artgenossen des gleichen sozialen Status daraus aktiv, notfalls aggressiv, vertrieben werden.

Revierabgrenzung

Die Abgrenzung eines Reviers geschieht bei Säugern häufig durch Duftmarken, die hat man lange Zeit als eine Art „Zutritt verboten"-Schilder angesehen – und war dann erstaunt, dass Eindringlinge sich davon kaum abhalten ließen. Eine Lösung dieses Widerspruches bietet die Überlegung des britischen Verhaltensbiologen Morris Gosling (s. Gansloßer 1998), die er mit kleinen Nagern auch schon im Versuch erfolgreich getestet hat:

> *Die Duftmarken dienen nicht der Abschreckung, sondern der Individualerkennung des Revierbesitzers.*

Wer den Besitzer trifft, nachdem er wiederholt dessen Duftmarken gefunden hat, weiß, dass er ein eskalationsbereites und statussicheres Tier vorfindet, das bei der Verteidigung des Reviers auch leichter aufs Ganze geht, weil es viel zu verlieren hat (→ S. 180, Bourgeois-Strategie). In der Tat sind Mäuse bereitwilliger, sich als Eindringling jemand Fremdem zu unterwerfen, dessen Duft sie vorher mehrmals gefunden hatten. Diese Überlegung wird als „Competitor-Scent-Matching", als Konkurrenten-Duftvergleichs-Hypothese bezeichnet. Eingedenk der Tatsache, dass Reviere von Hundeartigen ebenfalls große Überlappungsbereiche haben, ist diese Hypothese auch hier von Bedeutung und sollte dringend getestet werden. Eine weitere mit der Vertrautheit der Düfte (oder ähnlichen) Marken verbundene Erscheinung kann hier gleich angeschlossen werden (s. Kappeler 2006): Der „lieber Feind-Effekt" („dear enemy"). Bei Vögeln und Reptilien gut belegt, aber wohl auch bei Säugern zu erwarten (bei Füchsen und Waschbären sind bereits Beobachtungen vorhanden) ist der Effekt, dass Reviernachbarn sich weniger heftig streiten und seltener eskalieren als Fremde, und dass dadurch die laufenden Unterhaltskosten des Reviers geringer werden. Das wiederum bekräftigt, warum ein Revierbesitzer, je länger er/sie das Revier hat, umso bereitwilliger ist, es zu verteidigen. Auch bei Kolonien scheint so etwas zu funktionieren.

Revierverteidigung

Wie schon erwähnt, reicht eine gleichmäßige und nicht zufällige Verteilung der Tiere oder ein regelmäßiges Auftreten im gleichen Gebiet *nicht* als Revierbegründung aus. Die aggressive Verteidigung ist jedoch wiederum von einer Reihe von weiteren Einflussfaktoren abhängig. Beispielsweise gibt es in jedem Revier besonders wichtige Punkte, die heftiger verteidigt werden, und diese müssen nicht immer im Zentrum liegen. Überhaupt ist fraglich, ob das Zentrum des Reviers prinzipiell heftiger verteidigt wird als Randbereiche, oder ob dort Eindringlinge nur schneller entdeckt werden. Die Heftigkeit der Verteidigung nimmt bei manchen Arten zu, wenn sie lange isoliert waren, bei anderen ab (→ S. 168 ff., Aggression). Die Verteidigungsbereitschaft hängt auch stets von der Ressourcenlage ab – sowohl zu viel des Guten als auch zu wenig lassen die Revierverteidigung abflauen oder verschwinden. Es lohnt dann einfach nicht mehr, denn Ankündigen, Patrouillieren und Verteidigen kostet Zeit, Energie und ist riskant. Diese Erscheinung ist am besten bei nektarfressenden Vögeln untersucht, aber auch bei Säugern durch indirekte Hinweise zu erschließen (zum Beispiel haben größere pflanzenfressende Säuger kaum Nahrungsreviere).

Letztlich kommen wir hier zu den Erwartungen der Ressourcenverteidigung = Resource Defense Hypothese (RDH), mit denen MacDonald (2006) unter anderem Gruppenrevierbildung von Hundeartigen erklären kann:

> *Revierverteidigung lohnt sich nur, wenn das Revier genug Nahrung für einen selbst beziehungsweise die Familie bietet.*

Ist nun die Nahrungsverteilung so, dass meine Familie auch nicht zuverlässig satt wird, muss ich gegebenenfalls das Revier vergrößern. Und dann reicht es statistisch gesehen auch noch für weitere Artgenossen. Also bilden wir ein Rudel. Je nach Größe der Beutetiere kann es dann für ein Rudel besser sein, das Revier zu verkleinern und gegebenenfalls auf ein paar „Planstellen" von Rudelhelfern zu verzichten, oder zu vergrößern, zum Beispiel bei Jagd auf Großtiere und dafür ein paar „Planstellen" zu schaffen, das heißt auch das Rudel durch Rekrutierung von weiteren Mitgliedern zu vergrößern. Zimen (1991) hat bei Wölfen gezeigt, dass diese „Personalentscheidung" meist die ranghöchste Wölfin trifft, indem sie Zuwanderer akzeptiert oder wegjagt. Dieses System ist, wie MacDonald (2006) unter anderem zeigt, gerade bei Hundeartigen auch innerhalb der Arten so flexibel, dass es auf geringfügige Änderungen der Umweltbedingungen mit recht starken Änderungen der entstehenden sozialen Beziehungen, Strukturen, ja sogar der Organisation reagieren kann. „Das typische Rudel" gibt es nicht, nicht einmal im gleichen Gebiet. Eines aber und das ist sehr wohl für das Verständnis des Revierverhaltens unserer Haushunde wichtig, gilt zumindest bei großen Arten generell:

> *Revier patrouillieren, markieren und verteidigen ist Sache aller, und nicht das Vorrecht der Ranghohen.*

Wessen Hund also am Zaun Fremde verbellt, markiert und sich dabei recht selbstsicher gibt, der hat kein Dominanzproblem. Erst wenn er es nicht schafft, den Hund abzurufen und den Briefträger ohne Gefahr für Leib, Leben und Uniform hereinzulassen, hat er eines. Desgleichen bei Markieren draußen beim Spaziergang. Ganz abgesehen davon, dass der Hund ja auch seine Blase entleeren muss, zeigt er damit nur „corperate identity" und keineswegs Machtstreben an!

Neben der geruchlichen Identifizierung spielt gerade bei Hundeartigen auch die akustische Ankündigung eine wichtige Rolle. Wo, wie, in welcher Weise geheult wird, hängt unter anderem wieder von der Kopfstärke, der Rudelsituation und der Nähe zum potenziellen Gegner ab. So ist nicht erstaunlich, dass viele Hunde, genau wie Wölfe, auf die Sirenen der Rettungsfahrzeuge reagieren. Dass sie dann, wenn der Wagen (oder gar ein ganzer Feuerwehrlöschzug) näher kommt, plötzlich verstummen, entspricht auch dem Freilandverhalten der Wölfe: Angesichts eines übermächtig großen Rudels verdrückt man sich lieber heimlich, still und leise.

Respektierung von Besitz

Eine weitere, dem Revier vergleichbare Form der Zuteilungsregelung finden wir in der Respektierung von Besitz. Die Möglichkeit, Konflikte über die Nutzung knapper Ressourcen zu vermeiden, besteht unter anderem in der noch später zu diskutierenden Strategie des Bourgeois, das bedeutet, wer eine Ressource hat, gewinnt mit hoher Wahrscheinlichkeit auch die Auseinandersetzung.

> *Wenn ein Individuum eine Ressource für sich erschlossen hat und nutzt, so lässt man sie ihm auch.*

Interessant wird diese Geschichte vor allem dann, wenn Besitz und Rangposition aneinander geraten, das heißt, wenn ein Rangtieferer etwas besitzt, was der Ranghöhere auch gerne hätte. Denn nur dann kann die Respektierung ja auch nachgewiesen werden. In einer Reihe von interessanten Versuchen haben die Züricher Ethologen um Hans Komma zeigen können, dass eine vorherige Beschäftigung mit einer Ressource, sei es ein Futterspender oder eine potenzielle Paarungspartnerin, sehr wohl auch den ranghöheren Zuschauer hemmt. Lässt man einen ranghohen Pavianmann beispielsweise zuschauen, wie ein rangtieferer Mann sich eine neue Partnerin angelt, oder wie ein rangtieferes Männchen einen Futterspender über längere Zeit bedienen und nutzen kann, und lässt dann erst den Ranghöheren dazu, so sitzt dieser mit allen Anzeichen der „Verlegenheit" irgendwo in der Ecke, vermeidet den Blickkontakt, kratzt sich sehr häufig und erweckt insgesamt den Eindruck einer deutlichen Hemmung. Der Rangtiefere darf hier auch weiterhin die Ressource behalten. Auffallend ist, dass diese Besitzrespektierung unter männlichen Pavianen wesentlich besser funktioniert als unter weiblichen, denn weibliche Paviane nehmen der rangniedrigeren Konkurrentin in etwa 50 % der Fälle den Futterspender ab. Auch im Konflikt zwischen Männchen und Weibchen erweisen sich die ersteren keineswegs als Kavaliere. Pavianmännchen nehmen ihren weiblichen Konkurrentinnen praktisch immer den Futterspender ab.

Dies deutet bereits an, dass es sich hier offensichtlich auch wieder um eine Strategie handelt, die mehr dem individuellen Risiko des Verletztwerdens als irgendwelchen „moralischen" Überlegungen folgt. Noch genauer haben Untersuchungen von Marina Cords in Kummers Gruppe dies bestätigt (s. Gansloßer 1998). Bei ihr ging es um Futter bei Java-Affen. Sie hatten einen Plastikschlauch erhalten, in dem sich Rosinen befanden, und im Laufe einer Reihe von Versuchen ergab sich zum Beispiel, dass bei einer festgebundenen Ressource der Besitz nicht respektiert wurde, wenn die Ressource aber weggetragen werden konnte, wurde der Besitz akzeptiert. War das Objekt mit einer langen Schnur versehen, wurde sie leichter geraubt, offenbar spielt die Nähe des Räubers zum Objekt auch eine Rolle. Je näher der Räuber beim protestkreischenden Besitzer sitzt, desto häufiger intervenieren Dritte. Mütter berauben ganz besonders oft ihre eigenen Nachkommen und Männchen beklauen im Zweifelsfall eher einen Älteren. Beide letztgenannten Fälle hängen offenbar mit der dabei geringeren Wahrscheinlichkeit der Intervention Dritter zusammen, wenn ein Kind schreit, helfen ihm alle, es sei denn, es schreit wegen der eigenen Mutter. Diese „zynische" Betrachtung zeigt noch einmal, dass das Risiko des Selbstangreifens und Verletztwerdens offensichtlich an der Basis der Besitzrespektierung liegt.

Bemerkenswert ist nun, dass solche Besitzrespektierungen gerade auch von wild lebenden Hundeartigen sehr häufig beschrieben werden. Peters und Mech (1975) beschreiben solche Situationen bei Wölfen: Ein Wolf, der einen Futterbrocken in der Schnauze hat, beziehungsweise diesen in einer Schutzzone von ca. 30 cm vor der Nasenspitze findet, und ihn wegtragen kann, darf diesen Futterbrocken auch behalten, und muss ihn nicht an einen Ranghöheren abgeben. Das ist Besitzrespektierung im klassischen Sinne.

> *Es ist keineswegs eine sinnvolle Dominanz- oder Unterordnungsübung, wenn man den Hund zwingt, einem sofort und ohne Widerspruch alles Futter oder andere Dinge abzugeben, die er gerade in der Schnauze trägt.*

Er versteht das nicht, denn es ist in seinem biologischen System nicht vorgesehen. Es soll nicht bestritten werden, dass es, zum Beispiel im Zeitalter der Giftköder von Hundehassern, notwendig sein kann, mit dem Hund eine Lösung zu finden, wie er einen Futter- oder anderen Brocken möglichst schnell und widerspruchslos abgibt.

> *Die Abgabe von Dingen sollte als Beziehungsqualität und als kooperative Tauschhandelsgeschichte geübt werden und nicht als Dominanzübung.*

Besitzrespektierung wird auch bei anderen Säugetieren immer wieder beschrieben, eine Studie zum Schluss zu diesem Thema noch zu Meerschweinchen: Meerschweinchenmänner sind ebenfalls persönlich an ihre weiblichen Tiere gebunden (s. Saxa 2002).
Wenn ein rangtieferes männliches Tier mit seinem gebundenen Weibchen in das Revier eines ranghöheren männlichen Tieres kommt, so versucht der ranghohe Revierbesitzer keineswegs dieses Weibchen abspenstig zu machen. Die Sache geht sogar weiter, selbst allein ins Revier des Nachbarn kommende Weibchen werden eher vertrieben denn angebalzt.

Egalitäre Beziehungen
Noch eine andere Form der Respektierung und Regelung von Zuteilungskonflikten ergibt sich teilweise in Verbindung mit der Besitzrespektierung: Das sogenannte egalitäre oder motivationsabhängige System. Hand (1986) hat hier ein wichtiges Alternativkonzept zur Dominanz diskutiert.

> *Jedes Gruppenmitglied signalisiert seine Bedürfnisse an der umstrittenen Ressource, und wer die höchste Motivation signalisiert, bekommt sie.*

Wer also am lautesten schreit „Ich habe Hunger", der kriegt die Wurst. Neben der häufigen und meist sehr differenzierten Verwendung von Signalen zur Übermittlung des Bedürfnisses sind als weitere Charakteristika hier noch zu nennen, dass der Ausgang der Auseinandersetzungen mal den einen mal den anderen der Rivalen begünstigt oder beide die Ressourcen teilen oder eben Besitzrespektierung geachtet wird, unabhängig davon, wer die beiden sind. Folge davon ist, dass die Verteilung der Ressourcen viel gleichmäßiger ist. Wir fanden bei eigenen Studien an wahrscheinlich egalitär organisierten Asiatischen Halbeseln, den Kulanen, heraus, dass sich die Stuten in der Herde nur etwa in fünf Prozent der Zeit beim Zugang zur Futterraufe unterschieden, beim rangordnungsmäßig strukturierten Steppenzebra in gleicher Situation dagegen um bis zu 25 %. Egalitäre Beziehungen dienen also einer gleichmäßigeren Verteilung der Ressourcen, und Hand hat theoretisch zeigen können, dass dies bei länger andauernden Gruppierungen auch evolutionär stabil ist.

Dominanz

Damit sind wir schließlich bei dem Begriff angekommen, der im Zusammenhang mit Ressourcenzuteilung und anderen Privilegien bei der Konfliktregelung am häufigsten falsch beziehungsweise fragwürdig verwendet wird, nämlich dem Begriff und Konzept der Dominanz. Auch hier können wir wieder unser erprobtes System der Bearbeitung von Beziehungen (→ S. 101) anwenden und uns schrittweise hocharbeiten: Zunächst die Aktionen und Signale, also diejenigen Verhaltenselemente, die Dominanz anzeigen. Dann folgen die Interaktionen, aus deren Verteilung schließlich die Dominanzbeziehung, und aus der Summe der Dominanzbeziehungen wird schließlich die Rangordnung, insofern es eine gibt. Und danach ist natürlich die „Wozu?"-Frage zu klären – was bringt die Dominanz und vor allem, wer hat mehr davon?

Wegen der vielen Missverständnisse um den Dominanzbegriff aber müssen wir vorher noch ein paar klärende Vorbemerkungen machen.

Was versteht man unter Dominanz?

Dominanz wird vielfach, und das ist, zumindest in unserem Zusammenhang bereits die erste Fehlinterpretation, als Eigenschaft eines Individuums angesehen. Dominanz ist aber keine Eigenschaft, es ist eine Beziehung, und daher ist verständlich, dass es Erblichkeit von Dominanz oder anderen Einflüssen nur im Zusammenhang mit einer bestehenden Gruppenstruktur geben könnte. Ein Individuum wird aber nicht von vornherein als ein dominantes Tier geboren, es sei denn, wie bei Tüpfelhyänen oder manchen Affenarten, es ist Mitglied eines dominanten Clans und dominiert wiederum nur so lange, wie es den Rückhalt dieses dominanten Clans noch hat.

Bei Laien wird Dominanz auch vielfach mit Aggression gleichgesetzt, auch diese Betrachtung ist nicht gerade hilfreich. Zugegebenermaßen zeichnen sich in manchen Gruppen beziehungsweise Gruppentypen die dominanten Tiere durch ein stärkeres Ausmaß an Aggression aus, dies ist aber wiederum die Folge und nicht die Ursache ihrer dominanten Position. Wir werden darauf noch bei Betrachtung der Konsequenzen einer Dominanzposition zurückkommen (→ S. 162). Bei vielen anderen Tierarten dagegen ist die dominante Position eine ausgesprochen ruhige und damit auch aggressionsarme. Die verwirrende Vielfalt der Begriffe und Konzepte kann nur durch klare Definitionen gelöst werden. Auch wenn sich nicht jeder diesen Definitionen im Einzelnen anschließen muss, sollen die folgenden Charakteristika zumindest für unsere Betrachtungen allgemein gelten. Genauere Hinweise auf die dabei verwendete Originalliteratur finden sich in Gansloßer (1998). Wichtige Konzepte wurden zum Beispiel von Mason (1993), Bernstein (1981) und Rowell (1974) erarbeitet.

▶ Dominanz ist keine Eigenschaft, sondern eine Beziehung, und als solche hat sie normalerweise eine individuelle Vorgeschichte. Dominanz betrifft also immer nur diejenigen Individuen, die in direktem Kontakt zueinander stehen. Nur wenn Status-Abzeichen oder Status signalisierende Verhaltensweisen verlässlich sind, kann auch ohne individuelles Erkennen und individuelle Vorerfahrung die Dominanzbeziehung bestehen.

▶ Dominanz ist primär eine aktive Leistung des Rangtieferen, und zwar dadurch, dass er dem anderen einen ungehinderten Zutritt zu einer Ressource ermöglicht oder dem anderen in anderer Weise gestattet, seine Interessen jederzeit verfolgen zu können.

▶ Daraus folgt, dass Dominanz nicht nur mit Ressourcen zu tun hat. Auch die Entscheidung, ob ich nun spielen möchte beziehungsweise den Spielantrag ablehnen darf, oder ob ich Körperpflege erdulden muss beziehungsweise diese selbst ausüben darf, ist eine dominanzabhängige Entscheidung. Wichtig ist eben, dass der Dominante seine Interessen immer durchsetzen kann.

▶ Dominanz klärt also den Zugang zu umstrittenen Ressourcen beziehungsweise das Vorrecht, Konflikte im eigenen Interesse zu lösen, und das weitgehend ohne offen aggressive Handlungen. Dominanz hat nichts mit Aggressivität zu tun, auch durch Selektionsexperimente und gezielte Linienzucht zeigt sich, von Fischen bis zu Säugetieren, dass aggressive und weniger aggressive Zuchtlinien gleichermaßen die Chance haben, dominant zu agieren.

▶ Aus der Formulierung, der Ranghöhere *könne* seine Interessen durchsetzen, folgt auch, dass er es nicht unbedingt muss. Je nach

Auffassung und Definition verschiedener Autoren können durchaus Zuteilungen entgegen der Rangbeziehung möglich sein. Franz de Waal (1977) unterscheidet daher zwischen einer stabilen „formalen Dominanz", die stets eindirektional, und durch bestimmte vom dominanten Tier gezeigte Statussignale unterstützt vorliegt, und einer flexibleren aktuellen Situation, bei der auch der Ranghöhere auf sein Prioritätsrecht verzichten kann (→ S. 150).

▶ Die Dominanzbeziehung ist eine unsymmetrische, aber komplementäre Beziehung. Die aktive Zurückhaltung des Rangtieferen ist der ausschlaggebende Punkt, auch wenn der Ranghöhere die Beziehung kontrolliert, wird sie trotzdem vom Rangtieferen initiiert. (Ohne Anerkennung des Häuptlingsstatus durch die Indianer gibt es keinen Häuptling).

▶ Ähnlich wie bei anderen sozialen Erscheinungen ist auch beim Thema Dominanz der Zusammenhang zwischen den Hormonwerten und der sozialen Situation komplizierter und keineswegs eine Einbahnstraßenbeziehung. Gestiegene Testosteronwerte sind häufig eine Folge und nur selten eine Ursache für die Verbesserung der Rangposition. Umgekehrt sind abgesunkene Testosteronwerte häufig die Folge einer gesunkenen Rangposition, und stellen aber ihrerseits dadurch eine wesentliche Voraussetzung für den Verbleib in der Gruppe dar.

▶ Der Erwerb der Rangordnungsposition ist, wie bereits erwähnt, meist durch eine individuelle Vorgeschichte geprägt, jedoch muss auch diese nicht durch einen offenen oder gar verletzungsgefährlichen Kampf entstehen. Wenn eine Signalisierung des eigenen RHP zuverlässig möglich ist (→ S. 99), kann dies bereits ausreichen. Größenabhängige Rangordnungsbeziehungen, wie wir sie von vielen Huftieren, Elefanten, Großkängurus und anderen vorwiegend zeitlebens weiterwachsenden Großtierarten kennen, sind einzig und allein durch die Größenabschätzung „Er ist größer als ich, beziehungsweise ich bin größer als er" möglich. In anderen Fällen, wie den erwähnten Primaten oder Tüpfelhyänen, gehört ein Tier durch seine Geburt bereits einem bestimmten Clan, einer matrilinen Untergruppe an. Diese, deren Rang wiederum vorwiegend durch den individuellen Rang der Ranghöchsten, der Clanmutter, bestimmt wird, gibt an, welchen Gruppen- beziehungsweise Clanrang das Tier dann einnehmen wird. Dies ist jedoch nicht notwendigerweise gleichzusetzen mit einer Erblichkeit des Ranges im genetischen Sinne. Es kann sich ebenso gut um eine Erblichkeit im Sinne unseres juristischen Erbbegriffes handeln, das heißt ein Übertragen von bestimmten Privilegien durch Geburtsrecht, welches ebenso gut tradiert sein kann und nicht genetisch fixiert sein muss. Selbst die Tatsache, dass junge Makaken teilweise nach der Handaufzucht in ihrer Gruppe wiederum Rangpositionen besetzten, die denen ihrer Verwandten ähnelten, ist noch kein schlüssiger Beweis für eine genetische Komponente, denn auch hier können vorgeburtliche Einflüsse, etwa die Hormonlage der Mutter, oder viel allgemeinere zugrundeliegende Mechanismen, wie die bereits geschilderten scheuen oder wagemutigen Persönlichkeitstypen, die Ursache gewesen sein.

▸ Relativ selten bei Säugetieren sind Dominanzbeziehungen zwischen den Geschlechtern. Meist finden wir Rangordnungen innerhalb eines Geschlechts, oder getrennte Rangordnungssysteme für beide Geschlechter. Die Frage, weshalb zwischengeschlechtliche Rangordnungen so selten sind, lässt sich besser nach der Besprechung der Vor- und Nachteile, der Fitnesskonsequenzen am Ende dieser Betrachtung verstehen. Bemerkt werden muss jedoch, dass gerade bei Hundeartigen die Dominanz zwischen den Geschlechtern sehr wohl existiert, und dass sie von Umweltfaktoren, genauso wie von der Persönlichkeit und dem Alter der jeweiligen Beteiligten abhängt. Mehrere noch unveröffentlichte Untersuchungen an Mähnenwolfpaaren, einem paarweise lebenden südamerikanischen Großcaniden in zoologischen Gärten, haben gezeigt, dass im einen Paar das Weibchen und im anderen Paar das Männchen dominieren kann und dass diese Ordnung auch über mehrere Jahre hinweg besteht. Beim Wolf zeigt sich (Bloch mündlich), dass die Dominanzbeziehung zwischen Alpharüde und Alphafähe im Rudel von dem Revierbesitz abhängt. Wandert der Alpharüde zu und bekommt die Topposition im Revier des weiblichen Tieres, so ist sie dominant, wandert sie dagegen zu und er hat den Revierbesitz und die sonstigen Rudelmitglieder eingebracht, so ist er dominant. Weiter kompliziert wird die Geschichte dann jedoch auch noch durch das jeweilige Alter und die Erfahrung der beiden. Man kann also zunächst nur einmal feststellen, dass beide Möglichkeiten innerhalb der gleichen Art jeweils funktionieren. In seltenen Fällen, etwa bei den Tüpfelhyänen oder bei einigen Madagassischen Halbaffen, dominieren die weiblichen Tiere immer über die männlichen. Dies ist häufig, jedoch nicht immer, mit einem Größenunterschied zugunsten der weiblichen Tiere verbunden.

Aktionen und Signale

Nach diesen klärenden Vorbemerkungen nun die versprochene Erarbeitung „von unten nach oben". Die Frage der beteiligten Aktionen und Signale ist bei einer Reihe von Tierarten in den letzten Jahren sehr erfolgreich bearbeitet worden. Gerade im Bereich der Dominanz, wo es ja „um was geht", sind verlässliche, also fälschungssichere Signale verständlicherweise besonders gefragt. Einige Studien zu optischen und akustischen Signalen konnten sogar manipulieren und dann die Reaktion der Artgenossen studieren oder wenigstens durch Korrelation der Signaländerung mit Statusgewinn beziehungsweise -verlust eine Verbindung herstellen. So zeigte sich (Kappeler 2006, Gansloßer 1998), dass sich durch die Häufigkeit beziehungsweise bestimmte akustische Eigenschaften des Röhrens bei Hirschen oder eines bestimmten Belllautes bei Bärenpavianen verlässlich der Status, der Kampferfolg beziehungsweise (beim Hirsch) auch der Paarungserfolg vorhersagen lässt, und dass sich bei dem Pavian nach Statusverlust der Ruf ändert. Bei optischen Signalen (Löwenmähne, Gesichtszeichnung des Mandrill-Affen, blauer Hodensack der Grünen Merkatzen, Brustfleck bestimmter Singvögel) gilt Ähnliches, sie sind rang- und testosteronabhängig. Und zumindest in einigen Vogelstudien sowie den Grünen Merkatzen konnte man durch künstliches Besprühen zeigen, dass die künstlich „hochbeförderten" Männchen von Rangtieferen mehr respektiert, von den „natürlich" Ranghohen aber heftiger angegriffen wurden als vorher. Etliche Statussignale sind auch bei Wölfen bekannt: Nur wirklich Ranghohe zeigen die T-Position und lassen sich mit erhobenem Schwanz anal beschnüffeln, Hunde übrigens viel seltener (Harrington und Asa 2003). Zu den Aktionen, also den direkten Verhaltenselementen, ist bei der Frage der Dominanz weniger erforscht. Jedoch aus der Tatsache, dass wir Dominanz von Aggression getrennt haben und auch die aktive Aufrechterhaltung durch den Rangtieferen festgestellt haben, lässt sich schon ableiten, dass es wenig direkte Aktionen des Ranghöheren geben müsste. Einige Studien an Raubtieren (Creel et al 1996), speziell an Wildhunden und Zwergmangusten, belegen zwar die höhere Initiationsrate aggressiver Kontakte bei Ranghohen. Rasmussen (2006) dagegen nennt gerade beim Wildhund Beispiele von dreibeinigen beziehungsweise schwanzlosen Ranghohen, die dem genauso widersprechen wie die Beobachtungen der hohen Zahl freundlichen Verhaltens bei diesem Autor.

Klar ist jedenfalls, dass ein aktives Umwerfen oder Niederdrücken mit vollem Körpereinsatz, wie es von den Vertreter/innen der Dominanzfraktion unter den Hundeerzieher/innen immer propagiert wird, eben gerade keine Dominanz anzeigt, denn dann ist es ja keine freiwillige Leistung des Untergebenen.

Der Ranghohe kontrolliert die Beziehung, das heißt, er/sie hat die Entscheidungsfreiheit, zum Beispiel wann was passiert, oder wann er/sie seine Rangprivilegien in Anspruch nimmt (vorausgesetzt, sie existieren).

Submissive Signale
Wenden wir uns also, im Sinne unserer obigen Definition, der anderen Hälfte der Beziehung zu, dem Rangtiefen. Und hier fängt die Geschichte an, unexakt zu werden. Das liegt zugegebenerma-

ßen auch daran, dass die Forderung, „verlässlich/fälschungssicher" zu signalisieren, von der Sache her schon bei Unterwerfung nicht so leicht zu realisieren ist. Man kann sich eben leichter klein und unauffällig machen, um sich Vorteile zu erschleichen als umgekehrt. Dass das gerade bei Hundeartigen oft funktioniert, zeigen die Beispiele des Afrikanischen Wildhundes und des Rothundes, bei Letzterem besonders deutlich, wenn die ranghöchste Fähe den Konkurrentinnen deren Jungtiere durch submissives Verhalten abbettelt (Ludwig 2006, Maisch 2006), um sie dann umzubringen. Zugleich ist eine Überprüfung der Wirkung von submissiven Signalen ebenfalls im Versuch schwieriger zu gestalten, als das Gegenteil zu beweisen. Aber ein Gutteil der Schwammigkeit kommt eben leider gerade im Hundebereich daher, dass hier in eklatanter Verletzung der schon öfter genannten methodischen Standards Dinge unbelegt, oft auch widersprüchlich behauptet werden, und dann daraus Zirkelschlüsse und selbsterfüllende Prophezeiungen abgeleitet werden.

Was können wir nun wirklich an gesicherten Daten zu diesem Thema ausführen? Manche Autor/innen unterscheiden zwischen Unterwerfungs- und Beschwichtigungsverhalten, andere sehen bereits an dieser Stelle keine saubere Trennung als möglich an. Möchte man es trennen, würde man submissives Verhalten in einer etablierten/exklusiven Gruppe mit bestehenden Dominanzbeziehungen, Beschwichtigungsverhalten dagegen nach einer (mehr oder weniger ritualisierten) Auseinandersetzung sehen. Charakteristisch für Beschwichtigung wäre dann:

- Es geht vom untergeordneten Tier aus,
- es wird (häufiger) in einer (potenziell) spannungsgeladenen Situation gezeigt und
- es folgt danach seltener Aggressionsverhalten als in vergleichbaren Situationen ohne Beschwichtigung.

Die Herkunft solcher Signale ist meist aus einer von zwei Quellen zu belegen, nämlich entweder es handelt sich um antithetisches Verhalten zum Droh- und Imponierverhalten oder um Verhalten, das beziehungsfördernd ist, meist aus der sozialen Körperpflege oder dem Jungtierverhalten. Beispiele für Ersteres (Gansloßer 1998) waren Waffenwegdrehen, Sich-klein-Machen, Niederlassen in eine niedrige Stellung oder anderes, wie es von vielen Säugern zu beobachten ist. Beispiele für die zweite Gruppe wären soziales Lecken (Hirsche, Rinder), Futterbetteln (Wölfe, Wildhunde) oder soziale Fellpflege (diverse Affenarten). Für beide Arten von Signalursprüngen gilt aber, dass sie durch exakte, methodisch sauberere Analysen getestet werden müssen. Plausible oder auch logische Erklärungen allein reichen nicht aus. Gezielte Versuche zu diesem Thema sind nahezu völlig ausstehend, eine Studie an Tauben (Wosegien und Lamprecht 1989) überprüfte erfolgreich die Hypothese des Kopfnickens als Beschwichtigung: Die Angriffsrate sank daraufhin wirklich. In dieser Arbeit findet sich auch etwas mehr Literatur und Theorie zu diesem Thema. Auch einige Fischstudien mit Attrappen waren erfolgreich. Wenn schon nicht durch Versuche, so wurden wenigstens statistisch durch Beobachtungen die oben genannten Signale glaubhaft belegt. Ein Problem der „Wozu?"-Frage muss in jedem Fall geklärt werden: Nur wenn es *auch* dem Überlegenen etwas bringt, wird solches Verhalten evolutionär stabil sein. Und das funktioniert grundsätzlich entweder nur bei annähernd Gleichstarken oder innerhalb geschlossener Gruppen, wenn der Ranghöhere ein Interesse daran hat, den anderen als Mitglied zu behalten. Zwischen Feinden oder Zufallsbekannten schließt sich Letzteres aber aus.

Noch ein anderes, theoretisch begründetes Problem hat man, wenn man Konflikt- oder Übersprungsverhalten, zum Beispiel Gähnen, Sich-Kratzen oder andere Elemente der eigenen Körperpflege als Beschwichtigung betrachten will: Wie wir gesehen haben, entspringt solches Verhalten zwei widerstrebenden inneren Faktoren, zum Beispiel Angriff und Flucht (→ S. 146, Motivation). Wenn nun der andere schon zeigt, dass er/sie zwischen Angriff und Flucht (beziehungsweise Unterwerfung) schwankt, so sollte man ihn/sie doch eher noch schwächen, um den inneren Zwiespalt zugunsten der Flucht beziehungsweise Unterwerfung zu ändern, anstatt ihn/sie durch Stillhalten zu ermutigen. Insofern ist auch ein aus/in der Balz entstehendes Beschwichtigungsverhalten motivational anders zu sehen als das in Konkurrenzsituationen. In letzterem Falle zumindest ist es sicher nicht stabil und wirkungsvoll, dem anderen durch Zaudern Mut zu machen. Und genau deshalb sind auch im Mensch-Hund-Verhalten solche aus Übersprungsverhalten entstandenen Signale kaum Beschwichtigungen. Erste statistische Analysen des Signalverhaltens von Hunden unter diesem Aspekt (Meyer, in Vorbereitung) bestätigen dies.

Dominanzbeziehungen

Kommen wir nun zur Beziehungsebene selber, beziehungsweise deren unterschiedliche Qualität. Es wird vielfach von unterschiedlichem Dominanzstil oder unterschiedlichen Dominanzarten gesprochen (de Waal 1977, Sapolsky 1993, Virgin und Sapolsky 1997 und anderen). Hier ist meist ein Unterschied in der Qualität der Beziehung gemeint. Die Unterscheidung zwischen formaler und aktuell ausgeübter Dominanz haben van Hooff und Wensink (1987) gerade an Wölfen in einer eigentlich sehr aufsehenerregenden, aber leider wenig bekannten Studie gezeigt. Sie konnten belegen, dass all die als Dominanzsignale weitgehend bekannten Verhaltensweisen wie Über-Schnauze-Beißen, Vorpreschen etc. nur der situativen Dominanz zuzuordnen sind. Einzig und allein die gestreckte hohe Körperhaltung des Dominanten und die Niedrigposition des Rangtiefen sind über mehrere Jahre stabile Signale der formalen Dominanz. Und getreu der obigen Aussage, dass eine Dominanzposition mehr von Rangtiefen stabilisiert wird, ist die Vorhersagewahrscheinlichkeit der „Low posture" sogar noch etwas besser. Die Häufigkeit, mit der eine situative Dominanz der formalen Rangposition widerspricht, ist auch ein Ausdruck der Qualität dieser Beziehung. Virgin und Sapolsky (1997) zeigten an Anubispavianen, dass es verschiedene Reaktionstypen rangtiefer Männchen gibt: Unter anderem wurde mit einer Gruppe geforscht, deren Mitglieder mit höheren Glucocorticoidwerten und höherer Rate des Werbeverhaltens „zukünftige

Aufsteiger" waren und einer anderen Gruppe, die mit erhöhten Testosteron- und reduzierten Glucocorticoidwerten eher „Radfahrer" waren. Die Reduktion der Glucocorticoidwerte entsteht offenbar (auch bei anderen Säugern belegt) durch die Aggression gegen Dritte nach einem „frustrierenden" Erlebnis und das wiederum steigert den Testosteronspiegel. Die Unterschiede in der Qualität der Beziehung sind hier offenbar vom Persönlichkeitstyp des Rangtiefen abhängig. Der sogenannte Subdominante mit sehr aktivem Stressbewältigungssystem hat viele Merkmale des A-Typs (→ S. 74), der Passive entspricht eher dem B-Typ (vgl. von Holst 1994, 1997). Dessen ungeachtet ist das Resultat aber eben eine unterschiedliche Beziehungsqualität. Ebenso beeinflusst auch die Persönlichkeit des Ranghohen die Qualität der Beziehung. Nicht nur bei Affen (Sapolsky 1993, Suomi et al. 1981) gibt es „lockere" und „verkniffene" Ranghohe. Hendrichs (2002) zeigt, dass dies ebenso z. B. bei Meerschweinchen, Pferden und Rindern gilt.

Versöhnung
Zu den Pflichten der Ranghohen gehört in vielen Gruppen auch die Versöhnung (Aureli und de Waal 2000). Dieses Verhalten, das in unterschiedlicher Form mindestens von Schafen, Ziegen, Großen Tümmlern, Tüpfelhyänen, Löwen und etlichen Affenarten beschrieben wurde, besteht darin, dass nach einer Rangauseinandersetzung eine erhöhte Häufigkeit freundlichen Verhaltens zwischen den Kontrahenten auftritt und dass der Ranghöhere hier auch mitmachen muss. Nachtragend sein gilt nicht! Besonders oft tritt solches Verhalten bei Arten mit hohem Aggressionspegel auf. Ein Argument dafür, dass gerade bei Wölfen ebenfalls so etwas zu erwarten wäre. Manche Filmaufnahmen lassen es auch vermuten. Diese „Verpflichtung" zur Annahme der Versöhnung und Beruhigung des Rangtiefen nach dessen Versöhnungsversuch ist auch im Umgang mit Hunden wichtig. So erhält auch der Hinweis, nach einer Zurückweisung des Hundes durch eine belohnenswerte Übung wieder die „Harmonie" herzustellen, eine ganz neue Bedeutung.

Strafmaßnahmen

Umgekehrt und ebenfalls im Hinblick auf die Qualität einer Dominanzbeziehung zu diskutieren sind dagegen Strafmaßnahmen des Ranghohen (s. Kappeler 2006), wenn der Rangtiefe sich nicht an die Spielregeln hält, stört, Futter heimlich frisst oder Ähnliches. Dieses Verhalten ist bei Säugern und Vögeln offenbar weit verbreitet und könnte als eine Art Konditionierung betrachtet werden. Um eine Bestrafung nachzuweisen, muss aber gezeigt werden, dass zum Beispiel aggressives Verhalten gegen jemand, der Futter findet und die Gruppe nicht herbeiruft, stärker ist als wenn die Gruppe gerufen wird, oder jemand, der sich in einer kritischen Zeit von der Gruppe entfernt, nach Rückkehr heftiger gejagt wird. Zumindest bei Primaten und Tüpfelhyänen (Engel et al 2005) werden die Verhältnisse noch dadurch verkompliziert, dass durch eine Art „Sippenhaftung" oft unbeteiligte Verwandte des Aggressors, oder des bestrafenden Ranghöheren, vom jeweiligen Gegner angegriffen werden.

Bildung von Koalitionen

Auch Dominanzbeziehungen haben oft triadische Komponenten. Durch Bildung von Koalitionen (kurzfristig) oder Allianzen (langfristig) können Rangtiefere gemeinsam eine Rangverbesserung erreichen und dann kooperativ gegen Außenstehende agieren. Wenn sich in so einem Fall jemand nur in Gegenwart des ranghöheren (oder in Gegenwart mehrerer und damit in zahlenmäßiger Übermacht befindenden) Koalitions-/Allianzpartners durchsetzen kann, spricht man von abhängiger Dominanz. Ein Phänomen, das gerade Hunde häufig erleben, wenn ihr Besitzer ständig eingreift und sie aus Situationen rettet, die sie selbst verschuldet haben. Was aber natürlich nicht bedeutet, dass nicht umgekehrt der Besitzer eingreifen sollte, wenn der Hund unverschuldet in eine brenzlige Situation kommt. Im Sinne des Obengenannten ist es dann aber besonders wirkungsvoll, wenn Strafaggression (natürlich besser verbal, unterstützt durch Körpersprache) gegen den Besitzer des anderen Hundes ausgeübt wird.

Rangordnung

Gehen wir den nächsten Schritt zur sozialen Struktur, so ergibt sich hier die Frage, wie oder ob aus den vielen Dominanzbeziehungen eine Rangordnung werden kann. Die offenkundig schwierigste Sache dabei ist, welches Verfahren man dazu anwendet. Rangordnungen sind ja etwas, das primär unserem menschlichen Ordnungssinn zu entspringen scheint. Für ein Tier dürften viel mehr die einzelnen Dominanzbeziehungen wichtig sein, weniger die Frage, ob es nun Nummer drei oder Nummer sieben in einer Gruppe von 15 ist. Daher ist auch die Methode der Bestimmung einer Rangordnung nicht eindeutig. Engel (2002) hat über 40 verschiedene Verfahren in einem Literaturüberblick gefunden, und beim rechnerischen Vergleich mit simulierten Daten kamen ganz erhebliche Unterschiede dabei zutage, je nachdem welche Berechnung er verwendete. Eine Schlussfolgerung war daher, dass ein Vergleich von Rangordnungen, die mit verschiedenen Verfahren erstellt wurden, gar nicht sinnvoll wäre. Je besser die Linearität ist (das heißt, dass man alle Tiere eindeutig in der Folge A > B > C > D anordnen kann, keine Dreiecksbeziehungen findet und nie zwei Tiere auf der gleichen Hierarchiestufe) und je geringer die Zahl der Richtungsumkehrungen (das heißt je seltener ein Rangtiefer *gegen* die Rangordnung verstoßen darf), desto übereinstimmendere Ergebnisse brachten die Verfahren. Daher sollten diese zwei Kennwerte laut Engel auch immer angegeben werden.

Insbesondere bei Gruppengrößen von weniger als sieben Tieren können durch rein zufällige Effekte lineare Rangordnungen vorgetäuscht werden, wenn man sich nicht durch entsprechende rechnerische Vorbeugemaßnahmen schützt (zum Beispiel die Rangordnung getrennt für verschiedene Teile der Gesamtbeobachtungszeit berechnet und dann vergleicht). Schon bei der Entstehung von Rangordnungen kann der Zufall eine wichtige Rolle spielen. Beobachtet ein Huhn zufällig, wie ein fremdes anderes gegen eine dritte Artgenossin verliert, wird sich das Zuschauerhuhn fast immer unter die Gewinnerin und über die Verliererin in die Rangordnung einordnen (Chase 1982). Oft liegt der Zufall in der Entscheidung, wer dabei zuerst angreift (s. Gansloßer 1998), die entstehenden Beziehungen und Strukturen können trotzdem sehr lange stabil bleiben.

Welche Konsequenzen hat nun die Position in einer Dominanzbeziehung?
Man denkt dabei verständlicherweise zuerst an die Nachteile für den Rangtieferen, der sicher durch den Verzicht auf wichtige Ressourcen (Nahrung, Paarungschancen) Einbußen haben wird. Die Nahrungsmengenunterschiede können bei Pavianen bis zu 30 % betragen, die besseren Fortpflanzungschancen ranghoher männlicher Tiere sind bei vielen Säugetierarten belegt (s. Gansloßer 1998), ranghohe Kaninchen haben weniger messbaren Stress (von Holst et al. 1999), rangtiefe Rattenmänner sind chronisch immungeschwächt (Stefanski und Engel 1999), das leuchtet uns irgendwie intuitiv ein.
Weniger einsichtig sind dagegen die Befunde an zum Beispiel Zwergmangusten, Afrikanischen Wildhunden (Creel et al. 1996, de Viliers et al. 1997), Wölfen (Sands und Creel 2004) oder Schimpansen (Muller und Wrangham 2004), wonach ranghohe Tiere eine erhöhte Glucocorticoidausschüttung haben. Bei den Wildhunden hängt das offenbar noch mit dem Alter und dem „Dominanzstil" zusammen, jüngere Ranghohe sind stärkerem Stress auf der Nebennierenrinde ausgesetzt. Die genannten Autor/innen vermuten, dass die starke „Verpflichtung" zur häufig aggressiven Rangbestätigung hier die Ursache ist. Ältere Ranghohe beim Wildhund sind offenbar etwas ruhiger und äußern sich nicht so oft aggressiv gegen Rangtiefe.
Muller und Wrangham (2004) nehmen dagegen an, dass nicht die Aggression selbst, sondern die hohen energetischen Anforderungen einer aktiven Dominanzausübung der Grund dafür sind. Bemerkenswert ist wiederum, dass bei anderen Säugern (Hausmeerschwein, Sachser et al 1999) überhaupt keine Korrelation zwischen Rangposition und Hormonwerten zu finden ist.

Gewisse Gegenmaßnahmen, insbesondere bisher bei Primaten nachgewiesen, seien zum Schluss noch erwähnt: Drea und Wallen (1999) belegen, dass sich rangtiefe Affen bei verschiedenen Verhaltenstests „dumm stellen", wenn Angehörige eines ranghöheren Clans dabei sind, und nur dann gute Leistungen bringen, wenn sie von Ranghohen getrennt waren. Die Ranghohen dagegen reagierten in jeder Situation gleich gut.

Aggression

Das Thema Aggression hat insbesondere seit den bedauerlichen Vorfällen mit den sogenannten „Kampfhunden" die Diskussion innerhalb der Hundehalter, aber auch zwischen Hundehaltern und dem Rest der Bevölkerung erheblich belastet. Vielfach werden pauschale Aussagen über sogenanntes aggressives Verhalten getan, ohne dass biologische oder veterinärphysiologische Grundlagen dabei beachtet werden. Vielfach werden auch, sei es durch Sensationsmedien, durch Behördenwillkür oder andere selbst motivierte Vergröberungen, die Hundehalter pauschal diskriminiert und ihre Tiere durch überflüssige und oftmals sogar kontraproduktive Maßnahmen in tierschutzrelevanter Weise eingeschränkt. Zu einer vernünftigen Bewertung des betreffenden Problems bedarf es daher zunächst einer genaueren biologischen Betrachtung, die für uns wiederum in bereits bewährter Weise anhand der Tinbergenschen Fragen erfolgen soll. Jedoch muss auch hier wieder eine Beschreibung des Phänomens und eine Abgrenzung von anderen, möglicherweise ähnlich erscheinenden Verhaltensbereichen erfolgen. Als Definition soll hier (s. Gansloßer 1998, dort auch die weiterführende Literatur) die von Huntingford & Turner gelten:

> *Aggression ist die Verabreichung oder Androhung schmerzhafter, störender oder potenziell schädlicher Reize an ein anderes Lebewesen, mit dem Ziel, einen eigenen Vorteil zu erreichen.*

Aggressionskonzepte

Traditionell standen sich recht unversöhnlich die Aggressionskonzepte der klassischen Verhaltensforschung zoologischer Herkunft und der psychologischen, umweltorientierten Sozialwissenschaften gegenüber. Das Lorenzsche Triebkonzept, das im klassischen sogenannten psychohydraulischen Modell dargestellt wird (→ S. 33), nimmt an, dass auch für die Aggression eine innere Größe existiere, die ständig sogenannte reizspezifische Energien nachproduzieren würde. Diese ständig nachgelieferte Antriebskraft würde immer stärker auf den Ausbruch des entsprechenden Verhaltens drängen, so dass auch unbedeutendere und schwächere Auslösereize genügen würden, um dieses Verhalten zu ermöglichen. Ganz zum Schluss sollte der Triebstau so groß sein, dass auch ohne erkennbaren äußeren Anlass im sogenannten Leerlauf das betreffende Verhalten ablaufen würde. Vereinfacht gesagt meinte Lorenz, wenn die Menschen nicht regelmäßig bei Wirtshausraufereien oder auf dem Sportplatz „Dampf ablassen", dann würden sie eben einen Krieg anfangen.

Diese Betrachtung hat natürlich die Sozialwissenschaftler erheblich empört und gerade die neueren Betrachtungen zum Thema Motivation (siehe Hogan 2005) zeigen auch, dass weder Aggression noch Sexualverhalten den Vorgaben des Lorenzschen Triebstaumodells folgen. Die Betrachtungen von Hogan (der ansonsten durchaus ein, wenn auch stark erweitertes und durch etliche Komponenten ergänztes Triebmodell befürwortet) sind gerade in Bezug auf die Aggression ausgesprochen aufschlussreich: Viele Versuche zum Thema „auslösende Situationen bei aggressiven Verhaltensweisen" wurden mit Süßwasserfischen, meist mit Buntbarschen oder den siamesischen Kampffischen durchgeführt. Diese Untersuchungen zeigen, dass es sehr wohl möglich ist, Fische durch Lernprozesse zur Aufsuchung aggressionsauslösender Situationen zu bewegen. Männliche Kampffische können lernen, durch einen Tunnel zu schwimmen, wenn an dessen Ende die Möglichkeit besteht, einen Artgenossen oder ein Spiegelbild zu bedrohen. Sie wählen dann diese Tunnel bevorzugt gegenüber solchen, an deren Ende entweder nichts oder sogar Futter auf sie wartet. Trotzdem ist es ein Lernprozess, dessen ursprüngliche auslösende Situation ein äußerer Reiz war. Der anwesende oder vorgespiegelte Rivale muss da sein, sonst lässt sich dieser Versuch nicht starten. Hogan zeigt weiter, dass eine erhebliche Differenz zwischen den Antriebssituationen für aggressives Verhalten und für die Nahrungsaufnahme besteht: Wenn ein Tier, z. B. ein Kampffisch, kämpft, bis er ermüdet ist, dann dauert es einige Zeit und nach einigen Tagen erholt sich seine Kampfbereitschaft auf einen mittelmäßigen Wert. Auf diesem bleibt es dann aber, und es wird sogar mit der Zeit seine Antriebs- und Kampfbereitschaft wieder reduziert. Wenn das Tier dagegen frisst, bis es übersättigt ist, dann wird es auch nach einigen Tagen oder Stunden wieder eine erneute Fresstendenz zeigen, wenn jedoch dann kein Futter angeboten wird, steigt der Hunger immer mehr und dementsprechend ist auch die Fresstendenz immer stärker.

Aggression kann nur durch Bahnung, das im Englischen als „Priming" bezeichnete Phänomen, gesteigert werden. Eine reine Deprivation, also eine Verhinderung der Ausübung aggressiven Verhaltens, reicht nicht aus, und Hogan sagt wörtlich, dass in Bezug auf das Lorenzsche Motivationsmodell nur sehr wenig Hinweise auf eine endogene Auffüllung des Reservoirs bestünden.

Dementsprechend haben verschiedene Verhaltensbiologen, den Buntbarschforscher Walter Heilegenberg folgend, eher ein Konzept der Verhaltensbereitschaft befürwortet. In diesem Modell gibt es keinerlei endogene Produktion von reizspezifischer Energie für aggressives Verhalten. Die gesamte physische Energie zur Vorbereitung von Angriffsverhalten wird einzig und allein durch die Aufnahme spezifischer Reize, etwa eine Attrappe eines Rivalen bereitgestellt. Durch die Wahrnehmung dieser Reize wird eine kurzfristige Erhöhung der Kampfbereitschaft für wenige Sekunden auf einen sehr hohen Wert, und eine kleinere Erhöhung über einen längeren Zeitraum bis zu mehreren Tagen ermöglicht. Werden die Reize immer wieder präsentiert, so schaukelt sich die von den Reizen bereitgestellte physische Energiekomponente, wie auch immer wir sie physiologisch benennen wollen, weiter auf, und es kommt letztlich dann auch zu einer erhöhten Kampfbereitschaft. Aber es sind immer die externen und nie die internen Komponenten, die diesen „Triebstau" ermöglichen. Seit den Tagen von Walter Heiligenbergs Arbeiten Anfang der 1970er Jahre haben viele Verhaltensbiologen versucht, das Antriebssystem für aggressives Verhalten durch Isolationsexperimente, Attrappenversuche und andere Eingriffe zu untersuchen. In all diesen Fällen zeigte sich, buchstäblich von Spinnen bis zu Säugetieren, dass Tiere nach längerer friedlicher, z. B. rivalenfreier Haltung eher weniger, am Ende einer Kampfphase dagegen eher mehr aggressive Verhaltensweisen zeigten als im Kontrollversuch. Wenn einzeln gehaltene Tiere wirklich aggressiver werden (z. B. Mäusemännchen), dann liegt das bestenfalls daran, dass sie ein Revier besetzt haben, das mit zunehmender Vertrautheit eben auch einen höheren Wert für sie darstellt (→ S. 147).

Psychologische Betrachtung von Aggression

Auch die psychologische bzw. gesellschaftswissenschaftliche Betrachtung der Aggression hat keineswegs immer nur saubere und nachvollziehbare Daten und Untersuchungen geliefert. Die sozial- und entwicklungspsychologische Betrachtung betont zwar zu Recht vorwiegend Umweltfaktoren, die Aggression auslösen. Jedoch wurden hier zum Teil Frustration, aversive Reizung (Elektroschocks bei Ratten, die deren Kampfbereitschaft steigern oder Kämpfe verlängern), Konditionierung und Nachahmungslernen getestet. Einwände gegen diese Betrachtungen kommen aber unter anderem von der Tatsache, dass

▸ Frustration sehr schwierig definierbar ist und oft auch zu anderen, nicht aggressiven Reaktionen führt.
▸ durch Elektroschocks oder anderes schmerzvolles Reizen defensives Verhalten und damit bestenfalls ein kleiner Teilbereich der Aggression ausgelöst werden kann.
▸ Nachahmungslernen bei Tieren zwar vorkommt, aber bezüglich Aggression bisher nicht gezielt studiert wurde.
▸ insgesamt die mögliche biologische Funktion des aggressiven Verhaltens gar nicht berücksichtigt wurde.

Aggressionsauslösende Situationen

Betrachten wir zunächst die auslösenden und steuernden Situationen des aggressiven Verhaltens, also unsere Tinbergensche „Wie?"-Fragen, so bietet sich als Lösung der Probleme zwischen den beiden Betrachtungsweisen eine aus der Kontrolltheorie abgeleitete Darstellung an, die von John Archer 1988 entwickelt wurde: Die Regulation sogenannter homöostatischer Prozesse, also jener Prozesse, die das innere und äußere Gleichgewicht des Tieres herstellen oder aufrechterhalten, ist nicht auf innere, im engeren Sinne physiologische Prozesse begrenzt. Auch äußere Einflüsse können die Homöostase gefährden, und Verhaltensmechanismen werden zur Regulation, d. h. zur Wiederherstellung des Soll-Zustandes eingesetzt.

Eine Abweichung des derzeitigen Zustandes vom gewünschten Endzustand löst eine Reaktion aus, die im einfachsten Fall durch Ermüdung oder nach einer bestimmten Handlung bzw. Zeitspanne wieder endet, meist aber anhält, bis der störende Zustand beseitigt wurde. Wenn es einem Tier zu warm wird, geht es in den Schatten, und wenn ihm ein Artgenosse zu nahe tritt, zeigt es Droh- oder Abwehrverhalten, bis die Individualdistanz wieder hergestellt wurde, und damit der störende Reiz beseitigt ist. Problematisch wird es, wenn man es nicht schafft, z. B. den Eindringling zu vertreiben, denn dann müssen wieder einmal die sogenannten Coping-Mechanismen, also die inneren Soll-Wertvorstellungen stattfinden, die wir im Zusammenhang mit Stress und Belastung bereits diskutiert haben (→ S. 60 ff.).

Verhaltensweisen, die häufig mit Aggression in Verbindung gebracht werden

Eine Reihe von Verwirrungen und Problemen bei der Interpretation aggressiven Verhaltens entstehen auch durch eine undifferenzierte Betrachtung, die die verschiedenen Aufgaben aggressiven Verhaltens im Leben eines Tieres nicht berücksichtigt. Zudem gibt es eine Reihe von Verhaltensbereichen, die keine Aggression im Sinne unserer Definition darstellen, oder zumindest aus ganz anderen ökologischen oder fortpflanzungsbiologischen Problemfeldern stammen, und die dementsprechend weder mit den Methoden der Aggressionskontrolle im physiologischen Sinn, noch mit eventuellen aggressionsmindernden Therapieformen zu beeinflussen sind. Hier müssen getrennte Mechanismen herangezogen werden:

Beutefangverhalten Das erste Verhalten, das sehr häufig mit Aggression verwechselt wird, ist das Beutefangverhalten. Ein Löwe ist nicht wütend auf die Antilope, die er fängt, und allein die Betrachtung des Gesichtsausdrucks eines jagenden Hundes zeigt, dass auch dort keinerlei aggressive Mimik zu erkennen ist. Diese scheinbare Banalität ist sehr wichtig, auch im Umgang mit Hunden, weil häufig gerade die unkontrollierten Jagdausflüge und Jagdepisoden von Hunden als scheinbares Aggressions- oder gar Dominanzproblem herangezogen werden, wenn beispielsweise die Kastrationsdiskussion ansteht (→ S. 200). Ebenso trifft uns dieses Problem, wenn es um die echten, das heißt durch entsprechende Ausbildung verbogenen und missbrauchten Kampfhunde geht. Vielfach läuft nämlich die Vorbereitung dieser bemitleidenswerten Tiere auf ihre spätere Kampfhundlaufbahn nicht durch eine gezielte Stärkung und Schulung des Wettbewerbsaggressionsverhaltens, sondern durch eine Schulung des Beutefangverhaltens. Die auslösenden Reize für Beutefang sind bei den meisten Säugetieren sehr einfach gestrickt, eine schnelle Bewegung eines kleineren Gegenstandes von dem Tier weg oder schräg zu seiner eigenen Bewegungsrichtung reicht meist aus, um nahezu reflexartig einen Angriff auszulösen. Wird dieses Verhalten gezielt verstärkt und durch eine mangelhafte Sozialisation andererseits die Verständigung mit Artgenossen vermindert, so bekommen wir Kampfhunde, die nicht durch Aggression, sondern durch einen übersteigerten Beutefang und ein entsprechendes Räuber-Beute-Verhalten auffällig werden.

Intra-Gilden-Aggression Gerade innerhalb der Caniden, der hundeartigen Raubtiere, trifft uns noch eine weitere ökologisch motivierte Problemzone: nämlich die Intra-Gilden-Aggression, das heißt, unfreundliches Verhalten zwischen Angehörigen verschiedener Arten, die im gleichen Ökosystem unterschiedliche Körpergröße haben und damit unterschiedliche ökologische Nischen besiedeln. Der Wolf ist unfreundlich zum Kojoten, der Kojote ist unfreundlich zum Fuchs. Diese von oben nach unten, in einer Art Radfahrer-Reaktion durchgereichte Unfreundlichkeit führt, wie MacDonald (2006) zeigt, vorwiegend zwischen größeren und kleineren Arten zu erheblichen Auseinandersetzungen, die für die Kleineren oftmals tödlich oder mit Vertreibung oder Verletzung enden. Insbesondere Hunde, die in ihrer Sozialisation kleinere Rassen nicht kennen gelernt haben, möglicherweise auch kleinere, die größere Rassen nicht kennen gelernt haben, erinnern sich sozusagen aus ihrer Stammesgeschichte an dieses Phänomen und reagieren dann eben extrem unfreundlich auf Angehörige von Rassen anderer Größenkategorien. Phänomene, dass große Hunde, die kleine Hunde ohne Anlass angreifen und teilweise auch schwer verletzten, aber auch Kleine, die Große in einer Art Selbstverteidigungsaggression (→ S. 175) angehen, könnten teilweise aus dieser ökologischen Sicht erklärt werden. Völlig unsinnig ist es, hier mit dem sogenannten „Welpenschutz" bzw. dessen Fehlen als einen Hinweis auf psychische Störung des betreffenden Hundes zu argumentieren. Große Hunde betrachten kleine Hunde nicht als Welpen, dagegen sprechen schon die Gerüche der Sexualhormone und andere physiologische Ursachen. Sie betrachten sie eben als kleine Hunde, und wenn sie nicht gelernt haben, dass das auch Artgenossen sind, mit denen man sich innerartlich auseinandersetzen und unterhalten kann, dann betrachten sie sie eben als kleine ökologische Konkurrenzarten, die es zu eliminieren gilt. Umgekehrt betrachten ja auch kleine Hunde die großen nicht als Elternersatz, sondern eben gegebenenfalls als eine Bedrohung, gegen die man sich am besten mit Vorwärtsverteidigung schützt.

Infantizid Der dritte Bereich des sogenannten Problemverhaltens, das sich durch Unfreundlichkeit gegenüber bestimmten anderen Individuen auszeichnet, ohne Aggressionen zu beinhalten, ist der zu den Fortpflanzungsstrategien zählende Infantizid. Infantizid, die Kindstötung der Jungtiere von Konkurrenten und Nachbarn, ist unter Hundeartigen ein weit verbreitetes Phänomen, sowohl innerhalb des Rudels, dort überwiegend von Seiten der ranghöheren weiblichen Tiere, als auch zwischen benachbarten oder konkurrierenden Rudeln, vollzogen und verübt von nahezu allen Rudelmitgliedern. Damit können wir auch gleich den sogenannten „Welpenschutz" ganz feierlich zu Grabe tragen. Wenn es so etwas wie „Welpenschutz" in einem Hunderudel oder einem Hundeverband gibt, dann ist dieser evolutionsbiologisch begründbar nur gegenüber den Jungtieren von Verwandten oder vertrauten Rudelmitgliedern zu erwarten. Fremde Welpen sind bestenfalls Konkurrenten für den Nachwuchs, den man selbst bzw. die eigene Verwandtschaft gerade durchzufüttern oder in die Welt zu setzen beabsichtigt. Unfreundliches Verhalten von Hunden gegenüber fremden Welpen oder fremden Kindern ist daher aus dieser Sichtweise verständlich und wird uns im Zusammenhang mit der Steuerung der Fortpflanzung und den Fortpflanzungsstrategien nochmals interessieren. Als „Rangordnungsproblem" könnte bestenfalls unfreundliches Verhalten von Hunden gegenüber den Kindern der eigenen Besitzer oder gegenüber Welpen anderer im Familienverband mit lebender Hunden gelten.

Aggressionsformen

Erst wenn alle diese Problemfelder ausgeschlossen sind, dann beginnt das, was man als richtige Aggression (im Sinne der Definition von Archer) betrachten kann.

Selbstverteidigungs- oder Selbstschutzaggression Dies ist die erste Form der Aggression. Die in die Ecke getriebene Ratte mit ihrem „Kampfesmut" ist hier ein geradezu sprichwörtliches Modell. Zur Selbstverteidigung gehören nicht nur direkte Angriffe, auch das sogenannte Mobbing, das gemeinsame Hassen von Singvögeln gegen Greifvögel, Eulen oder Kuckucke, aber auch das Verhalten von Erdhörnchen, Mangusten oder kleineren Affenarten gegen

Greifvögel, Schlangen etc. gehört in dieses Kapitel. Selbstverteidigung durch Kampf wird bei kleineren Arten meistens durch ein schnelles Anspringen und sofortiges Zubeißen gestartet. Als allgemeine Regeln dazu kann man formulieren, dass Selbstschutzaggression besonders häufig bei Arten auftritt, die leicht in die Enge getrieben werden, (z. B. Bewohner von Erdbauen) und einem hohen Feinddruck unterliegen, dass es so schädlich wie nur möglich ist, durch Gewöhnung kaum reduziert wird, und dass es sich um ein dabei auch wenig ermüdbares Verhalten handelt. Häufig fehlen vorherige Annäherungen, Erkundungsverhalten oder Imponieren. Auch werden oft andere Verhaltensweisen und Waffen eingesetzt als bei der Wettbewerbsaggression. So treten z. B. Huftiere nach Fressfeinden, auch wenn sie Rivalen mit Geweihen, Halsringkämpfen etc. bekämpfen. Charakteristisch für die Selbstschutzaggression ist, dass sie in einer ausweglosen oder vom Tier als ausweglos empfundenen Situation vermehrt gezeigt wird und dass sie durch ein sehr hohes Lernen am Erfolg sehr schnell fixiert werden kann. Hier wirken die beim Thema Angst und Stress besprochenen hormonellen Rückkopplungsmechanismen (→ S. 60).

Die **elterliche Schutzaggression** ist nicht etwa nur die Fortsetzung der Selbstverteidigung durch Einbeziehung des eigenen Nachwuchses. Sie wird gesteuert durch die Brutpflege- und Brutversorgungssysteme und ist dementsprechend von besonders starkem Gewicht in der Zeit, in der die Tiere auf Aufzucht und Betreuung von Jungtieren eingestellt sind. Im Zusammenhang mit Hunden ist hier die gemeinsame Jungtieraufzucht und die hormonell erfolgende gemeinsame Einstimmung auf die Betreuung der Jungtiere zu betrachten, die im Fortpflanzungskapitel noch ausführlicher ergründet wird. Elterliche Aggression lässt sich bevorzugt auslösen, wenn der Angriff tatsächlich eine Ausweichmöglichkeit für den Nachwuchs und eventuell auch die Eltern eröffnet. Möglicherweise auch damit in Zusammenhang tritt sie im vertrauten, angestammten Gebiet häufiger auf. Sie variiert in der Intensität, zum einen mit der Gefährlichkeit des Räubers, zum anderen aber auch in Abhängigkeit von verschiedenen Variablen der individuellen Lebensgeschichte: Zahlenmäßig größere Würfe werden heftiger verteidigt, die Überlebenswahrscheinlichkeit der Eltern zur nächsten Fortpflanzungssaison hin beeinflusst, welches Risiko die Eltern jetzt einzugehen bereit sind, und die „Wiederbeschaffungskosten" für die Jungtiere spielen ebenso eine Rolle. Je schwieriger es ist, einen Partner zu finden oder wieder Junge zu bekommen, desto mehr werden die vorhandenen Jungtiere verteidigt. Intraspezifisch variiert das Verhalten auch mit dem lokalen Raubfeinddruck. Die Aggression zum Schutz der Nachkommen steht bei Säugetieren oft im engen Zusammenhang mit der sozialen Organisation. So werden die Jungtiere bei paarweise lebenden Arten bzw. in erweiterten Familiengruppen lebenden Arten besonders heftig vom männlichen Tier bzw. den Brutpflegehelfern verteidigt, bei Alleinlebenden dagegen sind die weiblichen Tiere am aktivsten.

Wettbewerbsaggression Zu diesem Punkt gehört alles, was mit dem Disput um bestimmte Ressourcen, normalerweise zwischen Artgenossen, zu tun hat. Ressourcen können Paarungs- oder andere Sozialpartner, räumliche Strukturen, Reviere, Nahrung oder Kombinationen dieser Faktoren sein, oder einfach nur die Individualdistanz, die man gerne aufrechterhalten möchte. Die Auseinandersetzungen um solche Ressourcen unterscheiden sich in etlichen Punkten von bisher besprochenen Formen: Der Verlust, den der Verlierer eines solchen Kampfes erleidet, ist meist wesentlich geringer als bei den vorherigen: Wer hier rechtzeitig wegläuft, verliert selten sein Leben oder seine Nachkommen. Dementsprechend sind aber auch die Gewinn- und Verlustaufrechnungen ausgeglichener zwischen beiden Kämpfern. Aus diesen Kosten-Nutzen-Vergleichen heraus ergibt sich, dass bei Wettbewerbskämpfen die Risikoabschätzung viel differenzierter ist und die Entscheidung keineswegs immer eindeutig ausfallen wird. In diesen Entscheidungsprozessen wird abgewogen, ob die Ressource, um die man kämpft, es wirklich wert ist, und zum anderen der betreffende Gegner es wert ist, einen Kampf zu riskieren. Wettbewerbsaggression ist häufig durch intensives und ausführliches Signalverhalten, Imponieren und auch durch eine graduelle Eskalation und eine nur langsame Steigerung der Intensität gekennzeichnet. Wir werden gerade zum Thema Wettbewerbs-Aggression weiter unten noch eine Reihe von verhaltensökologischen und biomathematischen Überlegungen kennenlernen.

Funktionen der Aggression (Spieltheorie)

Nach dieser ausführlichen Definitions- und Klassifikationstätigkeit, die jedoch keineswegs überflüssig ist, wenn wir nicht nur verstehen, sondern auch beeinflussen wollen, wie Aggression in einem Hund entsteht und abläuft, können wir uns nun den biologischen Erklärungen zuwenden. Zunächst soll nochmals die Frage nach dem „Wozu?", also nach den Funktionen der Aggression, aufgegriffen werden. In diesem Zusammenhang sind mehrere sogenannte spieltheoretische, aus der Wirtschaftsmathematik stammende Modelle für die Auseinandersetzung zwischen Rivalen und deren möglichst optimalen Gestaltungen, entwickelt worden. Diese spieltheoretischen Modelle erlauben es uns, z. B. zu verstehen, wann und unter welchen Bedingungen ein Hund aggressives Verhalten bis zum möglichen Beschädigungskampf zeigt, wann er aber auch den Kampf vermeiden oder abbrechen sollte. Es war ja nach Ende der klassischen Sichtweise (Verhalten zum Vorteil der Art, → S. 23) nicht mehr ohne Weiteres erklärlich, Kampfstrategien auf der Ebene des individuellen Vorteils zu definieren. Warum im Kampf manchmal Artgenossen getötet werden oder unfair gekämpft wird, in anderen Fällen eben nicht, musste nun alles unter dem Blickwinkel der eigenen Vorteile gesehen werden. Modelle, die dabei zur Anwendung kamen, stammen ursprünglich aus der Wirtschaftsmathematik.

Die sogenannte Spieltheorie beschäftigt sich mit Entscheidungsstrategien von in der Regel zwei in einem Spiel gegeneinander antretenden Individuen, vor denen jener seinen nächsten Spielzug vom vorigen bzw. den gesamten bisherigen Zügen und der eigenen derzeitigen Position, aber auch der Position des Gegners abhängig machen muss. Als Spiel wird hier eine Art von Konflikt bezeichnet, bei dem die Spieler ihre Züge, d. h. die aufeinanderfolgenden Handlungen aufgrund ihrer Kenntnis der voraussichtlichen gegnerischen Handlungen entscheiden. Dabei verfolgen sie bestimmte Strategien, das sind innere Listen mit optimalen Wahlentscheidungen für jeden gegebenen Zeitpunkt des Spieles. Sieht eine Strategie immer gleich aus, z. B. „Greife immer an", dann spricht man von einer einfachen oder reinen Strategie, hat die Strategie in sich mehrere Variationsmöglichkeiten, nennt man sie gemischt.

Das Falken-Tauben-Modell

Das einfachste spieltheoretische Modell ist das sogenannte Falken-Tauben-Modell (aus der Politik entliehene Begriffe): Ein Falke ist, wer jederzeit sofort und ohne Rücksicht auf Verluste angreift, so dass der Kampf eskaliert. Taube ist, wer sich im Ernstfall zurückzieht und lieber den Kampf als das Leben verliert. Wenn sie in einer Population beide Spielarten finden, gewinnen Falken gegen Tauben natürlich immer, stoßen aber Tauben auf Tauben, so bleibt auch der Verlierer unverletzt und ohne Schaden. Treffen aber zwei Falken aufeinander, so gewinnt einer, kann dabei aber auch stark verletzt werden – der andere ist sowieso schwer verletzt oder tot. Die Falkenstrategie hat daher nur so lange Vorteile, wie es wahrscheinlicher ist, als Falke auf eine Taube zu treffen anstatt auf einen anderen Falken. So erklärt sich, dass eine Population normalerweise nicht nur aus Falken, sondern aus einem bestimmten Prozentsatz beider Formen bestehen wird. Dieses einfache Modell erklärt uns zwar, warum in einer Population nicht alle bis aufs Blut kämpfen sollten, aber es erlaubt noch keine Vorhersagen über abgestufte Kampfstrategien, Imponierverhalten oder längere, langsam eskalierende Kämpfe. In zunehmendem Maße werden solche Beobachtungen nun durch komplexere Modelle bearbeitet, von denen wir einige noch kurz ansprechen wollen.

Das Abnutzungs- oder Nervenkriegsmodell (war of attrition)

Hier geht es um die oftmals beobachteten langen, intensiven Imponierduelle, die ohne einen wirklichen körperlichen Kampf ablaufen können, etwa wenn Hirsche durch Parallelschreiten und intensives Röhren schon vor dem eigentlichen Kampf entscheiden, wer denn nun besser aufgeben sollte. Beim Abnutzungskrieg kommt es darauf an, wer das Imponieren länger durchhält, und die verschiedenen Verhaltensweisen sind auch sehr energieaufwändig. Letztlich hängt es vom RHP (→ S. 99) beider Konkurrenten ab, wer zuerst aufgeben muss. Bis zum Zeitpunkt des Aufgebens aber sollte mit voller Kraft signalisiert werden, um den Gegner über die wirkliche momentane Stärke im Unklaren zu lassen. Nur unter der Voraussetzung, dass beide mit voller und konstanter Intensität signalisieren, ist dieses „war of attrition"-Modell evolutionär stabil und nicht durch Betrüger zu unterwandern. Der Gewinner ist dasjenige Individuum, das einen höheren Fitnessverlust zu tragen bereit ist. Denn sobald der Verlust an Fitness bei einem der beiden nicht mehr weiter zu tragen ist, gibt er auf. Bis zu diesem Zeitpunkt haben beide den gleichen Verlust und den gleichen Einsatz, und es sind daher für den außen stehenden Beobachter bis zum Zeitpunkt des Abbruches keine Vorhersagen über den späteren Gewinner oder Verlierer möglich.

Die Bourgeois-Strategie – der Besitzer gewinnt

Treffen zwei Kontrahenten aufeinander, die im RHP praktisch gleich sind, aber nur einer besitzt die Ressource, so ist der Verlust für den, der schon etwas hat, größer, wenn er verliert als für den, der vorher nichts hatte. Daher ist die Eskalationsbereitschaft, aber auch die Wahrscheinlichkeit zu gewinnen, beim Besitzer größer. Dieses Bourgeois-Modell ist beispielsweise im Zusammenhang mit Besitzrespektierung und Territorialverteidigung bereits diskutiert worden (→ S. 150).

Das Größenspiel (size-game)

Können die Tiere durch Signale, die kaum zu fälschen sind, ihr RHP eindeutig signalisieren, so sollte der, der das kleinere RHP hat, das schon von vornherein bemerken und aufgeben. Viele Großsäuger, etwa Elefanten oder Wildrinder, wachsen im männlichen Geschlecht ihr Leben lang, ein größeres Tier ist damit auch ein älteres und stärkeres und wir finden meist eine alters- oder größenabhängige Rangordnung. Das Größenspiel geht davon aus, dass zwei Gegner unterschiedlicher Größe aufeinandertreffen und der Größere gewinnt. Dazu sind zwei Dinge zusätzlich zum Falke-Taube-Modell nötig, nämlich das Individuum selbst und den Gegner in den RHP-Verhältnissen vergleichend abschätzen zu können, und die Ersatzstrategie „eskaliere, wenn du größer bist, sei aber Taube, wenn du kleiner bist". Das Größenspiel passt auf viele in Größe oder Bewaffnung geschlechtsunterschiedlich ausgeprägte Säugetiere, etwa Huftiere, Kängurus, etliche Primaten und viele andere. Voraussetzung ist lediglich, dass die zur Größenabschätzung herangezogenen Merkmale, etwa Körpergewicht, Muskelausprägung oder Ähnliches, nicht von Betrügern gefälscht werden können. Die Merkmale müssen sich während einer entsprechend verlängerten Wachstums- und Jungerwachsenenphase langsam entwickeln und mit einem entsprechend hohen Energie- und Zeitaufwand unterstützt werden. Nur dann sind sie teuer und damit fälschungssicher (→ S. 141). Sollte jemand durch Nachahmung solche RHP-abhängigen Merkmale vortäuschen, so unterliegt er in einer sich eventuell anschließenden Auseinandersetzung erhöhten Verletzungsrisiken.

Das Sequenzabschätzungsspiel

Kommt es wirklich zum Kampf, so wird zunächst durch Austausch von wenig schädlichen Kampfelementen die eigene Stärke mitgeteilt. Genügt Stufe eins des Kampfes nicht, um festzustellen wer mehr RHP hat, so erfolgt eine schrittweise Eskalation auf die nächste Stufe, d.h. es treten noch mehr bis häufige Wiederholung der Elemente der ersten Eskalationsstufe, dann solche der nächsten Stufe auf. Bei jedem nun auftretenden Element ist der Informationswert über die dahinter steckende Kraft bzw. des RHP zunächst groß, wird aber mit jeder Wiederholung geringer – man weiß jetzt, wie stark der andere schlagen kann, aber wie heftig er zutreten kann, weiß man immer noch nicht. Irgendwann brechen dann die Kämpfe ab, meist nach dem Auftreten eines neuen Elements einer wiederum höheren Eskalationsstufe. Charakteristisch für Kämpfe diesen Typs ist, dass jedes neu auftretende Element längere Zeit von beiden Gegnern wiederholt wird. Alle Elemente der früheren Eskalationsstufen haben in Häufigkeit, Intensität und Dauer keinen Vorhersagewert für den Kampfausgang, nur die Elemente der letzten Eskalationsstufe sind vor dem Abbruch siegertypisch ausgeprägt. An dessen Ende bricht dann einer entweder ab oder es kommt zum kurzen, heftigen, unritualisierten Beschädigungskampf. Dieser kann in der Regel kurz sein, weil bei vollem Einsatz schon das erste ungehemmte Zuschlagen oder Treten alles klar macht und deutlich zeigt, wer mehr RHP hat.

Die „Wie du mir, so ich dir"-Strategie (tit for tat)

Auch hier handelt es sich eigentlich um eine Erweiterung des Falke-Taube-Modells. Die Regel ist etwa: „Sei Taube, wenn der andere nicht eskaliert, aber eskaliere, sobald der andere damit anfängt." Besonders gut, so lässt sich zeigen, funktionieren diese Modelle bei Gegnern, die sich immer wieder neu treffen und daher auch persönlich kennen, also innerhalb von Gruppen und anderen abgegrenzten Sozialeinheiten. Letztlich kann auch diese „Wie du mir, so ich dir"-Strategie zur abgestuften Eskalation vergleichbar dem Sequenzabschätzungsmodell führen.

Die spieltheoretischen Betrachtungen erfordern natürlich nicht, dass sich die Tiere während der Auseinandersetzung solcher Entscheidungen bewusst sind. Sie erfordern lediglich, dass durch frü-

here Erfahrungen und eine gewisse Rückmeldung aus den beteiligten Sinnesorganen der Haut, der Muskulatur und anderer eingesetzter Körperteile eine Zustandsbewertung im Gehirn mit den Erfahrungen und Erinnerungen aus früheren Kämpfen verrechnet und dann eine Entscheidung getroffen werden kann. Für alle diese Modelle ist daher eine frühere, möglichst vielfältige und differenzierte Übungs- und Trainingszeit, z. B. in Form von intensivem Spielverhalten während der Jugendzeit, von großer Bedeutung. Denn nur mit solchen vielfältigen Erfahrungen kann die entsprechende Einschätzung der eigenen und der gegnerischen RHP und anderer Charakteristika zuverlässig erfolgen. Wir finden also hier einen direkten Anschluss an die vierte, die ontogenetische Frage, die wir jedoch hier nicht behandeln werden, da sie uns später noch ausführlich begegnen wird (→ S. 209 ff.).
Ebenso werden wir dort sehen, welche anderen ontogenetischen Einflüsse, etwa das Fehlen bestimmter Sozialpartner oder auch andere Sinneseinflüsse, auf die spätere, z.T. lebenslange Kampf- und Aggressionsstrategie eines Jungtieres zu beobachten sind.

Hormonelle Auswirkungen auf aggressives Verhalten

Wenden wir uns nun der Frage nach den beteiligten Mechanismen, also der „Wie?"-Frage im Zusammenhang mit Aggressions- und Kampfverhalten zu. Wie bereits bei den Formen der Aggression angedeutet, stehen die verschiedenen Typen unter dem Einfluss wechselnder Hormonkonzentrationen.

Selbstverteidigungsaggression

Sie hat direkte Beziehungen zu den Hormonen des Stresssystems, insbesondere des Noradrenalins als sogenannter Modulator, als ein Stoff, der die Empfindlichkeit der Nervenzellen und ihrer Verbindung direkt beeinflussen kann (→ S. 65, Stress).

Schutzaggression und der Einfluss von Progesteron

Die elterliche Schutzaggression wird während der Schwangerschaft meistens zunächst durch erhöhte Progesteronwerte, bei manchen Arten gleich, bei anderen später auch durch Prolaktin gefördert. Nach der Geburt der Jungtiere steigt bei der Mutter, aber teilweise auch nachgewiesen für männliche Wölfe, die Prolaktinkonzentration jedoch auch jahrestypisch an, d.h. sie wird ebenso wie die Fortpflanzungshormone selbst durch die Tageslänge und deren Veränderung gesteuert (→ S. 197).

Wettbewerbsaggression und der Einfluss von Testosteron

Bleibt also die Wettbewerbsaggression. Hier wird häufig dem Testosteron die Hauptverantwortung für aggressives Verhalten gegeben. Untersuchungen der Androgen-Werte in Blut und Speichel zeigen tatsächlich bei vielen Säugern und Vögeln, inkl. unserer eigenen Art, einen Zusammenhang zwischen Androgenspiegel und kompetitivem Verhalten, also Wettbewerbsverhalten. Genauer experimentell untersucht wurden die Zusammenhänge z.B. bei Hirschen, verschiedenen Nagern und einigen Affen. Bei männlichen Hirschen können wegen der unter Testosteronkontrolle stehenden Geweihbildung mehrere aggressionsrelevante Zusammenhänge gezeigt werden: Kastrierte männliche Hirsche, die mit Testosteron behandelt wurden, stiegen bereits im Rang, bevor Auswirkungen auf die Geweihbildung offenkundig wurden, später wirkte dann wiederum die Hormonsubstitution über das Geweih auf den sozialen Status zurück. Bei Pferdewallachen ist bemerkenswerterweise eine Dominanz kastrierter über nicht kastrierte Hengste auch ohne Hormonbehandlung möglich, ähnliches gilt für Rentiere.

Genauere Darstellungen (siehe z.B. Nelson 1995) zeigen, dass die jahresperiodischen Unterschiede auch in der Dichte und Konzentration von Rezeptoren für die Sexualhormone vorliegen. So kann bei Goldhamstern während der Winterzeit durch Testosteroninjektion die Aggression nicht kurzfristig hochgefahren werden, auch bei Primaten findet man nicht immer eindeutige Zusammenhänge zwischen einem hohen Testosteronspiegel und Aggression. Fehlen die Rezeptoren, nützt der Hormonspiegel gar nichts. Rezeptordichten aber gehen zurück, wenn z. B. das Hormon längere Zeit fehlt, etwa beim Goldhamster im Winter.

Bei Hunden müssen, ebenso wie bei Mäusen sowohl um den Zeitpunkt der Geburt herum wie auch im Erwachsenenstadium höhere Spiegel an männlichen Hormonen vorhanden sein, um männchentypische Werte des Aggressionsverhaltens zu erzielen. Testosterongabe nur um den Geburtszeitpunkt herum erhöht die Werte nur leicht über die von normalen Weibchen.

Besonders bemerkenswert sind Ergebnisse der Tüpfelhyänen, bei denen Weibchen normal über Männchen dominieren und auch eine pseudomännliche Ausbildung ihrer äußeren Genitalien besitzen. Trotzdem findet man in der Regel höhere Plasmaandrogenwerte bei Männchen als bei Weibchen, hochrangige Individuen beider Geschlechter hatten die höchsten Werte.

Ein weiteres Beispiel für die Rückkopplungssituationen zwischen Verhalten und Hormonen: Rhesusaffenmänner, die eine Rangauseinandersetzung verloren haben, haben wochenlang niedrigere Testosteronwerte, gewinnen sie, steigt der Wert innerhalb von 24 Stunden an. Ähnliche Ergebnisse findet man bei Pavianen beiderlei Geschlechts. Auch hier folgt der Testosteronwert dem Anstieg der sozialen Position.

Bei Pferdehengsten konnte man durch wiederholtes Austauschen des gleichen Hengstes zwischen Harems und Junggesellenherde zeigen, dass sein Testosteronspiegel jedes Mal, wenn er als Haremshengst zu den Stuten gebracht wurde, anstieg. Wurde er wieder zurück in die Junggesellengruppe gebracht, ging der Testosteronwert zuverlässig in kurzer Zeit wieder zurück.

Auch einige korrelative Studien am Menschen illustrieren das komplexe Geschehen noch weiter: Gewinner von Amateurtennisturnieren beiderlei Geschlechts hatten höhere Testosteronwerte im Speichel als Verlierer, aber nicht, wenn der Ausgang knapp und bis zum

Ende des Matches offen war. Hatten die Versuchspersonen dagegen die Möglichkeit, die gleiche Geldsumme in einer Lotterie ohne eigenes Zutun zu gewinnen, stieg der Wert nicht an. Frauen in hoch kompetitiven Berufen, z. B. Anwältinnen oder Managerinnen, haben höhere Testosteronwerte im Speichel oder im Blut als ebenso beruflich belastete Frauen in weniger ellenbogenträchtigen Berufen, etwa Krankenschwestern oder Lehrerinnen.

Wettbewerbsaggression und der Einfluss von Östrogenen

Die Zusammenhänge zwischen dem Aggressionsverhalten, speziell der Wettbewerbsaggression, und den Sexualhormonen werden noch komplexer, wenn die Auswirkungen des Östrogens auf aggressives Verhalten von Weibchen gegenüber möglichen Konkurrentinnen rund um den Zeitpunkt des Eisprungs einbezogen werden. Es gibt auch Studien an frei lebenden Haushunden (Pal et al. 1998 und andere) die zeigen, dass die Aggressivität der ranghohen Hündinnen gegenüber ihren Artgenossinnen insbesondere um den Zeitpunkt der Läufigkeit herum erheblich ansteigt. Ein zweiter Anstieg des aggressiven Verhaltens bei Hündinnen ist regelmäßig im Zeitraum nach der Welpengeburt und zwar sowohl in der Umgebung der Welpen (wohl eher Jungtierverteidigung) als auch am Futterplatz (wohl eher Wettbewerbsaggression) zu beobachten. Leider fehlen hierzu die hormonphysiologischen Daten. Ganzjährig war in der von Pal und Mitarbeitern beobachteten Hundepopulation in Indien die Aggression bei den weiblichen Tieren durchschnittlich höher als bei den Männchen, die Rate des unterwürfigen Verhaltens dagegen beispielsweise bei den jungen Rüden höher als bei irgendeiner anderen sozialen Kategorie. Das Aggressionsverhalten der Rüden war insbesondere um den Zeitpunkt der Paarungszeit erhöht. Aggressives Verhalten zwischen Hündinnen und Rüden fand sich überwiegend bei der Abwehr unerwünschter Werbeversuche nicht bevorzugter, d.h. nicht paargebundener Rüden.

Neben den Sexualhormonen spielen jedoch, wie im Abschnitt über das soziale Gehirn (→ S. 113) bereits angedeutet, auch andere Hormone bei der Ausbildung aggressiven Verhaltens eine Rolle. Hier sind nochmals Oxytocin und Vasopressin zu nennen, deren Zusammenhänge als Partnerschutz bzw. „Eifersuchts"-Hormon bereits dargelegt wurden.

Botenstoffe und ihr Einfluss auf aggressives Verhalten

Seit einer Studie an aggressionskranken Menschen (Brunner et al. 1993) und deren Erweiterung durch eine spezielle Mäusestudie (Casges et al. 1995 und Nelson et al. 1995) zeigt sich, dass auch bestimmte Botenstoffe im Gehirn für einen Anstieg aggressiven Verhaltens verantwortlich sein können. Hierzu gehört zum einen die sogenannte Monoaminoxidase A (abgekürzt MOA), ein Enzym, das hilft, sowohl Serotonin als auch Noradrenalin abzubauen, andererseits die Nitritoxidsyntase, die den Botenstoff Nitritoxid (NO) herstellt. Studien an Mäusen, denen die neuronale Nitritoxidsyntase fehlt, sind besonders bemerkenswert. Nur männliche Mäuse mit diesem genetischen Mangel zeigen sowohl übermäßiges aggressives Agieren als auch übermäßiges Sexualverhalten, sie sind auch nicht bereit, z. B. auf unterwürfiges Verhalten des Gegenübers mit einem Abbruch des ständigen Aufreitens oder der Angriffe zu reagieren. Trotzdem haben diese Mäuse keinerlei erhöhte Testosteronspiegel, weder in der Kontrolle noch vor oder nach den Verhaltenstests. Weibliche Mäuse zeigen dieses unpassende Verhalten nicht. Fortgeführte Tests mit den NOS-Mäusen konnten keinerlei Unterschied im Orientierungs- oder Lernverhalten, in der Geschicklichkeit, in der geruchlichen Orientierung oder in dem Ausmaß eines Angstverhaltens im Offenfeldtest aufweisen. Auch die hirnanatomischen bzw. feingeweblichen Untersuchungen der betreffenden Mäusemutante konnten keinerlei Unterschiede im Feinbau gegenüber den Wildtypmäusen aufzeigen. Es ist also zu vermuten, dass die neuronale Nitritoxidsynthase direkt an irgendeiner uns noch unbekannten Stelle in den Aggressionszusammenhang eingreift.

Die Untersuchungen an den Monoaminooxidasemangelmutanten dagegen zeigen deutliche Zusammenhänge mit einem Anstieg des Serotonins, die Serotoninspiegel und auch die Anzahl der Serotoninrezeptoren waren deutlich erhöht. Ebenso gab es einen Anstieg der Noradrenalinkonzentration und verschiedene Veränderungen in der Architektur verschiedener Regionen der Gehirnrinde. Auch hier war die Aggressivität gesteigert, auch hier nur im männlichen Geschlecht, jedoch gekoppelt mit einer ganzen Reihe anderer Verhaltensauffälligkeiten, z. B. im Bereich der Aufrechterhaltung des Körpergleichgewichts und auch in einer erhöhten Ängstlichkeit.

Veränderter Sozialstatus und seine Auswirkung auf das Immunsystem

Der Zusammenhang zwischen Hormonen, Gehirn und Verhalten, der bereits dargestellt wurde, lässt sich auch auf der Ebene der Rezeptoren im Gehirn noch verstärkt nachweisen. Es sind überwiegend die Östrogenrezeptoren, die in den Regelkreis des aggressiven Verhaltens eingreifen, und auch dies erklärt, weshalb beide Sexualhormone gleichermaßen zu einem Anstieg bestimmter Formen wettbewerbsaggressiven Verhaltens führen können.

Letztlich spielt auch bei der physiologischen Beantwortung von aggressiven bzw. aggressiv motivierten Situationen die Vorerfahrung wohl noch eine größere Rolle als bisher gedacht.

Hawley (2006) konnte, wenn auch bei Finkenvögeln, zeigen, dass für ursprünglich rangtiefe männliche Tiere ein geänderter Sozialstatus keine Auswirkungen auf ihr Immunsystem, genauer gesagt die Antikörperkonzentration im Blut hatte. Für ursprünglich ranghohe Männchen dagegen war nach einer erzwungenen Statusverringerung proportional die Konzentration der Antikörper im Blut reduziert. Dies korrelierte offensichtlich auch mit den Aggressionsraten: Brachte man mehrere ursprünglich ranghohe Männchen zusammen in einen Schwarm, stieg die Aggressionsrate. Brachte man mehrere ursprünglich rangtiefe Männchen zusammen, stieg sie nicht. Die Häufigkeit, mit der ein Tier infolge dieser geänderten

Gruppenzusammensetzung dann in der nächsten Zeit aggressive Auseinandersetzungen verlor, erlaubte die beste und zuverlässigste Vorhersage für die Änderung, nämlich Reduzierung, seines Antikörpergehalts. Die soziale Umgebung kann damit direkt die Widerstandsfähigkeit gegen Parasiten und Krankheiten beeinflussen, und mehr noch, die soziale Erfahrung vorher scheint in diesem Zusammenhang einen ganz gewaltigen Einfluss zu haben. Und solche Zusammenhänge können, wie eine Untersuchung von Sapolski und Share (2004) zeigt, sehr wohl die zukünftigen Strategien einer Gruppe erheblich beeinflussen: In der von Sapolski und Share untersuchten Population von Anubispavianen starben im Laufe der 1980er Jahre über die Hälfte der männlichen Tiere an Tuberkulose. Bemerkenswerterweise waren es insbesondere die aggressiveren Tiere, wobei die oben angeführten Daten von Hawley eine mögliche Erklärung dafür liefern könnten. In der Folge davon waren die wenig aggressiven männlichen Tiere in der Lage, die Gruppenstruktur unter sich auszumachen und begannen, eine friedlichere und weniger aggressive Gruppe zu führen. Diese friedliebende Gruppenzusammensetzung wurde dann durch Tradition auf die nächsten Generationen weitergegeben. Eine bemerkenswerte Situation, die zeigt, wie Ökologie, Immunsystem, Sozialverhalten und Kultur zusammenwirken können, um die aktuellen Erscheinungen einer Tiergruppe zu formen.

Fortpflanzungsverhalten

Bereits in den einleitenden Kapiteln haben wir festgestellt, dass letztlich der Erfolg eines Tieres aus der Zahl seiner Nachkommen bzw. dem Anteil der eigenen Erbeigenschaften am Genpool der nächsten Generation besteht. Diese, als Fitness (→ S. 17) bezeichnete Kenngröße sollte besonders durch die eigene Fortpflanzung gesteigert werden. Bevor wir einige Erkenntnisse zur (sehr speziellen) Fortpflanzungsbiologie der Hunde referieren können, müssen wir wieder die allgemeinen Prinzipien verstehen. Kappeler (2006) hat hier in vertiefter Form sehr viele Beispiele zusammengestellt. Die grundlegende Gegebenheit bei jeder sexuellen, vor allem zweigeschlechtlichen Fortpflanzung (und um die geht es ja bei den Säugetieren) ist eine unterschiedliche Belastung beider Geschlechter – vor, während und nach der Paarung. Einige dieser Belastungen, durch Zeitaufwand, Gefahr (Feinde, Parasiten, Verletzungen) u.a. verursacht, werden als Nachteile der sexuellen Fortpflanzung bezeichnet, ihnen stehen jedoch viele Vorteile gegenüber.

„Sexuelle" Selektion

> *Sexuelle Fortpflanzung hat zuerst und im evolutiven Sinne mit der möglichen Neukombination der Erbeigenschaften zweier Tiere zu tun.*

Diese Neukombination ermöglicht es, unvorhersehbare Änderungen im Lebensraum, neue Krankheiten oder andere zukünftige Anforderungen potenziell besser zu meistern, denn wessen Nachkommen eine möglichst große Vielfalt ihrer Erbeigenschaften haben, der hat auch Chancen, dass zufällig einer besonders „gut passt". Und der wird sich dann in der nächsten Generation besonders gut vermehren können. Das ist der Grundsatz von Überschussproduktion und Selektion, den Darwin formuliert hat. Darwin hat deutlich gemacht, dass im Bereich der Fortpflanzung eine besondere Art der Selektion wirkt, die er als „sexuelle Selektion" bezeichnet hat. (Ob dies eine eigene Selektionsart oder eine Unterform der natürlichen Auslese darstellt, ist hier nicht relevant). Als sexuelle Selektion wird bezeichnet, wenn einzelne Individuen *eines* Geschlechts einer Art in Bezug auf die Fortpflanzung Vorteile gegenüber Geschlechtsgenossen haben. Dies bezieht sich streng genommen aber nur auf die Zeit bis zur Befruchtung. Was danach kommt, ist keine sexuelle Selektion mehr!

Intra- und intersexuelle Selektion

Von großer Bedeutung ist nur, dass diese sexuelle Selektion sowohl innerhalb eines Geschlechtes (intrasexuell) wie zwischen den Geschlechtern (intersexuell) wirken kann. Intrasexuelle Selektion hat etwas mit den Merkmalen zu tun, die dem Wettbewerb um den Zugang zu Befruchtungserfolgen dienen. Intersexuelle Selektion dagegen hat mit der Wahl des zukünftigen Paarungspartners durch das andere Geschlecht zu tun. Gerade bei sozial lebenden Arten, wie es Hundeartige meist und Canis-Arten generell sind, spielen beide Arten der Selektion in teilweise sehr diffiziler Art zusammen. So entscheidet die ranghohe Wölfin/Hündin im Rudel mit (intersexuell), wer von den Rüden im Wettbewerb um die höchste Rangposition (intrasexuell) die besten Chancen hat (z. B. Schröpfer 2005).

Rollenverteilung der Geschlechter

Die intersexuelle Selektion spiegelt besonders deutlich noch einmal die „Rollenverteilung" der Geschlechter wider. Allein durch die höheren Zeit- und Energiekosten, die durch Produktion von Eizellen, Trächtigkeit, Geburt und Milchproduktion gegeben sind, haben weibliche Tiere, besonders Säuger, eine sehr viel höhere

Belastung. Sie investieren also wesentlich mehr in die Fortpflanzung als die Männchen. Die begrenzenden Faktoren für eine Erhöhung des Fortpflanzungserfolges bei Weibchen sind allgemein Zeit und Energie. Für Männchen dagegen ist es die Zahl der Weibchen, die sie pro Zeiteinheit finden und erfolgreich begatten können. Daraus kann schon theoretisch gefolgert werden, dass Weibchen besonders wählerisch sein sollten, bevor sie sich erfolgreich paaren. Je größer das Ungleichgewicht in der elterlichen Investition, desto wählerischer sollten die Weibchen sein. Nun zeigen aber neuere Arbeiten (s. Gansloßer 1997, Kappeler 2006), dass auch Männchen durchaus wählerisch sind. Allerdings oft auf eine sehr subtile Art: Wenn sie gezwungen werden, sich mit nicht gewählten Weibchen zu paaren, ist der Erfolg offenbar über die Befruchtungsrate geringer. Ebenso zu beachten ist die sogenannte kryptische, also verborgene weibliche Partnerwahl: Nach der Begattung können Weibchen, wie auch immer das im Einzelfall physiologisch funktioniert, offenbar mindestens bis zum Beginn der Einnistung in die Gebärmutter noch weiter „mitentscheiden". Die Theorie lässt erwarten, dass beide Wahlmechanismen besonders deutlich sein sollten, wenn eine monogame Art durch gemeinsame, intensive Jungenaufzucht viel in den Nachwuchs investiert. Untersuchungen an einer Reihe von Labornagern bestätigen, dass Männchen, die sich mit einem bevorzugten Weibchen paaren durften, einen höheren Fortpflanzungserfolg haben. Eine Aussage, die gerade in Bezug auf gewaltsame Zuchtpaarungen der Rassehundezucht von größter Bedeutung ist!

Das Handicap-Prinzip

Grundsätzlich können wir, aufgrund der verschiedenen Interessen beider Geschlechter, einen Geschlechterkonflikt bei jeder Art erwarten. Dadurch ist auch zu erwarten, dass das Signalverhalten in der Balz ähnlich wie im agonistischen Verhalten (→ S. 193) fälschungsgefährdet ist und nur durch zusätzliche Möglichkeiten der „Qualitätskontrolle" zuverlässig sein kann.

Der Löwe hat im Rudel eine wichtige Funktion – nämlich Schutz vor sonst eindringenden Fremdlöwen.

Ehrlich signalisiert in der Aggression nur der, dessen Signal teuer oder überprüfbar ist. Röhren kostet viel Kraft und stumpfe Eckzähne sollte man besser nicht zeigen.

Als wichtigstes Mittel der Qualitätskontrolle hat sich das sogenannte Handicap-Prinzip erwiesen, d. h. ein Merkmal, das seinem Träger einen offenkundigen oder zukünftigen Nachteil bringt, und trotzdem gezeigt wird, bedeutet, dass dieser Bewerber wirklich über ein entsprechend großes RHP (→ S. 99) verfügt. Handicaps können z. B. Farbmerkmale sein, die den Träger für Feinde sichtbarer machen, oder die bei Parasitenbefall verblassen, Geweihe, die bei Krankheit oder Mineralmangel asymmetrisch wachsen, o.ä. Manche Arten von Informationen kann man auch nicht fälschen, z. B. solche über den Immunstatus und dessen Zusammensetzung (→ S. 188). Man kann sie höchstens zu verbergen versuchen. Solche zwangsweise ehrlichen Signale sind auch besonders zuverlässig. Eine „Interessengemeinschaft" beider Geschlechter gibt es nur an einem Punkt, möglichst früh in der Balzphase: Wenn es darum geht, die Artzugehörigkeit festzustellen, sind daher wenige Fälschungen zu erwarten. Deshalb sind Artmerkmale oft „billig herstellbar" und außerdem oft als genetisch vorgegebene Präferenz (sogar bei Prägungsvorgängen, → S. 219) fixiert.

Der nächste Schritt der Partnerwahl wird schon komplizierter, nämlich die Inzuchtvermeidung. Vielfach wird Inzucht bereits durch Abwanderung, verzögerte Geschlechtsreife oder ähnliche ontogenetische Aspekte (→ S. 225) erschwert. Aber in Fällen, in denen diese Vorsichtsmaßnahmen nicht ausreichen, müssen noch zu Beginn der Partnerwahl weitere, engere Auswahlkriterien zur Verfügung stehen. Es muss also eine *Erkennung* von Verwandten anhand eines oder mehrerer Signale möglich sein, die entweder direkt oder indirekt auf Verwandtschaft schließen lässt, nachdem man sie mit einem „inneren Muster" verglichen hat. Im Bereich der *Partnererkennung* sind drei mögliche Kategorisierungen bekannt. (Alle drei wurden zumindest bei Säugetieren auch schon nachgewiesen, bei Hundeartigen wissen wir noch nicht viel darüber). Die Untersuchung der Frage nach Erkennung von Verwandten kann nur dann erfolgen, wenn auch hinterher die betreffenden Tiere unterschiedlich behandelt werden. Und das ist nicht immer nachweisbar.

Phänotyp-Vergleich

Zunächst gibt es den sogenannten Phänotyp-Vergleich, d. h. man vergleicht Geruch (Goldhamster!), Rufe oder Gesichtszüge (Affen!) des Gegenübers mit den eigenen Merkmalen, und je ähnlicher, desto verwandter. Ten Cate (2001) konnte hier eine elegante Querverbindung zu Prägungsabläufen zeigen: Man vergleicht dabei die Merkmale des Gegenübers mit den geprägten der Eltern, und wählt ein Tier aus, welches eine leichte Abweichung besitzt.

Gleichsetzung

Damit sind wir schon beim zweiten Verhalten, nämlich der Gleichsetzung: Bekannt (speziell während der eigenen Jugendzeit) = verwandt. Hier wird oft in einer prägungsartigen sensiblen Phase vor der Pubertät das Merkmal der „abzulehnenden" Artgenossen fixiert. Bemerkenswert ist dann, zumindest bei länger paargebundenen Arten, der gegenteilige Effekt des ersten Sexualpartners nach der Geschlechtsreife, der geradezu prägungsartig fixiert wird (Oxytocin/Vasopressin, → S. 115).

Erkennen genetischer Eigenschaften

Der letzte bekannte Mechanismus schließlich ist die direkte Erkennung genetischer Eigenschaften, oft über die Gene des MHC-Komplexes (Major Histocompatibility Complex, Haupthistokompatibilitätskomplex) (Anzenberger et al. 2001). Hierbei wird, je größer die Ähnlichkeit dieses sehr variablen Immungenortes, auf umso größere Verwandtschaft geschlossen. Bemerkenswert sind hierbei gerade die Ergebnisse beim Menschen: In der Scheinschwangerschaft (Anti-Baby-Pille!) finden Frauen eher immunologisch ähnliche (also verwandte) Männer attraktiv, ansonsten bevorzugen sie aber immunologisch unähnliche Typen. Funktional („Wozu?") macht das Sinn, denn zur Jungtieraufzucht sind verwandte Männer eher bereit. Hier wäre eine sehr spannende Fragestellung angesichts der allgemein üblichen Scheinschwangerschaft bei Hündinnen für eine Canidenstudie! Die Beobachtungen von Wölfinnen, die erst „in der Ferne" eine eigene Fortpflanzung (erfolglos) versuchten und dann als Helferin ins eigene Rudel zurückkehrten (Sillero 2006), könnten hier einen Hinweis liefern!

Partnerwahl

Sind nun die Verwandtschaftsverhältnisse geklärt, bleibt in der Regel noch die Auswahl zwischen mehreren potenziellen Bewerbern. Und hier wird nun nach Ornamenten (oft Handicaps, z. B. Farbe, Rufe), Verhaltenseigenschaften (Paarbindung, Rangposition), Revierqualitäten u.v.a. gewählt. Bei Caniden besteht der Verdacht, dass hier eine ganze Reihe solcher Faktoren zusammenwirken. Bemerkenswert ist beispielsweise die Beobachtung (vgl. Sillero 2006), dass zwar *im* Rudel die ranghöchsten Rüden bevorzugt werden (z. B. Wolf, Äthiop. Wolf), aber beim Fremdgehen *keine* Rangbevorzugung stattfindet (Äthiop. Wolf). Und Fremdgegangen wird bei Caniden durchaus in prozentual bis zu 30% und mehr, wenn man allein schon die genetische Vaterschaft untersucht. Ein Schutzmechanismus nur hiergegen ist wiederum die enge Begleitung und das Übermarkieren des Rüden sowie als postkopulatorischer Schutz das Hängen. Bemerkenswert im Zusammenhang mit dem Haushund sind auch beispielsweise die Beobachtungen von Boitani et al. (2003) und MacDonald et al. (2003), wonach bei verwilderten Haushunden in Italien Paarbindungen bestanden, auch wenn diese *nicht* mit Exklusivität der Fortpflanzung einhergingen!

Polyandrie (Vielmännerei)

Eine Eigenschaft nahezu aller großen Canidenarten (MacDonald 2006) ist die zunehmende Tendenz zur Polyandrie, also Vielmännerei. Kappeler (2006) bringt viele Beispiele von Säugern und Vögeln, die deutliche Vorteile einer Polyandrie durch erhöhte Fruchtbarkeit, erhöhte Überlebensrate der Jungen, reduzierter Gefahr von Infantizid (Kindstötung) und sexueller Belästigung, verbesserte bzw. variablere genetische Zusammensetzung und damit Attraktivität des Nachwuchses etc. beinhalten. Durch mehrfache Paarungen mit mehreren Männchen wird die Konkurrenz unter den Samenzellen angeregt, was wiederum ein Selektionsmechanismus ist. Welcher dieser Vorteile speziell bei Caniden gilt, ist unklar.

Fortpflanzungsunterdrückung
Ein verbreitetes Mittel des Ranghöchsten, um sich gegen solche Praktiken zu schützen, besteht in der Fortpflanzungsunterdrückung seiner Untergebenen. Bei vielen Säugerarten geschieht dies beim männlichen Geschlecht durch Geruch, Rufe oder Aggression. Beim weiblichen Geschlecht geschieht dies durch Aggression bzw. Stress, was dann oft zu einem Ausfall der Sexualhormonproduktion oder zur Reduzierung führt. Bei weiblichen Caniden ist ein stressbedingter Ausfall der Sexualhormonproduktion und des Eisprunges kaum bekannt (außer in Extremfällen etwa nach Fangaktionen und Käfighaltung, Kreeger 2003).
Dagegen ist der **Infantizid**, die Kindstötung, eine sehr verbreitete Methode, Fortpflanzungskonkurrenz auszuschalten. Infantizid ist bei Caniden, ebenso wie das Sozialsystem allgemein, auf zwei Ebenen der sozialen Struktur anzutreffen: Einerseits geht es um die Tötung der Jungtiere der Nachbarrudel, wohl als Möglichkeit zur Reduzierung der Nahrungskonkurrenz. Diese Art des Infantizids, die z. B. bei Schakalen (Moehlmann 1986), Wölfen (Kreeger 2003) und wohl auch etlichen anderen Arten vorkommt, betrifft besonders solche Jungtiere, deren Baue nahe an der Reviergrenze liegen. Über Status und Geschlecht der „Täter" gibt es zwar keine genaueren Angaben, aber es ist zu vermuten, dass dies im Zusammenhang mit dem Herumstreifen über die Grenzen des Reviers hinweg geschieht und dieses Verhalten zeigen ja alle Rudelmitglieder, gerade auch Jüngere/Rangtiefere.
Bereits aus dieser Darlegung geht hervor, dass es einen generellen **Welpenschutz** nicht geben kann. Wenn, dann bezieht sich dieser bestenfalls auf die eigenen bzw. rudeleigenen Jungtiere. Und da kann eben die zweite Variante des Infantizids der Caniden beob-

achtet werden, denn rudelintern ist Infantizid eine Sache der Rangkonkurrenz unter den weiblichen Tieren. Aber auch hier findet sich wieder eine große Flexibilität, denn ob nun eine Ranghohe den Nachwuchs ihrer Konkurrentin umbringt, „zwangsadoptiert", gemeinsam mit aufzieht oder ihr „erlaubt", dies unabhängig zu tun, hängt von der Nahrungs- und anderer Ressourcenlage im Rudel ab (MacDonald 2006, Sillero 2006, Corbett 2006 u.a.). Ebenso (Ludwig 2006, Maisch 2006) kommt es vor, dass sich eine „heimliche Alphahündin", die aber eigentlich zu den rangniedrigeren Tieren gehört, infantizitär verhält, wenn die Ranghöhere Junge hat. Rüden sind offensichtlich innerhalb des Rudels kaum beteiligt, beschützen aber die Welpen innerhalb der Gruppe auch nicht.

Wenn wir diese Infantizidmethode bezüglich Mensch-Hund-Problemen bewerten, so folgt daraus, dass Unfreundlichkeit gegenüber fremden Kindern oder Welpen, auch solche im Nachbargrundstück, keine Verhaltensstörung ist, sondern ein, wenn auch unerwünschtes, biologisches Normalverhalten, über dessen hormoneller Steuerung noch Erläuterungen folgen (→ S. 201).

Auslösende Fortpflanzungsfaktoren

Nachdem wir nun die allgemeinen Aspekte des Fortpflanzungsverhaltens überwiegend unter den „Wozu?"-Aspekten behandelt haben, können wir uns den Hundeartigen speziell widmen. Die „Wie?"-Fragen allgemein zu behandeln ist hierbei nicht nötig, das ergibt sich doch einigermaßen bei der speziellen Behandlung.

Einfluss von Tageslänge und Lichtmenge

Die unmittelbar auslösenden Faktoren der Fortpflanzung bei den meisten daraufhin untersuchten Caniden (Asa 1997) scheinen zunächst Tageslänge und/oder Lichtmenge zu sein. Nur bei Dingos in der extremen Hitze und Trockenheit Zentralaustraliens unterdrückt diese den Anstieg der Sexualhormonproduktion, wodurch dann eher Regen und Abkühlung die Tätigkeit der Geschlechtsorgane anregen (Corbett 1995). Über die tropischen Arten ist nicht viel bekannt, evtl. ist es Regen oder Nahrung, was uns, da der Hund bei uns ja von Wölfen der gemäßigten bis nördlichen Zonen abstammt, hier auch nicht so interessieren muss. Jedenfalls scheint der Wolf eine typische Langtagsart zu sein, d. h. wenn die Tage länger werden, steigt die Produktion der Sexualhormone (Testosteron und Östradiole), und die Geschlechtsorgane wachsen (Asa 1997, Haase 2000).

Die möglichen hormonellen Zusammenhänge sind noch nicht restlos geklärt. Zwar scheint das Hormon Melatonin eine Rolle zu spielen, aber möglicherweise (Asa 1997) über andere Wege im Gehirn zu wirken als bei anderen Säugern (Ausfall der Zirbeldrüse beispielsweise scheint keine Auswirkung zu haben). Asa (1997) betont auch, dass die Synchronisierung des Östrus, die sowohl bei Haus- wie Wildhündinnen auftritt, möglicherweise ein zusätzlicher sozialer umweltunabhängiger Zeitfaktor sein könnte. Typisch für nahezu alle, zumindest größere Canidenarten ist der lange Voröstrus von mehreren Monaten, währenddem der langsame Anstieg des Östradiol auch ein deutlich gesteigertes Interesse der Fähe an „ihrem" Rüden, mit Spielaufforderung, Paarlaufen, Körperkontakt etc., bewirkt. Nach dieser Zeit erfolgt die Blutung (im Gegensatz zu höheren Primaten also *vor* dem Eisprung), dann der Hochöstrus mit erhöhter Paarungsbereitschaft. Die zweite Besonderheit im weiblichen Geschlecht der Caniden ist das lange Bestehen des Gelbkörpers und damit die Produktion des Gelbkörperhormons, das auch eine nicht befruchtete Hündin in den Zustand der Scheinträchtigkeit versetzt. Asa (1997) betont, dass nur das diffizil abgestimmte Gesamtgeschehen (einmaliger Eisprung ohne Wiederholung, Fortpflanzungsunterdrückung nicht hormonell bedingt, sondern durch Aggression und Kindstötung bei Weibchen, lang bestehender Gelbkörper und Brutpflegestimmung bei Rüden ebenfalls jahreszyklisch) dazu geeignet ist, das komplizierte Sozialsystem der Caniden aufrechtzuerhalten.

Haushunde unterscheiden sich da nun in einigen Grundzügen, aber in anderen sind sie dennoch „typische Caniden" geblieben. Haase (2000) zeigt, dass sich das Verhältnis der Testosteronproduktion zum Hodengewicht bei Rüden umgekehrt verhält, wie das des Grauwolfs: Neun Monate ist die Produktion erhöht, drei Monate, und zwar im Frühjahr von ca. April bis Juni, niedrig. Dies ist bemerkenswerteweise die Zeit, in der bei Wolfsrüden das Prolaktin, das Elternhormon steigt – und Prolaktin ist ein Gegenspieler des Testosteron (Schradin 2006)

Die meisten Haushündinnen werden bekanntlich zweimal im Jahr läufig. Dies galt auch z. B. für die Hündinnen einer Studie verwilderter Haushunde in Italien (Boitani et al. 1995), von denen ein (nicht synchronisierter!) Östrusabstand von durchschnittlich sechs bis sieben Monaten mit einer Häufung im Frühjahr berichtet wird.

Futterbringen
Auch der paargebundene Rüde spielte oft nahe der Wurfhöhle mit den Welpen, brachte aber kein Futter. Die Aufzucht der Welpen war überwiegend Anliegen der Mütter.

Überhaupt ist die Sache mit dem Futterbringen nicht so stark zu bewerten: MacDonald (2006) zeigt an vielen Beispielen, dass weder die gemeinsame Jungenaufzucht allgemein noch das Futterbringen (wie auch nicht die gemeinsame Jagd) als evolutiver Antrieb der Rudelbildung bei Caniden eindeutig belegbar ist (im Gegenteil, er bringt *Freiland*-Beispiele, bei denen viele Köchinnen den Brei verdarben, sprich die Jungen regelrecht „zu Tode pflegten"). Es kann also durchaus sein, dass die hier geschilderten Verhältnisse keineswegs ein Effekt der Domestikation sind, sondern durchaus noch im Rahmen der Anpassungsbreite des Großcaniden-Sozialsystems liegen.

> *Die Organisation des Fortpflanzungssystems der Caniden ist so flexibel, dass nahezu jede Form von sozialer Gruppe irgendwo auch auftrat und die Schwankungsbreite innerhalb der Arten ist oft genauso groß wie zwischen den Arten (MacDonald 2006).*

Daher ist auch eine einfache Ableitung von der Art: „Der Hund macht es so, weil der Wolf es so gemacht hat", viel zu einfach. Und umgekehrt, wenn manche Hunde es anders machen als die bekannten Wölfe, ist dies kein Gegenbeweis für eine Rückführung des Hundeverhaltens auf den Wolf, sondern in den meisten Fällen auch nur Ausdruck dieser sehr großen Variabilität innerhalb der Arten.

Kastration

Abschließend soll nun noch zusammenfassend das Thema Kastration und Problemverhalten behandelt werden, denn hier treffen wir nochmals auf einige Zusammenhänge der Hormone aus den letzten vier Kapiteln und keineswegs nur der Sexualhormone.

Kastration von Tierheimhunden

Die Frage nach einer generellen Kastration aller Hunde vor Abgabe aus dem Tierheim hat meist den Hintergrund, dadurch einerseits „leichter hantierbare, leichter vermittelbare" Hunde zu bekommen, andererseits deren unerwünschte weitere Fortpflanzung zu vermeiden. Zur Frage eins werden im Folgenden noch genauere Ausführungen erfolgen. Frage zwei dagegen rechtfertigt *keine* Kastration.

Die Methode der Sterilisation durch Samenstrang/Eileiterdurchtrennung erweist sich, nach vielen Erfahrungen der Zoo- und Wildtiermedizin auch bei Caniden, hier als wesentlich geeigneteres Verfahren, da es in den Hormonhaushalt nicht eingreift und dadurch beispielsweise auch die stoffwechselbedingten Änderungen und Erkrankungsrisiken ausschließt. Insbesondere bei Rüden ist diese Methode völlig nebenwirkungsfrei und bei Hündinnen besteht keine höhere gesundheitliche Gefahr der asymmetrischen Alterung als bei Scheinschwangerschaft ohnehin bauplanbedingt ist (Asa 2005).

Hormonelle Aspekte der Verhaltenssteuerung

Die an der Steuerung „unerwünschten" Verhaltens beteiligten Hormone sind nur zu einem sehr geringen Teil Produkte der Gonaden (Keimdrüsen). Dazu muss zunächst eine Systematisierung des Verhaltens nach Funktion und beteiligten Steuerungssystemen vorgenommen werden. Eine (unvollständige) Liste der Problemverhaltenskomplexe und ihrer neuronalen beziehungsweise humoralen Steuerung würde zum Beispiel umfassen:

▸ **Jagd- und Erkundungsverhalten** (führt zu Ausbrechen und einem gut Teil des Herumstreunens): Die Verhaltensweisen der Jagd und des Beutefangs sind mit sehr einfachen und weitgehend formkonstanten Auslösereizen assoziiert (schnell bewegtes Objekt vom Tier weg löst Verfolgung/Beutefang aus) (Eisenberg/Leyhausen). Für dieses Verhalten sind eigene mit Wahrscheinlichkeit bisher bei Caniden nicht eindeutig identifizierte Hirnareale zuständig, wobei möglicherweise das Limbische System beteiligt sein kann. Bedeutsam ist der Hippocampus in jedem Fall bei räumlicher Orientierung, die eine wichtige Grundlage für Herumstreifen und „Streunen" bildet. Dieser Verhaltensbereich ist keiner Kontrolle der Sexualhormone unterworfen.

▸ **Infantizid** (= Kindstötung) und **Jungtierverteidigung** werden, obwohl funktional verschiedene Bereiche, hier zusammen behandelt, da beide im Zusammenhang mit Fortpflanzungsstrategien stehen. Beide sind unter Kontrolle des Brutpflegehormons Prolaktin, das aus der Hypophyse stammt und von dem, zumindest beim Wolf eine eindeutig jahresperiodische Komponente ebenso nachgewiesen ist wie bei vielen Säugerarten (inklusive Mensch) eine Erhöhung der Konzentration in Anwesenheit von schwangeren Partnerinnen und Jungtieren. Die Tendenz, dass Hunde (beiderlei Geschlechts!) die Individualdistanz einer schwangeren Beziehungsperson (nicht nur Besitzern, auch deren Tochter oder Freundin, wenn diese öfter zu Besuch kommt) aggressiv verteidigen,

sowie eine erhöhte Neigung, zu fremden Kindern/Junghunden in dieser Zeit unfreundlich zu sein, gehören in diese Kategorien.
Zu beachten ist, dass der Prolaktinanstieg (Asa 1998) auch bei kastrierten Wolfsrüden erfolgt. Ebenfalls in diese Kategorien gehören die Wirkungen der Scheinlaktation und Scheinträchtigkeit, soweit sie auf die Hypophysenhormone Prolaktin und Oxytocin zurückzuführen sind (auch hier ist Stimmungsübertragung durch Anwesenheit von trächtigen, zumindest bei intakten Hündinnen nachgewiesen und auch bei kastrierten physiologisch denkbar).

▸ **Ökologische Konkurrenzausschaltung** durch Angriff auf kleine Hunde, ein in Caniden- und Carnivorengilden weit verbreitetes Verhalten (Sillero 2006) hat ebenfalls keinerlei Beziehung zu Sexualhormonen. Hierbei handelt es sich um ein sehr weit verbreitetes Geschehen, wobei die größere, meist ökologisch dominante Art die kleinere aktiv vertreibt oder sogar tötet. Da dies gerade innerhalb von Gilden nah verwandter Arten (Braun- gegen Schwarzbär, Kojote gegen Kitfuchs, Rotfuchs gegen Polarfuchs, usw.) vorkommt, ist, vor allem bei unzureichender Sozialisation großer mit kleinen Rassen, dies bei Hunden sehr wohl als Problemverhalten bekannt.

▸ **Angst-, furcht- und stressbezogenes Verhalten**: Die Kontrolle der sogenannten Selbstverteidigungsaggression steht unter dem Einfluss der Nebennierenhormone. Während Adrenalin/Noradrenalin das Furcht- und Kampfverhalten in Stresssituationen steuern, ist das Angst- und Panikverhalten abhängig von den Glucocorticoiden der Nebennierenrinde. Es ist bekannt, dass durch Rückkopplungsschleifen innerhalb des Gehirns zwischen Hippocampus, Amygdala, Locus coeruleus und Hypothalamus/Hypophyse jegliches, als „Problemlösung" erfolgreich erprobtes Verhalten gerade in angst- und furchteinflößend empfundenen Situationen sehr schnell gelernt und als zukünftige „Musterlösung" abgespeichert wird. Dieses Verhalten hat in der Regel eher indirekte Beziehung zu den Sexualhormonen. Bei Wegfall insbesondere des Testosterons bei Rüden kommt es, nach Kastration wie auch nach chemischer Behandlung eher zu einem Anstieg dieser Probleme. Offensichtlich verschafft Testosteron auch hier „Selbstbewusstsein".

Partnerschutzverhalten: Insbesondere in der Frühphase einer sich bildenden Beziehung, wohl nicht nur mit sexuellem Hintergrund, spielen die Hormone Oxytocin und Vasopressin eine wichtige Rolle. Oxytocin und Vasopressin stammen aus der Neurohypophyse, Vasopressin ist als Co-Transmitter des Noradrenalins aktiv. Möglicherweise deshalb wird es auch als Partnerschutz- und „Eifersuchtshormon" aktiv. Es erhöht die Bereitschaft, in der Phase der Beziehungsbildung unbeteiligte Dritte „fernzuhalten". Während ursprünglich vorwiegend die Oxytocinausschüttung durch Genitalstimulation, als Folge der in der Frühphase einer Sexualbeziehung häufigen Sexualkontakte, betont wurde, zeigen neuere Untersuchungen bei einer Vielzahl von Wirbeltieren eine generelle Beteiligung des Oxytocin/Vasopressinsystems an der Regelung sozialer Beziehungen. Ebenfalls betont werden muss, dass in der Phase der Beziehungsneubildung Cortisol erhöht ausgeschüttet wird (→ S. 66, Angstthematik), und dass bei erfolgreicher Bewältigung einer sozialen Konflikt- oder Beziehungsbildungssituation auch im weiblichen Geschlecht Testosteron vermehrt aus der Nebennierenrinde ausgeschüttet wird. Eine Beeinflussung der betreffenden Systeme durch Kastration ist nicht möglich beziehungsweise kontraproduktiv, da zum Beispiel Vasopressin offenbar mehr den „männlichen" Teil der Beziehungsbildung begleitet.

▸ **Wettbewerbssituationen, Konflikte um Ressourcen, Revierankündigung**: Diese Verhaltensbereiche stehen in einem, allerdings keineswegs linear-eindimensionalen Zusammenhang mit den Sexualhormonen im engeren Sinn, insbesondere Testosteron und Östradiol. Hierbei ist zunächst zu beachten, dass eine Produktion der Sexualsteroide auch in der Nebennierenrinde erfolgt, und zwar in beiden Geschlechtern. Weiter ist zu beachten, dass es eine gegenseitige Unterdrückung gibt, insbesondere aber Testosteron bei

Wegfall der Östradiolspitzen ansteigt. Außerdem ist ein Anstieg insbesondere des Testosteron nach erfolgreich bestandenen, ein Rückgang nach verlorenen sozialen Auseinandersetzungen bei *beiden* Geschlechtern nachgewiesen (vgl. Nelson 1995 u.a.). Zuletzt muss festgehalten werden, dass viele Verhaltensweisen auch des Wettbewerbskreises *nicht* von der Konzentration der Plasma-Androgene abhängig sind (Penfold et al. 2005). Insbesondere ist bei vielen Arten (Affen, Pferde, Strumpfbandnattern u.a.) ein Anstieg des Testosteronspiegels *nach* der Rangverbesserung anstatt vorher nachgewiesen, was eine einfache Dosis-Wirkungs-Kurve nach dem Motto „Mehr Testosteron – mehr Rangordnungsverhalten" widerlegt. Zuletzt muss auch die Entstehung sogenannter „trained winners" (Bernstein 1992) betrachtet werden. Es ist zu vermuten, dass diese erlernte Problemlösung ähnliche neurohumorale Wege nimmt wie die oben genannte Fixierung der Selbstschutzaggression, eventuell unter Beteiligung endogener Opioide.

▸ **Hypersexualität**: Die Entwicklung einer verstärkten und schon bei geringfügigen Auslösereizen gezeigten Sexualität bei Rüden kann neurobiologisch ebenfalls unterschiedliche Gründe haben. Neben der direkten Steuerung durch Testosteronausschüttung aus den Geschlechtsorganen ist wiederum eine Abhängigkeit vom Noradrenalinsystem nachweisbar. Innerhalb der aktiven Stressbewältigungsachse gibt es die zwei Untertypen der mehr Adrenalin (Furcht/Flucht) gegen Noradrenalin (Kampf) betonten Individuen. Und Noradrenalin erhöht den Spiegel an Sexualhormonen. Ebenso muss beachtet werden, dass sexuelle Aktivitäten im Gehirn das Dopaminsystem aktivieren, das wiederum „lustbetonte" Aktivitäten auch entsprechende Erinnerungsspuren und Rückkopplungsschleifen abspeichern hilft. Umgekehrt steigert, aus anderen Gründen ausgeschüttetes Dopamin nachweislich sexuelle Aktivitäten (Nelson 1995). Vielfach sind auch endocrine Rückkopplungssysteme zwischen Verhalten und Sexualhormon nachgewiesen, bei denen sexuelle Aktivitäten, auch solche des Balz- und Werbeverhaltens, den Spiegel an Sexualhormonen ansteigen lassen.

Ontogenetische und andere Langzeiteffekte

Die organisierende Wirkung von Steroidhormonen beruht, auch bei älteren Tieren, teilweise auf ihrer Wirkung innerhalb der Genexpression, was unter anderem die Ausbildung neuer Nervenverknüpfungen und die Bahnung von „Erinnerungsspuren" für die Zukunft ermöglicht (s. Nelson 1995). Ebenso wird die Zahl der Rezeptoren, die Transmitterproduktion, das Transmitter-Recycling und etliche andere Prozesse der Proteinsynthese hierdurch beeinflusst. Auch klassische Konditionierungsvorgänge sind nachgewiesen – ein neutraler Reiz, der öfter zusammen mit Weibchen präsentiert wurde, führt zum Testosteronanstieg.
Die metabolische Umwandlung von Testosteron in Östradiol, oder die Östradiolgabe allein, kann eine weitere Erklärung für das weiterhin auftretende Paarungsverhalten nach Kastration darstellen (nachgewiesen zumindest bei Nagern, s. Nelson 1995). Und Östradiol aus dem Nebennierenmark steigt bei kastrierten männlichen Tieren! Die Intensität beziehungsweise Häufigkeit des Kopulationsverhaltens ist meist ein individualtypisches, nicht vom Hormonspiegel an den Zielgeweben abhängiges Verhaltensmerkmal. Es gibt Hinweise darauf (s. Nelson), dass es sich dabei um eine Folge unterschiedlicher Dichte von Östradiol-Rezeptoren handelt. Auch bei Labormäusen ist bekannt, dass manche Männchen selbst zwei Jahre nach Kastration noch heftig kopulieren, ebenso wie sie es im hohen Alter trotz sinkendem Testosteronspiegel tun.
Die Langzeitwirkung von Androgenen, schon prä- beziehungsweise perinatal, beeinflussen die Ausbildung einschlägiger Hirnareale beziehungsweise -verknüpfungen, und es ist zwar im Weiteren ein Hormonschub in der Pubertät nötig, um eine endgültige Ausbildung des geschlechtstypischen Verhaltens zu erzielen, aber auch die prä-/perinatale Organisationswirkung allein kann ausreichen, um geschlechtstypisches Verhalten zu ermöglichen.
Die sexuelle Differenzierung in der Embryonalentwicklung beginnt etwa im letzten Trächtigkeitsdrittel und dauert bis ca. zehn bis 15 Tage nach der Geburt an. Bemerkenswert ist, dass einerseits

Hündinnen, die vor- oder nachgeburtlich Testosteron verabreicht bekamen, später männliches Verhalten zeigten, andererseits auch als Welpen kastrierte Rüden dies taten (Nelson 1995).

Physiologisch-organische Effekte

Teilweise kommt es nach der Kastration, sowohl bei der Hündin als auch beim Rüden, zum Auftreten von feinem, glanzlosem Welpenhaar seitlich am Rumpf und außen an den Extremitäten. Betroffen sind vor allem langhaarige, rothaarige Rassen wie Cocker Spaniel und Irish Setter, außerdem kleine Münsterländer, Langhaardackel und ältere Hunde. Gelegentlich wird auch das Auftreten von bilateral symmetrischen Haarverlusten beschrieben. Das Bindegewebe wird bei Rüden lockerer, die Haare werden durch verringerte Talgproduktion spröder und das Fell wasserdurchlässiger. Umgekehrt steigt bei Hündinnen nach der Kastration die Talgproduktion und das Bindegewebe wird fester. Bei Rüden speziell steigt durch die veränderte Hautchemie das Ekzemrisiko eventuell an.

Nach der Kastration neigen Hunde zu gesteigertem Appetit. Außerdem kommt es durch die veränderte Stoffwechsellage (Fehlen der Sexualhormone) zu einer verbesserten Futterverwertung, das heißt, die Tiere brauchen weniger Energie, um ihre Vitalfunktionen aufrechtzuhalten und neigen somit zur Fettleibigkeit, wenn die Futterration nicht entsprechend umgestellt wird. Bei Hündinnen besteht Gefahr des Mineralmangels im Calcium-Phosphorbereich (Osteoporose/Osteomalazie) durch verringerte Mineraleinlagerung in die Knochen. Bei Rüden wird weniger Muskulatur aufgebaut, bei Hündinnen dagegen mehr. Rüden benötigen daher Seniorendiät (weniger Brennwert, mehr Aminosäuren) oder ähnliches Spezialfutter, da wegen des fehlenden Testosteron die Muskelbildung reduziert ist.

Bei einigen Tieren kommt es als Folge zu einer Verlängerung der Wachstumsperiode, schlaksigen Knochen und allgemein Größenwuchs (Probleme bei Herz-Kreislauf!!), vor allem wenn vor *Ende* der Pubertät kastriert wird, da erst der pubertäre Hormonschub die Epiphysenfugen schließt.

Durch das Fehlen der Geschlechtsorgane und den von ihnen produzierten Hormonen ändert sich der Geruch der Tiere, was auch Komplikationen mit sich bringen kann. Zum Beispiel gibt es einige Berichte über kastrierte Rüden, die besonders attraktiv für nicht kastrierte Rüden werden und Hündinnen, die von Rüden nicht als solche erkannt und angegriffen werden.

Da die Blasensphinkteren ohne Sexualhormone erschlaffen, kommt es bei einigen Hündinnen nach der Kastration zu Harninkontinenz, die sich vor allem im Schlaf äußert, oft aber nur schwach und zeitweilig auftritt und außerdem durch Hormonbehandlung leicht in Griff zu kriegen ist.

Die Lern- und Arbeitsfähigkeit kastrierter Rüden steigt im Allgemeinen, da sie sich, weil weniger durch sexuelle Triebe abgelenkt, besser konzentrieren können. Bei 34% der Hunde wurde laut „Der Hund" ein besserer Gehorsam beobachtet.

Grundsätzlich beseitigt die Kastration auch alle anderen testosteronabhängigen Verhaltensweisen eines Rüden wie Urinmarkieren im Haus, nächtliches Heulen, Streunen, starke Unruhe und Futterverweigerung, *während benachbarte Hündinnen läufig sind*. So entfällt für die „liebeskranken" Rüden ein erheblicher Stressfaktor. Manche Rüden haben sogar einen so ausgeprägten Sexualtrieb, dass sie fast ständig extrem körperlich und psychisch unter der daraus erwachsenden Frustration leiden. Bei diesen Rüden ist eine Kastration aus tierschützerischen Gründen angesagt. Andere Formen des Streunens, Jagens etc. werden dagegen nicht beeinflusst. In einer Studie wurden 19% der Rüden nach der Kastration von anderen Rüden bestiegen, ob das allerdings an deren Verhalten oder am veränderten Geruch liegt, ist unklar, wahrscheinlich an einer Kombination aus beidem.

Allgemein gilt es zu verdeutlichen, dass Hunde wie wir Individuen sind und somit alle Auswirkungen der Kastration, obwohl deutliche Trends zu erkennen sind, individuell verschieden sein können. Bekannt ist jedoch durch die „Bielefelder Studie", dass eine Kastration unter dem Alter von sechs Monaten ausschließlich negative Folgen für die Tiere hat: negative Verhaltensänderungen wie unsicheres Verhalten gegenüber Artgenossen, aggressiver gegenüber gleichgeschlechtlichen Hunden und nachteilige Auswirkungen auf die körperliche Entwicklung und fehlende „geistige Reife" – was auch Hundetrainer/innen bestätigen: Die Hunde bleiben permanente Kindsköpfe und sind zum Beispiel für ernsthafte Arbeit nur so lange zu gebrauchen, wie sie selber daran Spaß haben.

Je enger und länger die Paarpartner bei der Aufzucht der Jungtiere zusammenarbeiten, desto intensiver ist vorher die Werbephase.

Das synchrone Paarlaufen ist Bestandteil des Paarungsverhaltens bei vielen Caniden

Vater oder Babysitter sind in diesem Welpenstadium öfter bei den Jungen als die Mutter.

Jungtierentwicklung

Das „natürliche" Ergebnis der Fortpflanzung ist die Geburt von Nachwuchs und dessen Entwicklung. Gleichzeitig schließt sich hier der Kreis unserer Darstellung, denn wir werden auf viele Aspekte aus dem Kapitel „Gene und Umwelt" zurückgreifen können, um zu sehen, wie sich denn unsere Hunde entwickeln (könnten). Auch hier wollen wir wieder die bewährten Tinbergen-Fragen als Richtschnur nehmen. Bezüglich der ersten Frage können wir es kurz machen: In Sachen Jungtierentwicklung, Tragzeit, Wurfgröße etc. sind alle Caniden so enorm ähnlich, dass wir die beim Hund angetroffenen Verhältnisse getrost als familientypisch darstellen können (vgl. Sillero 2006).

Spannender wird schon die zweite Frage, die nach dem „Wozu?". Hier sind, bei einigermaßen konsequenter Anwendung evolutionsbiologischer Argumente, etliche Punkte zu klären.

Einfluss der Eltern und der Umwelt

Interessenskonflikte zwischen Eltern und Nachkommen

Seit den Arbeiten des amerikanischen Verhaltensökologen Bob Trivers in den 1970/80er Jahren ist der sogenannte „parent-offspring-conflict", der Interessenkonflikt zwischen Eltern und Nachkommen ein wichtiges Thema (vgl. Gansloßer 1998, Kappeler 2006 u.a.). Zwar haben einige Verhaltensbiologen (z.B. Bateson 1994, Stamps 2003) die ursprüngliche, sehr scharfe Formulierung des Problems abgemildert oder kritisiert, aber das Grundproblem bleibt bestehen: Wenn Eltern in ihre derzeitigen Nachkommen investieren, zum Beispiel durch Zeit, Futterbringen, Säugen etc., dann schmälern sie dadurch ihre Chancen, schnellstmöglich den nächsten Nachwuchs zu produzieren. Es gibt also einen Konflikt zwischen den Jungtieren, denen so viel Pflege wie unbedingt nötig gewährt werden sollte. Manche Verhaltensökologen gehen so weit, in diesem Zusammenhang Bettelrufe und anderes lautstarkes Gebären der Jungen als regelrechte Erpressung zu betrachten: „Wenn ihr mich nicht füttert, mach ich solange Krach, bis der böse Feind mich frisst und was habt ihr dann davon?!" Trivers traf seine Aussagen unter anderem beim Betrachten der heftigen Wutanfälle, die Affenjunge kriegen, wenn ihre Mutter sie zur Entwöhnung nicht an die Zitze lässt. Gerade Bateson (1994) hat darauf hingewiesen, dass dieser Konflikt nicht unbedingt auf der sichtbaren Verhaltensebene ausgetragen werden muss. Letztlich ist es ja im Interesse der Eltern, sich dem aktuellen Zustand des Jungtieres anzupassen und auch Jungtiere tun gut daran, das Verhalten und den Zustand der Eltern eng zu verfolgen. Die Wutanfälle junger Primaten werden nach Bateson (1994) gerade umgekehrt gesehen, als Autonomiebestreben (→ S. 235) und Zeichen schlechter Bindung.

Gemischte Vaterschaften

Einige weitere evolutionsbiologisch neueste Aspekte sollten ebenfalls diskutiert werden (s. Kappeler 2006): So ist bei Arten, die gemischte Vaterschaften innerhalb eines Wurfes haben (und wir haben ja gesehen, dass dies bei Hundeartigen routinemäßig geschieht), die Konfliktsituation unter den Welpen eines Wurfes nicht zu vernachlässigen, das heißt, die Verwandtschaftsverhältnisse der Mutter zu ihren Kindern und Embryonen sind anders als die der Jungtiere untereinander. Diese Konflikte über zum Beispiel Milchaufteilung unter dem Einfluss mütterlicher Gene, Wurfgröße dagegen unter dem Einfluss väterlicher Gene sind bei Nagern bereits nachgewiesen. Ein weiteres Thema ist die Geschlechterzusammensetzung des Wurfes und die unterschiedliche Investition in die beiden Geschlechter. Kosten Söhne mehr Kraft als Töchter, zum Beispiel durch längere Säugezeit?

Bei vielen Säugern ist das so, von Hunden ist hier noch kein entsprechendes Datenmaterial vorhanden. Diese Frage könnte sogar, im Hinblick auf das unterschiedliche Abwanderungsverhalten, rassen- beziehungsweise größenabhängig sein. Es gibt bei Säugern generell mehrere Überlegungen zu diesem Thema: Wenn Söhne mehr Kinder zeugen als Töchter solche austragen können, sollte die Mutter vor allem bei guter Verfassung mehr Söhne produzieren und diese besser versorgen. Bleibt ein Geschlecht bevorzugt zu Hause und konkurriert dann mit den Eltern beziehungsweise der Mutter, sollte die Mutter das andere Geschlecht bevorzugt gebären und aufziehen. Bleibt ein Geschlecht bevorzugt zu Hause und unterstützt irgendwie die Eltern, ist es umgekehrt. Wir werden ein paar, eigentlich testbare, Ableitungen davon beim Thema Dispersal = Abwanderung (→ S. 239) der Hunde finden.

Dauer der Mutter-Kind-Bindung

Auch die Dauer der Mutter-Kind-Bindung beziehungsweise des Säugens ist sehr unterschiedlich von Umweltfaktoren beeinflussbar, bei manchen Arten wird in schlechten Jahren länger gesäugt, bei anderen kürzer, bei einigen gibt es gar keine erkennbare Abhängigkeit. Auch betont Bateson, dass es wichtig ist, die Wachstums- und Entwicklungsgeschwindigkeit einzelner Würfe direkt in Abhängigkeit von der mütterlichen Kondition zu verfolgen, um Verlangsamungen bei zum Beispiel unterernährten Müttern zu finden. Und Jungtiere, die die Zeichen der Zeit nicht rechtzeitig durch eine schonende Gewöhnung an feste Nahrung beantworten können, wie Bateson ausführt, verpassen eventuell die notwendige physiologische Umstellung! Vielfach geht die Ablösung aktuell ja ganz friedlich vor sich, aber im evolutionären Zeitraum ist es trotzdem ein Interessenkonflikt. Eltern, die in manchen Situationen die aufdringlichen Jungtiere zurückweisen, handeln also durchaus adaptiv. Jedoch gibt es zur „Wozu?"-Frage und der mütterlichen/elterlichen Investition auch neuere Befunde, die eine positive Langzeitwirkung belegen (Qvarnström und Price 2001):

Wenn Mütter ihre Söhne mit mehr Nährstoffen versorgen (in Schwangerschaft und Säugezeit), werden diese später attraktiver für Weibchen. Mäuseweibchen bevorzugen solche Männchen sogar geruchlich! Bei Sperlingen ist sogar die Fleckengröße im Gefieder von der Qualität *stief*väterlichen Fürsorge abhängig, also *nicht* genetisch bedingt. Und Fleckengröße macht attraktiv!

Jedoch gibt es auch hier wieder potenzielle Konflikte: Wird man selber größer und attraktiver, findet bessere Paarungspartner, dann bedeutet das unter Umständen, dass mehr Energie in Werben und Balzen als in die Aufzucht gesteckt wird – aber bei Arten mit länger dauernder Paarbindung, wie etwa Hundeartige, scheint das nicht so relevant.

Soziale Traditionen

Bedeutsamer sind schon die sozialen Traditionen, wenn Verhalten, das später für die Partnerwahl wichtig wird, von den Eltern gelernt wird. Dazu gehört das Thema Prägung (→ S. 218), aber auch ein Phänomen, das unter „assortive mating" eingruppierbar ist: Artgenossen, die einander in Größe, Farbintensität etc. ähnlicher sind, paaren sich leichter untereinander. Und die Kondition sowie das Verhalten sind eben oft von Aufzuchtbedingungen abhängig! Stamps (2003) betont gerade im Zusammenhang mit variablen und plastischen Abläufen in der Individualentwicklung den selektiven Vorteil, der in solchen Plastizitäten liegt! Wir sollten also gerade bei sehr weiträumig anpassungsfähigen Arten, wie es Wolf, Haushund und andere Großcaniden sind, erwarten, dass verschiedene Wege zum Ziel führen können. *Die* normale Entwicklung wird es bei solchen Arten kaum geben.

> *Die sich entwickelnden Individuen sind keine passiven Empfänger von Umweltinformationen. Vielmehr suchen sie diejenigen Reize, Artgenossen und diejenigen Umgebungen, die ihnen im momentanen Entwicklungsstadium die meisten relevanten Erfahrungen vermitteln können und treten in aktive Wechselbeziehungen mit ihnen!*

Sie formen auch ihre soziale Umwelt nicht nur durch Auswahl der „passendsten" Gruppe, sondern indem sie deren Beziehungsnetz weiter beeinflussen.

Mütterliche Einflüsse auf das Verhalten

Mütterliche oder allgemein elterliche Einflüsse auf das spätere Verhalten der Jungtiere und deren Persönlichkeit haben wir schon im Kapitel über Persönlichkeit und Stress kennengelernt. Wie weit solche Einflüsse gehen, erahnen wir erst langsam. So haben Studien an Vögeln gezeigt, dass die Partner/innen von attraktiveren Artgenossen hinterher mehr in die Nachkommen investieren als die von weniger attraktiven! Dies beginnt bereits mit der Hormonausstattung vor der Geburt und diese wiederum beeinflusst jede Menge nachfolgendes Verhalten! Dies kann sogar bei Arten *ohne* väterliche Brutpflege zur nichtgenetischen Beeinflussung der Jungen durch väterliche Eigenschaften führen! Hier spricht man regelrecht von außergenetischer Vererbung wenn irgendein Merkmal x bei den Eltern zunächst das Auftreten von Merkmal y der Jungen beeinflusst, und dieses y dann wiederum bei den Jungen später zur Ausbildung von x führt. Das ist dann kein komplizierter sozialer Lernprozess, sondern kann ein einfacher Vorgang sein, etwa nach der Art: „Mutter leckt Junge häufiger, Junge werden später selbstsicherer im Umgang mit Artgenossen." Und die lecken ihre Tochter wiederum häufiger. Eine weitere Form solcher extragenetischer Weitergabe ist die Lebensraumprägung. Der Lebensraum, den die Mutter für Geburt und Aufzucht wählt, wird später von den Jungen bevorzugt.

Die genannten Einflüsse liegen, wie wir bereits gesehen haben, zum Teil schon vor der Geburt vor. Einige neuere Studien (Bick-Sander et al. 2006, Weinstock 2001) zeigen, dass sowohl positive Effekte (zum Beispiel durch regelmäßiges Lauftraining in der Schwangerschaft) wie negative (durch chronischen Stress) bei Hirnentwicklung, Depressionsentwicklung, Schizophrenie und andere nachweisbar sind. Wieder einmal sind Hippocampus und

Hypothalamus-Hypophysen-Nebennierenrinden-Achse stark an diesen Prozessen beteiligt. Bei Hunden (Willson und Sundgren 1998) sind Auswirkungen des Geburtsgewichtes, der Wurfgröße und des mütterlichen Gewichtes auf die Entwicklungsgeschwindigkeit und Aktivität der Welpen zurückzuführen.

Entwicklungsstadien von Lagerjungen

Die unterschiedliche Reife, mit der junge Säugetiere geboren werden, ist allgemein bekannt. Gemeinhin unterscheidet man Lagerjunge, die in Analogie zu Vögeln bisweilen auch als Nesthocker bezeichnet werden, von Laufjungen und Tragjungen, die man in Vogelanalogie als Nestflüchter bezeichnen könnte.

> *Lagerjunge sind bei Geburt mehr oder weniger nackt, blind, oft auch teilweise taub und kaum zu einer eigenen Regulation ihrer Körpertemperatur befähigt.*

Die weitere Betrachtung, da uns speziell die Hundeartigen interessieren, bezieht sich nur auf die Entwicklung der Lagerjungen. Im Vergleich zu Vögeln können wir eine bemerkenswert umgekehrte stammesgeschichtliche Unterscheidung finden: Bei Vögeln haben die ursprünglichsten Arten in der Regel Nestflüchter, die höchstentwickelten, zum Beispiel Singvögel und Papageien, extreme Nesthocker. Bei Säugern sind die ursprünglichen Arten, zum Beispiel mäuseartige Nager, mit Nesthockern, die modernen Arten, wie etwa Huftiere und Meerschweinchenartige, mit Nestflüchtern gesegnet. Den Verlauf typischer Lagerjungtiere in ihrer Entwicklung hat der amerikanische Verhaltensbiologe J. Rosenblatt (1976) in mehrere Stadien unterteilt.

Thermotaktile Orientierung

Das erste Stadium ist gekennzeichnet durch eine weitgehende thermotaktile Orientierung, also Orientierung an Wärme- und Berührungsreizen. Oftmals wird auch die Lage der Zitzen am Bauch der

Mutter entgegen dem Fellstrich sowie durch eine Wärmegradienten gesucht, wobei zum Beispiel die Säugehaltung liegender Raubtiermütter mit seitlich abgestreckten Beinen diesen Weg erleichtert. Das Ergreifen der Zitze mit anschließendem Säugen geschieht auch, wenn der Magen voll ist oder wenn das Tier vorher trank. Es bedarf also keiner Rückmeldung vom Verdauungstrakt, es sei denn der Magen ist so voll, dass das Junge dabei einschläft.

Olfaktorische Kontrolle
Das zweite Stadium, vorwiegend unter olfaktorischer, also geruchlicher Kontrolle, wird zunehmend zwischen vertrauten und nicht vertrauten Objekten beziehungsweise Tieren unterscheiden, bevor eine Reaktion erfolgt. Nun kommt es auch beim Mitnehmen aus der vertrauten Umgebung bereits zu einer Aufregung und Suchverhalten, sogenanntem Distress. Bei einigen Arten, etwa den Kaninchen, kann eine olfaktorische Kontrolle der Zitzensuche zunächst durch ein Pheromon auch sofort nach der Geburt einsetzen.

Optische Kontrolle
Das dritte Stadium steht dann unter optischer Kontrolle. Zunehmend werden die sozialen Interaktionen wichtiger, die Orientierung zum vertrauten Heim kann nun auch aus größerer Entfernung durch Sichtkontrolle, ohne jedes Mal zurücklaufen zu müssen, erfolgen. Rosenblatt (1976) beschreibt, dass vom ersten zum dritten Stadium eine zunehmend zentrale, anstatt periphere, Kontrolle des Verhaltens beobachtet wird. Das bedeutet, dass zunehmend Gehirn und Rückenmark, anstatt die an der Peripherie befindlichen Sinnesorgane, die Kontrolle über das Verhalten übernehmen. Die gegenseitige individuelle Erkennung zwischen Mutter und Kind geschieht durch Vorgänge, die teilweise auch als Prägung bezeichnet werden (→ S. 218, sowie → S. 116, Soziale Bindung), sehr früh insbesondere bei Huftieren bereits wenige Minuten nach der Geburt. Auf Seiten der Mutter spielt wohl überwiegend die geruchliche, auf Seiten der Jungen auch oder vorzugsweise die optische Erkennung mit.

Stadien der Jungtierentwicklung

Zu Beginn der Jungtierentwicklung wird das Säugen bei den meisten Säugetierarten vom Jungtier beendet, später ist es dann immer öfter die Mutter, die zunächst durch Weggehen, später dann auch immer aggressiver den Säugevorgang beendet. Die Jungtiere durchlaufen eine Entwicklung in mehreren Stadien, auch was die Kontakte zu ihren Artgenossen und zu ihrer Umwelt betrifft.

Stadium 1 – Kontakt mit der Umwelt
Im ersten Stadium werden durch den engen Kontakt Umweltinformationen überwiegend in Bezug auf die nichtsoziale, physische Umwelt, also auf Gegenstände und andere Situationen in der Umgebung des Tieres gesammelt. Das nicht arteigene Geschehen steht im Zentrum des Interesses, wobei sich Jungtiere mit Ästen oder Blättchen beschäftigen.

Stadium 2 – Kontakt mit „fremden" Artgenossen
Nach dem Kontakt mit der Umwelt folgt eine Phase erster Kontakte überwiegend mit den die Mutter direkt umgebenden Artgenossen.

Stadium 3 – Kontakt mit gleichaltrigen Hunden
Erst im letzten Stadium der Jungtierentwicklung werden Spielgruppen mit annähernd gleichaltrigen Tieren gebildet. Die genauen Abläufe dieses Geschehens bei Hundeartigen werden wir zum Ende des Kapitels in einer Zusammenfassung betrachten (→ S. 239).

Für eine weitgehende Analyse der Vorgänge bei der Jungtierentwicklung hat sich bewährt, dass die Jungtiere nicht als rein passive Konsumenten der Umweltreize betrachtet werden, wie dies bereits dargelegt wurde. Das Konzept der ontogenetischen Nische, das besagt, dass Jungtiere nicht einfach unfertige Erwachsene sind, deren Entwicklungsziel darin besteht, so schnell wie möglich fertig zu werden, sondern ihre primäre Aufgabe es ist, möglichst optimal in die jetzige Umwelt ihres derzeitigen Entwicklungsstadiums eingepasst zu sein, führt zwangsläufig auch zu einer ganz anderen Betrachtung der Lern- und gegebenenfalls Spiel- und Ausbildungsvorgänge bei der sinnvollen Verhaltensentwicklung eines Junghundes. Genau wie die Erwachsenen sind auch Jungtiere in jedem Stadium ihrer Entwicklung in einen vieldimensionalen Raum eingepasst, wobei sich die verschiedenen Umweltfaktoren, seien es Temperatur, Licht, Nahrungsangebot, Anwesenheit von Feinden oder Artgenossen, eben in unterschiedlicher Stärke jeweils formend und bedingend auf das zukünftige Verhalten und seine Entwicklung auswirken. Mit zunehmender Entwicklung werden an verschiedenen Stellen Nischenbreiten verändert und neue Nischenfaktoren hinzugefügt. Bei dieser Betrachtung können, ähnlich wie beim ökologischen Nischenkonzept, auch messbare und veränderbare Messparameter definiert werden und die evolutionsbiologische wie auch physiologische Betrachtung von Abläufen der Jungtierentwicklung wird erleichtert.

Dynamik der Jungtierentwicklung

Die Dynamik der Jungtierentwicklung kann man unter den zwei Schlagwörtern **Adaptation** und **Antizipation**, das heißt Anpassung an die derzeitigen und Vorbereitung auf die zukünftigen vorhersagbaren Umweltbedingungen, zusammenfassen. „Aufgabe" des sich entwickelnden Jungtieres ist es einerseits, sich unter derzeitigen Bedingungen zu ernähren und zu überleben, andererseits aber auch, sich auf die Bedingungen der nächsten Stufe vorzubereiten, sei dies durch körperliche Veränderungen wie Zahnwachstum und Änderung der Magen-Darm-Schleimhaut vor der Nahrungsumstellung, sei es durch Lernen „auf Vorrat", das heißt Aufnahme von Informationen, die vielleicht noch nicht jetzt, wohl aber in der Zukunft notwendig sein werden, wie wir das bei den Prägungsvorgängen sehr schnell sehen werden. Beachtet werden muss, dass ein Jungtier bestimmte Eigenschaften und Fähigkeiten sehr wohl bereits besitzt, diese aber mangels entsprechender Umweltfaktoren zum derzeitigen Zeitpunkt noch nicht ausgeführt werden können.

Prägung

Eine wichtige Rolle in der frühen Verhaltensentwicklung und vor allem auch im Studium dieser Prozesse spielt der Vorgang der Prägung. Prägung gehört sicher zu den bekanntesten Konzepten der Verhaltensbiologie, die bereits seit den ursprünglichen Studien durch Lorenz, Heinroth und anderen, meist vogelkundig ausgerichteten Gründervätern bekannt sind. Jedoch ist das Prägungskonzept mit wenigen Veränderungen auch heute noch als aktuell zu betrachten, wie Ten Cate (2001) zusammenfassend dargestellt hat. Einige wichtige Veränderungen sind jedoch gegenüber dem ursprünglichen Konzept zu vermerken.

Veränderungen im Prägungskonzept

Sensible Phase
Prägungsvorgänge sind in bestimmten Entwicklungsabschnitten erleichtert, das heißt sie sind vorwiegend in ganz bestimmten Entwicklungsabschnitten zu finden. Diese werden als sensible Phasen bezeichnet, jedoch kann, wenn zum Beispiel in dieser Zeit kein eindeutiger Prägungsreiz erfolgt, die Prägung auch nach hinten verlängert und das Fenster sozusagen länger offengehalten werden.

Fixierungsphase
Prägungsvorgänge sind weitgehend konstant über den zukünftigen Lebensabschnitt, jedoch sind sie keineswegs wie früher vermutet irreversibel. Bei vielen Prägungsvorgängen bedarf es zudem einer zweiten Fixierungsphase, die meist wesentlich später, nämlich zum Zeitpunkt, in dem das Gelernte auch angewendet wird, erfolgt. Bekannt dabei sind etwa sexuelle Prägungen. Wenn Zebrafinken nicht auf Zebrafinken, sondern auf eine verwandte Art geprägt werden, wird diese Prägung erst dann fixiert und wirklich weitgehend irreversibel, wenn sie es geschafft haben, mit einem Angehörigen dieser Fremdart gemeinsam erfolgreich das erste Gelege zu bebrüten und aufzuziehen.

Genetisch fixiertes Erkennungsmuster

Zwar ist es durchaus möglich, Jungtiere auf nahezu jeden beliebigen Reiz zu prägen, wenn dieser von den entsprechenden Sinnesorganen aufgenommen werden kann. Es ist jedoch bekannt geworden, dass biologisch sinnvolle Vorgänge durchaus bevorzugt gelernt werden, es gibt offenbar eine Art genetisch fixiertes Erkennungsmuster, eine Schablone („template"), die dem Tier vorgibt, was es bevorzugt lernen sollte.

Prägung auf Gegenstände: Hühnerküken können sehr wohl auf bewegte Gummibälle als Mutterersatz geprägt werden. Lässt man ihnen aber die Wahl, sich auf einen roten oder auf einen gelben Gummiball prägen zu lassen, dann prägen sie sich leichter auf den roten. Lässt man ihnen die Wahl, zwischen dem roten Gummiball und einer ausgestopften Henne, so prägen sie sich leichter auf die ausgestopfte Henne.

Gesangslernen: Auch beim Vorgang des Gesangslernens bei Vögeln, der dem Prägungsvorgang insgesamt sehr ähnlich ist, werden ähnliche Beobachtungen gemacht: Junge Singvögel sind durchaus in der Lage, vom Tonband auch artfremden Gesang zu lernen. Bietet man ihnen aber einen Tonbandmitschnitt mit arteigenem versus artfremdem Gesang, so lernen sie den arteigenen. Bietet man ihnen aber einen lebenden Vorsänger der fremden Art gegenüber einem Tonbandmitschnitt der eigenen Art, so lernen sie wiederum mehr vom artfremden Vorsänger als vom mechanischen Tonband.

Prägungslernen ohne Belohnung

Letztlich wird auch sehr viel darüber gesprochen, dass Prägungsvorgänge keine unmittelbare Belohnung brauchen. Diese Kriterien wurden insbesondere in der Frühzeit der Prägungsfassung ganz besonders hervorgehoben, da sie eben eine deutliche Abgrenzung zu den Formen des Belohnungslernens der Lernpsychologen darstellen. Inzwischen ist dieses Geschehen nicht mehr ganz so revolutionär, da auch andere Lernvorgänge bekannt sind, bei denen die Belohnung noch weit in der Zukunft liegt.

Prägungsvorgänge

Prägungsvorgänge sind bei sehr vielen Wirbeltieren, von Fischen und Reptilien über Vögel bis zu Säugetieren bekannt, es handelt sich keineswegs, wie das früher vermutet wurde, um ein vogeltypisches Phänomen.

Die Vorgänge, die zu einem Prägungsgeschehen führen, wurden zum Beispiel am Modell der Nahrungsprägung des Frettchens von der Tübinger Arbeitsgruppe um R. Apfelbach (s. Gansloßer 1998) beschrieben. Dabei geschehen im Gehirn während des Prägungsvorganges eine Reihe von Umkonstruktionen. Unter dem Einfluss des Schilddrüsenhormons Thyroxin werden bestimmte Zellverknüpfungen ausgebildet. Vorwiegend die Kontaktstellen zwischen den Zellen, die sogenannten Synapsen, werden unter dem Einfluss des Thyroxins während der Prägung geknüpft. Andere Verbindungen zwischen den Zellen dagegen degenerieren, und auch ganze Zellgebiete können in dieser Zeit absterben, wenn sie nicht gebraucht werden. Es lässt sich zeigen, dass der Riechanteil des Gehirns der jungen Frettchen vor und während der Prägungsphase wesentlich schwerer ist als hinterher. Der sogenannte selektive Zelltod, die Apoptose, spielt bei diesen und anderen Langzeitlernvorgängen eine zentrale Rolle.

Im Wesentlichen werden vier Formen der Prägung unterschieden, die zu unterschiedlichen Zeiten, in unterschiedlichen Regionen des Gehirns und wahrscheinlich auch gesteuert durch unterschiedliche Hormone und Botenstoffe ablaufen. Nur wenn diese vier Prägungsvorgänge sauber getrennt werden, lässt sich ein Studium der Prägung insgesamt erfolgreich durchführen und auch die Prägung im Rahmen einer Ausbildung oder einer begleiteten und kontrollierten Jungtierentwicklung in der Hundezucht sinnvoll einsetzen.

Nahrungsprägung

Die erste Form ist die Nahrungsprägung. Wie bereits erwähnt ist diese Nahrungsprägung bei Raubsäugern, aber auch bei Nagetieren, Huftieren, Schildkröten und vielen anderen Tiergruppen nachweisbar. Für unseren Zusammenhang bei den Carnivoren, also den Raubsäugern, dürfte generell das geruchliche Prägungsmodell, das von Apfelbach und Mitarbeitern untersucht wurde, die wichtigste Rolle spielen. Wenn ein Jungtier, zum Beispiel ein Frettchen im Zeitraum der Entwöhnung, bei Frettchen ist das der dritte Lebensmonat, mit einer bestimmten Beuteduftsorte konfrontiert wird, frisst es bevorzugt später diejenige Nahrung, die diesen Beuteduft wieder trägt. Man kann also eine Maus verfüttern, Kükenduft darüber blasen und das Frettchen wird später (sogar noch Jahre danach) Fisch, der nach Kükenduft riecht, bevorzugt annehmen. Apfelbach hat auch Untersuchungen über die Frage eines engen gegenüber eines breiten Nahrungsspektrums in seine Prägungsuntersuchungen einbezogen. Es ließ sich zeigen, dass Frettchen, die nur auf eine Nahrungssorte geprägt waren, später diese sehr schnell und nahezu blindlings immer bevorzugt haben, jedoch große Probleme hatten, neue, völlig unbekannte Nahrung überhaupt anzunehmen. Andererseits waren Frettchen, die im Prägungszeitraum mit verschiedenen Nahrungssorten konfrontiert waren, später zwar nicht so schnell bereit, sich zwischen mehreren angebotenen Sorten zu entscheiden, aber schneller bereit, völlig neue unbekannte Nahrung auch zu kosten.

Dies zeigt bereits den Vorteil beider Formen der Nahrungsprägung bei wild lebenden Tieren: Gibt es eine Nahrungssorte im Überfluss, so ist die enge Prägung auf diesen Nahrungstyp sehr adaptiv, weil sie dann später sozusagen ohne schnelles Überlegen auch das Zupacken und Fressen erleichtert. Gibt es aber verschiedene Nahrung, so ist man besser dran, auch die verschiedene Nahrung etwas genauer zu betrachten, genau zu selektieren, und völlig unbekannte Nahrung zu probieren.

Dass dies nicht nur im Labor eine wichtige Rolle spielt, zeigt das Beispiel eines nahen Verwandten des Iltisfrettchens, des nordamerikanischen Schwarzfußiltis, der beinahe ausgestorben wäre, als seine Hauptbeutetiere, die Präriehunde verschwanden, obwohl viele andere Nagetiere im Lebensraum noch vorhanden waren. Nachdem in Gehegezucht eine breite Konfrontation mit unterschiedlichen Nagetierarten während der sensiblen Phase durchgeführt wurde, waren die später ausgewilderten Tiere problemlos in der Lage, sich mit Mäusen und anderen noch weiterhin vorkommenden Nagetieren zu verköstigen und haben eine stabile, wohl auch überlebensfähige neue Population begründen können.

Habitat- bzw. Lebensraumprägung
Die zweite sozusagen ökologische Prägungsform betrifft die Suche nach Habitat- oder Lebensraumprägung. Zu diesem Thema wurden einige Bemerkungen bereits gemacht. Die Lebensraumprägung lässt sich in der Regel auf denjenigen Zeitpunkt zurückführen, zu dem die Jungtiere erstmals das elterliche Gebiet selbstständig erkunden und größere Streifzüge unternehmen. Zusätzlich erfolgt oftmals eine endgültige Fixierung nach dem Abwandern durch den Lebensraum, in dem das eigene Revier oder Streifgebiet begründet wurde.

Am besten untersucht sind Lebensraumprägungen bei Nagetieren, jedoch werden sie auch bei vielen anderen Säugetieren und Vögeln beschrieben. Wichtige Merkmale des geprägten Lebensraums sind zum Beispiel dessen vertikale Struktur: Wenn eine Feldmaus entweder auf kurz geschorenem Golfrasen oder im Gebüsch mit seitlichem Schutz und Deckung von oben oder im Hochwald mit nur Deckung von oben, aber seitlich freiem Blickfeld aufwächst, wird sie auch später die entsprechenden Lebensräume wieder bevorzugen. Wie erwähnt, erfolgt die endgültige Fixierung nach der Abwanderung, wenn sich die Tiere im neuen Lebensraum niedergelassen haben.

Andere Lebensraumfaktoren, die ebenfalls geprägt werden könnten, sind die Struktur des Untergrunds, eventuell geruchliche Komponenten der umgebenden Vegetation und viele andere mehr. Bekannt ist aus Untersuchungen bei Katzen, dass sie in dieser Phase der frühen Lebensraumprägung gewissermaßen sogar ihr Sehsystem auf die entsprechenden Strukturen einstellen müssen. Katzen, die in diesem Altersabschnitt nur auf horizontalen Flächen ohne Möglichkeit des Kletterns in der dritten Dimension gehalten werden, sehen später die dritte Dimension nicht mehr. Es fehlen ihnen die notwendigen Zellverknüpfungen im Gehirn, weshalb sie Treppen hinunterfallen. Bei Hunden wird vermutet, dass ähnliche Lern- und Hirnbildungsvorgänge auftreten. Dies hat besondere Bedeutung für die sogenannte Fabrikzucht von Hunden unter unzureichenden Lebensbedingungen. Neben diesen beiden ökologischen Prägungsvorgängen gibt es noch zwei, die den Artgenossen im weiteren Sinne umfassen.

Sexuelle, Artgenossen- und Nachlaufprägung
Die sexuelle Prägung erfolgt meist recht spät in der Entwicklung der Jungtiere. Sie erfolgt oft am Modell der Spielkameraden, mit denen um den Zeitpunkt der Entwöhnung bis zur Pubertät besonders viele Sozialkontakte gepflegt werden. Diese sexuelle Prägung gibt vor, mit wem man sich später paaren möchte.
Die Artgenossen- oder Nachlaufprägung dagegen wird sehr viel früher in der Jungtierentwicklung fixiert, nämlich während der frühen Eltern-Kind-Kontakte am Modell desjenigen Tieres, das das Jungtier hauptsächlich betreut und versorgt, im Normalfall ist das die Mutter beziehungsweise auch beide Eltern. Diese Artgenossenprägung fixiert das Bild desjenigen Tieres, mit dem man sich später gruppieren und mit dem man normales, nicht sexuelles Verhalten austauschen möchte.
Dass diese beiden Prägungsvorgänge bei Säugetieren insbesondere immer wieder verwechselt werden, liegt daran, dass zu ihrer Unterscheidung Tiere und Verhaltensweisen gefunden werden müssen, die nur im Zusammenhang des freundlichen Sozialverhaltens und nicht im Zusammenhang des sexuellen Werbeverhaltens auftreten. Dies ist zum Beispiel bei verschiedenen Wiederkäuerarten möglich: Kühe zeigen das gegenseitige Belecken beispielsweise nur als freundliches Sozialverhalten in der Herde, im Werbeverhalten tritt es nicht auf. Handaufgezogene Kälbchen, die nur mit einem einzigen Menschen aufgezogen wurden, lecken den Menschen, und versuchen auch später bei ihm sexuell aufzuspringen. Handaufgezogene Kälbchen, die in einer Gruppe aufgezogen werden, dagegen

belecken den Menschen, richten ihr Sexualverhalten aber auf Kühe. Sambraus (1974, 1976, 1978) hat diese und ähnliche Vorgänge der Fremdprägung auf den Menschen genauer untersucht und auch teilweise schon die Qualität der Prägungsreize identifiziert. So konnte er zum Beispiel zeigen, dass bei Rinderartigen die vollständige optische, akustische und geruchliche Isolation von Artgenossen notwendig war, um eine sexuelle Fremdprägung zu erzielen, eine rein optische Isolation mit geruchlicher Austauschmöglichkeit dagegen reichte nicht.

Bausteine des Verhaltens sinnvoll verknüpfen

Die „Aufgabe" der frühen Jungtierentwicklung, der Ontogenese des Verhaltens in den ersten Lebenswochen und -monaten scheint überwiegend darin zu bestehen, bereits vorhandene Bausteine des Verhaltens und der Reaktionen in richtiger Art miteinander zu verknüpfen. Hogan (1988) gibt hierfür ein einfaches Beispiel: Menschliche Säuglinge haben im Zusammenhang mit Reaktionen auf Geschmacksreize drei sensorische Mechanismen für die Erkennung von süß, sauer und bitter, und drei motorische Mechanismen als Reaktion, nämlich Lächeln, Schnute machen und Ekel zeigen. Die Verknüpfung ist bereits ohne Erfahrung beim ersten Kontakt vorhanden. Wenn nun aber ein Erwachsener beim Geschmack von Kaffee, der eigentlich bitter ist, lächelt, dann muss eine Änderung der Verknüpfung der Mechanismen miteinander erfolgen. Beispiele für solche sensorischen Bausteine wären eben Nahrungs- oder Artgenossenerkennung, für motorische Bausteine etwa die einzelnen Elemente der Beutefanghandlung oder des Sexualverhaltens. Eine der wichtigsten Aufgaben des Spielverhaltens könnte darin bestehen, die Verknüpfung solcher Bausteine zu funktionalen, also sinnvollen Gesamtverhaltensketten zu ermöglichen. Durch sogenannte Prädispositionen können die verschiedenen Verhaltensbausteine bereits vorgebildet und in ihrer Reaktion auf bestimmte, höchstwahrscheinlich zu erwartende auslösende oder sonstige Umweltsituationen angelegt sein.

Pferdeartige und viele andere Huftiere sind gute Beispiele für Laufjungen, die schon kurz nach der Geburt der Mutter folgen. Demgegenüber müssen Welpen von Hundeartigen etliche Wochen im und um den Bau bleiben, bis sie erste Ausflüge machen dürfen.

Auch bei Vögeln gibt es typische Nesthocker wie diese Gebirgsstelzen.

Je nach Aufzuchtbedingungen fühlen sich Katzen später nur im Freien wohl oder begnügen sich auch mit einer Wohnung.

Sozialisation

Nun kommen wir zum übergeordneten Geschehen der gesamten Ontogenese, nämlich zu dem unter dem Sozialisationsbegriff zusammengefassten „Prozess der Entwicklung des Verhaltens". Dieser wird als mehrstufiger Prozess definiert (s. Bekoff 1977):
1. Ein Jungtier muss lernen, mit Anforderungen und Aspekten der nicht arteigenen Umwelt klarzukommen.
2. Es muss lernen, wie man sich als Mitglied einer bestimmten Art benimmt.
3. Es muss lernen, sich als Mitglied der betreffenden Gruppe beziehungsweise Sozialeinheit zu verhalten, in der es aufwächst.

Diese drei, meist auch entwicklungsgeschichtlich aufeinanderfolgenden Anpassungen spiegeln sich auch in den Bestandteilen der sogenannten sozialen Disposition wider.

Die Bestandteile der sogenannten sozialen Disposition werden von Mason als Artgemeinsamkeiten, typische oder andere saisonale Umweltänderungen und soziale Erfahrung des Individuums in der betreffenden Gruppe zusammengefasst.

Die drei Faktoren treten in Wechselwirkung mit dem aktuellen Geschehen in der Umwelt des Tieres, den gegebenen sozialen Umständen, etwa der derzeit vorliegenden Gruppengröße und Gruppenzusammensetzung, und ermöglichen es dann dem Tier, mehr oder weniger vollständig seine sozialen Fähigkeiten und sozialen Mechanismen zu entwickeln. Jedoch wird diese Sozialisation durch eine ganze Reihe von lebensgeschichtlichen und umweltabhängigen Einflüssen begrenzt:

Zu den lebensgeschichtlichen Einflussfaktoren gehört etwa die Dauer der Jugendentwicklung, je länger die Phase der Abhängigkeit von Mutter und Eltern ist, desto größer ist die Möglichkeit zum Lernen komplexer Situationen. Auch die Geschwindigkeit der physischen Reifung, sei es des Nervenmusters oder Skelettsystems, des Verdauungstrakts und des Wachstums insgesamt sind wichtig für die Aufnahme von Informationen während der Sozialisation. Geburtsablauf, Leichtigkeit der Geburt, Placentafressen und Oxytocinausschüttung können das Verhalten der Mutter zum Jungtier stark beeinflussen, Wurfgröße sowie Entwicklung der Jungen bei der Geburt sind sowohl arttypisch wie auch vom Alter und Status der Mutter abhängig. Andere, vom Alter und der vorigen Aufzuchttätigkeit der Mutter abhängige physische Erscheinungen sind etwa Milchproduktion, Zitzenlänge und daraus reduzierte oder erhöhte Toleranz des Säugens bei den Jungtieren. Soziale Faktoren neben der Anwesenheit von Männchen oder anderen Brutpflegehelfern und Brutgeschwistern, sind die Zusammensetzung der Sozialeinheiten durch Anwesenheit anderer Jungtiere, die Verwandtschaftsverhältnisse zu den anderen Gruppenmitgliedern, der Status der Mutter, die Ausbildung von deren Freundschaften und anderen Beziehungen.

Die wichtige Bedeutung des sozialen Umfelds zeigen beispielhaft etwa die Untersuchungen von Sachser et al. (s. Gansloßer 1998) an Meerschweinchen: Wächst ein männliches Meerschwein in einer Umgebung ohne erwachsenes männliches Tier auf, so gelingt es ihm später nicht vollständig und nur nach dauernden schweren Kämpfen, sich in eine neue Gruppe zu integrieren, da er zweierlei nicht gelernt hat: Nämlich sich zu unterwerfen, das heißt die Position eines Ranghöheren anzuerkennen und nicht alle fremden Weibchen anzubalzen. Männchen aus vollständigen Gruppen haben dieses Problem dagegen nicht. Die unterschiedlichen Reaktionen der beiden Aufzuchttypen sind nicht nur durch das Verhalten, sondern auch durch erheblich unterschiedliche Hormonspiegel zu erkennen: Die ohne erwachsenes Männchen aufgewachsenen Meerschweinchenjungen haben bei Integration in eine neue Gruppe einen erheblich erhöhten Glucocorticoidwert sowie wesentlich geringeres Körpergewicht. Die unterschiedlichen sozialen Fähigkeiten der beiden Typen zeigen sich aber nicht nur bei Integration in eine vollständige Gruppe, sondern auch bei der Konfrontation mit unbekannten Männchen: Hier sind die unvollständig sozialisierten Jungs nicht in der Lage, ohne schwerste und blutige Kämpfe ihre Beziehung zum unbekannten Erwachsenen zu regeln, wohingegen die Konfrontation eines vollständig Sozialisierten mit einem erwachsenen Männchen ohne Kampf und ohne Stresshormonausschüttung funktioniert.

Geschlechtsspezifische Verhaltensmerkmale

Geschlechtstypische, das heißt in einem Geschlecht häufiger oder stärker auftretende Verhaltensmerkmale und geschlechtsspezifische (das heißt nur in einem Geschlecht auftretende) Verhaltensmerkmale in der Ontogenese haben wegen des Zusammenhangs mit hormonellen Prozessen stets besonderes Interesse gefunden. Es gilt jedoch dazu festzustellen, dass nicht jeder Geschlechtsunterschied im Verhalten auch auf Geschlechtsunterschiede in der Individualentwicklung zurückgeführt werden kann. Viele Unterschiede im Verhalten der Erwachsenen (zum Beispiel Laufaktivität bei Ratten, Paarungsverhalten bei Frettchen und andere) sind mehr vom Hormonspiegel im Erwachsenenstadium als von der Jungtierentwicklung abhängig. Andere Unterschiede können ebenso auf unterschiedliches Verhalten der Mütter oder Artgenossen gegenüber männlichen oder weiblichen Jungtieren zurückzuführen sein. Bekoff (1977) nennt dafür Beispiele von Primaten, so könnte das etwas robustere und raubeinigere Verhalten männlicher Jungtiere auch wiederum unterschiedliches Verhalten der Mutter bezüglich Zurückweisen, Bestrafen oder Festhalten der Jungtiere hervorrufen und umgekehrt. Männliche und weibliche Verhaltensentwicklungen können teilweise auch völlig unabhängig voneinander laufen. Doch hier kann von einer Säugetierart nicht ohne Weiteres auf eine andere extrapoliert werden: Bei Frettchen können erwachsene Männchen durch Zugabe von weiblichen Hormonen zu weiblichem rolligen Sexualverhalten gebracht werden, bei Laborratten nicht. Auch die Altersstadien, in denen Sexualhormone dauerhafte Wirkungen auslösen, variieren sehr stark, wie wir bereits bei der Wirkung von Testosteron auf Aggression bei Mäusen, Hunden und Affen (→ S. 184) gesehen haben.

Spielverhalten

Zu den faszinierendsten, aber auch problematischsten Themen im Bereich der Verhaltensentwicklung gehört sicherlich das Thema Spielverhalten. Wenn nahezu alle Autoren und Beobachter ohne Weiteres zugeben, dass Spielen leicht erkennbar und auch mit hoher Verlässlichkeit zwischen den Beobachtern zuzuordnen ist, gibt es über die genaue Definition erhebliche Meinungsverschiedenheiten. Eine allgemeine Definition von Martin und Caro (1985) gibt Folgendes wieder:

> *„Spiel ist jede lokomotorische Aktivität nach der Geburt, die für den Beobachter keinen erkennbaren unmittelbaren Nutzen hat, wobei Bewegungsmuster, die denen in ernsthaften Funktionszusammenhängen ähneln, in veränderter Form auftreten können. Die Bewegungsmuster haben einige oder alle der folgenden Strukturmerkmale: Übertriebene Bewegungen, wiederholte Akte und Aufsplittung oder ungeordnete Zusammensetzung der Verhaltenssequenzen. Sozialspiel bezieht sich auf Spiel, das auf Artgenossen gerichtet ist, Objektspiel ist auf unbelebte Gegenstände gerichtet. Bewegungsspiel sind offenkundig spontane Bewegungen, die das Individuum durch seine Umwelt tragen. Beutefangspiel ist auf lebende oder tote Beutetiere gerichtet."*

Vorteile des Spielverhaltens

Die nächste Schwierigkeit bei der Erfassung des Spielverhaltens liegt in der Frage nach dem Vorteil des Spiels. Martin und Caro (1985) zeigen hier zunächst einen zumindest möglichen Widerspruch auf: Einerseits sollte Spiel eben keinen erkennbaren Vorteil für das Tier haben, andererseits tun Tiere ja angeblich nichts, was nur Kosten mit sich bringt, ohne einen Nutzen daraus ziehen zu können. Energiekosten, Verletzungsrisiko, Zeitverlust oder Ähnliches sind allemal bei spielenden Jungtieren zu beobachten. Um diesen scheinbaren Widerspruch zu lösen, wurden viele Funktionen des Spiels für die Zukunft postuliert: Muskel- und Bewegungstraining, Sozialisation, Erlernen der Kommunikation oder einer Rangordnung, Verschaffen optimaler Erregungswerte für zentralnervöse Rückkopplungs- und Lernmechanismen, Abbau überschüssiger Energie und vieles andere mehr. Viele dieser Überlegungen sind auch durch anekdotische Beobachtungen, kleine Stichproben und Plausibilitätsargumente gestützt. So zeigt Fagen (1976, 1981) mit Befunden aus der Sport- und Trainingsphysiologie, dass ständige leichte Überlastung im Jungtierstadium oder Jugendstadium zu besserer Herz-Kreislauf- als auch Muskelentwicklung führt, und dass die zeitliche Rhythmik von Spielaktivitäten viele Ähnlichkeiten mit der Rhythmik von optimal geplanten Trainingsprogrammen hat. Auch die Vorhersagen, die Baldwin aus der Lernpsychologie ableitet, klingen einleuchtend:

> *Jungtiere bemühen sich, die von ihrer Umwelt auf sie einwirkenden Sinnesreize jeweils in einem Optimalbereich zwischen Über- und Untererregung zu halten.*

Da jeder Umweltfaktor mit der Zeit zunächst neue und sehr erregende Momente bringt, später immer bekannter und langweiliger wird, schreitet auch die spielerische Erkundung stufenweise von Berührung der Mutter über Beobachten, Berühren und Manipulieren von Gegenständen zu mehr und mehr zunehmend gewagten Bewegungsspielen – schließlich zu spielerischem Kontakt mit Artgenossen bis hin zu Spielkampf und Balgereien. Die genannten Autoren führen aber auch eine Reihe von Freilandstudien ein, die zeigen, dass Spielen offensichtlich nicht essenziell für die Entwicklung normalen Verhaltens ist.
Allerdings zeigt sich zum Beispiel bei einer durch knappe und weiterverteilte Nahrung stärker beanspruchten wenig spielaktiven Totenkopfaffenpopulation ein lockerer Gruppenzusammenhalt, weniger soziale Interaktion und größere Individualdistanz als in Vergleichspopulationen mit höherer Spielaktivität. Aber was ist jetzt Ursache und was Wirkung?

Die Lösung des Dilemmas über die schwer nachweisbaren direkten Vorteile des Spielverhaltens sehen Martin und Caro (1985) in einer recht radikalen Lösung: Aufgrund der allerdings wenigen vorhandenen exakten Zeit- und Energieaufwandsbestimmungen zeigt sich, dass Spielen weit weniger Zeit (unter zehn Prozent der Tageszeit) und Energie (meist nur zwei bis vier Prozent des Tagesenergiebedarfs) eines Jungtieres pro Tag benötigt. Auch Angaben über die wirklich beim Spiel drohenden Gefahren bewegen sich meist auf dem Stadium von Plausibilitätsargumenten oder anekdotischen Beobachtungen von Herunterfallen, sich anstoßen oder ähnlichen Aktionen. Aus all diesen Befunden ziehen Martin und Caro den Schluss, dass Spiel gar nicht so teuer ist, wie bisher angenommen. Folglich muss es auch nur geringfügige Vorteile bringen, so lange diese eben die Kosten übersteigen, reicht es für die Selektion. Sie betonen aber, dass durch diese Aussage und die dafür vorgestellten wenigen Daten zukünftige Forschungen nur besser auf testbare Hypothesen fokussiert werden sollten. Schließlich finden Martin und Caro (1985) zu einer Schlussfolgerung, die sehr gut zum Konzept der ontogenetischen Nische passt: Anstatt auf langfristige Vorteile zu spekulieren, sollte die Annahme direkter, kurzfristiger Vorteile für das Jungtier geprüft werden.

Hinweise darauf kommen zum Teil von Kindern, deren momentane Problemlösung durch direkt vorangegangenes Spiel gesteigert wurde, auch einige Beobachtungen an Katzen können die Folgerung ableiten lassen, dass Spiel mehr die Entwicklungsgeschwindigkeit als das Endstadium des Verhaltens, beeinflusst: Katzen, die mit dem Beutefangspiel während der Entwicklung des Beutefangverhaltens die Möglichkeit zum Üben hatten, waren zu jedem Zeitpunkt des Spielens besser und geschickter, aber nur wenn man den jeweiligen Entwicklungsabschnitt mit dem von Kätzchen ohne Spielerfahrung verglich. Das Ende der Entwicklung war immer eine vollständige und dann auch perfekt ausgeführte Beutefanghandlung. Nur während des Lernprozesses konnte die Erleichterung durch das Spielverhalten nachgewiesen werden. Man muss hier bei der Betonung der Wichtigkeit des Spielverhaltens, die sich auch in vielen Arbeiten über Hundeartige findet, eben unterscheiden zwischen den wirklich nachgewiesenen Vorteilen des Spielens und den ebenso wirklich nachgewiesenen Nachteilen einer unvollständigen Sozialisation generell. Nicht jeder Vorteil einer vollständigen Sozialisation kann gleichzeitig als Vorteil des Spielverhaltens nachgewiesen werden.

Geschlechtsunterschiede im Spiel
Völlig andere Einstellungen zur Wichtigkeit des Spiels werden häufig aber doch wiederum dann mit Plausibilitätsargumenten vorgebracht, wenn man sich mit den Geschlechtsunterschieden im Spiel befasst. Die Existenz von Geschlechtsunterschieden im Spiel, in Häufigkeit, in Intensität, Dauer, Art und Verschiedenheit der benutzten Verhaltensweisen ist ohne Zweifel für viele Arten auch statistisch belegt. Bemerkenswert ist wiederum das Fehlen der Geschlechtsunterschiede, zum Beispiel im Spielkampf der Hundeartigen, selbst wenn alle eventuell zum Beutefang gehörenden Akte ausgenommen werden.

Spielsequenzen richtig deuten

Die Sache mit dem Spiel ist also nicht so einfach. Was können wir daraus für die praktische Arbeit ableiten? Wichtig ist, dass wir Spielsequenzen eindeutig erkennen müssen. Wir müssen wissen, wann eine Spielhandlung, zumindest für einen der Beteiligten, zu kippen droht und dann auch nicht mehr die Definition des lustbetonten und zweckfreien Verhaltens erfüllt. Dazu ist es vielleicht aufschlussreich, sich noch einmal die wichtigsten Kriterien des Spielverhaltens vor Augen zu führen:
- Spielverhaltensweisen sind immer durch einen häufigen Rollenwechsel charakterisiert, das heißt die Rolle des Jägers und des Gejagten oder des bei der Balgerei oben und unten Liegenden müssen regelmäßig wechseln.
- Spielverhalten wird, insbesondere beim Spielantrag und vor allem seitens des eventuell Stärkeren, durch ein Selbsthandicap,

durch ein Sich-selbst-Benachteiligen charakterisiert. Wer einen Schwächeren oder Kleineren zum Spiel auffordern will, tut das, indem er sich klein macht oder aus einer ungünstigen Körperposition heraus den Spielantrag startet. Der andere hat dann die Möglichkeit, diesen Spielantrag entweder anzunehmen oder auch nicht. Spielverhalten ist durch die Kombination von Verhaltensweisen aus verschiedenen Funktionskreisen, etwa Beutefang, Sexualverhalten und sozialer Körperpflege charakterisiert und die im Ernstverhalten regelmäßig geordnet aufeinanderfolgenden Verhaltenssequenzen sind im Spielverhalten aufgelöst und mehr oder weniger willkürlich oder scheinbar chaotisch umkombiniert.

▸ Letztlich gehört zum Spielverhalten auch die Spielkommunikation, das Spielgesicht oder andere Signale, die dem Artgenossen zeigen: Was jetzt kommt, ist nicht ernst gemeint. Sobald einer der Beteiligten dieses Spielgesicht nicht mehr zeigt, wird es möglicherweise für ihn schon ernst.

▸ Spiel tritt nur in einem entspannten Feld auf, das heißt jede andere, lebenswichtige(re) Verhaltensweise blockiert, meist jedenfalls, das Auftreten von Spielverhalten sehr wirksam.

Ob im Spielverhalten soziale Positionen, Rangordnungen und andere Beziehungen geübt oder vorgeformt werden, ist möglicherweise auch wieder von Art zu Art unterschiedlich. Wir werden bei der Zusammenfassung der Entwicklung des Hundeverhaltens dieses Thema noch einmal aufgreifen (→ S. 248).

Spielverhalten unter Erwachsenen

Auch die Frage, ob Spiel unter Erwachsenen auftritt, ist sicherlich art- beziehungsweise gruppentypisch zu beantworten. Bei Hundeartigen dient das Spiel, wie wir gesehen haben, ganz eindeutig unter anderem der Festigung beziehungsweise Wiederetablierung der Beziehung zwischen Rüde und Fähe im Zeitpunkt des Voröstrus. Bei vielen in Gruppen lebenden Raubtieren, etwa den Mangusten, dient Spielverhalten unter Erwachsenen möglicherweise der Regulation sozialer Konflikte, jedoch wurden durch direkte Untersuchungen keine Einflüsse vorangegangener Konflikte oder potenzieller Konfliktsituationen auf die Häufigkeit des Spielverhaltens gefunden. Besonders „beunruhigend" sind die Untersuchungen der Forscherin Linda Sharpe, die in den letzten Jahren Erdmännchen (eine südafrikanische tagaktive in Gruppen lebende Schleichkatzenart) beobachtet hat: Spielverhalten beeinflusst nach ihren Untersuchungen weder die zukünftigen Erfolge im Kampfverhalten, noch beeinflusst sie positiv diesen sozialen Zusammenhalt. Die Häufigkeit des Sozialspiels beeinflusst weder die Abwanderung, noch reduziert sie die Aggression in der Gruppe. Alles das sind Beobachtungen an wild lebenden Erdmännchen, denen sicherlich das Spielverhalten auch wesentlich mehr an Energie und Aufwand abverlangt als Gehegetieren. Alle diese Studien, die zwischen 2003 und 2005 veröffentlicht wurden, lassen also vermuten, dass es für die wild lebenden Erdmännchen entweder irgendeinen noch unbekannten Vorteil des Spiels gibt oder dass Spielverhalten für sie so wenig Aufwand und so wenig Energiekosten bedeutet, dass sie es sich leisten können, sogar „aus Jux und Tollerei" zu spielen. Es wird in Zukunft sehr spannend werden, hier neuere Erkenntnisse zu finden und es wäre interessant, ähnliche Untersuchungen auch an Hundeartigen mit ihrem intensiven Spielverhalten durchzuführen. Pereirra und Fairbanks (2002) haben durch eine weitere Übersicht neuerer Spielverhaltensliteratur, bezüglich des Spielverhaltens in der Jugendphase, mögliche Funktionen herausgearbeitet. Laut ihrer Übersicht über Zeiten, Altersabschnitte und Häufigkeiten besonders intensiven Spiels sind Entwicklung von Nervenverknüpfungen im Kleinhirn sowie Differenzierung von Muskelfasertypen, die wahrscheinlichsten Hauptfunktionen. Dann kommt das „Zurechtstutzen und Auslichten" der Nervenbindungen im Gehirn allgemein, denn jeder Spieltyp hat offenbar dann seinen Höhepunkt erreicht, wenn die entsprechende Hirnregion ihre größte neuronale Plastizität aufweist. Dadurch würde Spiel eben vor allem der Bewegungskoordination, sei es Nahrungserwerb, Sozialverhalten, Fortbewegung oder Ähnlichem dienen.

Auswirkung auf die Pubertät

Die Endphase der Sozialisationsentwicklung eines jungen Säugetieres wird mit der Pubertät eingeleitet. Wir haben bereits oben gesehen, dass gerade in dieser Zeit die Sozialisationseinflüsse der anwesenden Erwachsenen, insbesondere wohl der Erwachsenen des gleichen Geschlechts, einen erheblichen Einfluss auf die späteren sozialen Fähigkeiten und Taktiken des Tieres haben können. Deshalb wird der Pubertätsphase bei dem Studium der Sozialverhaltensentwicklung von Säugetieren zunehmend mehr Interesse zugewandt. Kappeler und Perreira (2004) haben, zwar vordergründig am Beispiel der Primaten, aber doch auf viele andere Säugetiere übertragbar, die Einflüsse auf die Pubertät und die Auswirkungen dieser Phase auf das spätere Leben, die Lebensgeschichte, den Fortpflanzungserfolg und die sozialen Taktiken dargestellt. Es ist nur in seltenen Fällen möglich, bereits heute mit Daten anderer Säugetiere, mit Ausnahme der bereits genannten Labornager, diese Phase ebenso gut zu beschreiben.

Einige anekdotische Befunde, zum Beispiel an Hauspferden (Hendrichs 2002) wie auch Przewalski-Urwildpferden (Zimmermann et al. 1978) geben beispielsweise an, dass die Sozialisation von Junghengsten durch die Anwesenheit eines starken, souveränen Familienhengstes und auch durch das anschließende Durchlaufen einer mehrjährigen Junghengstherdenphase erheblich vervollständigt wird. Die Daten aus dem Urwildpferd-EEP (Europäisches Erhaltungszuchtprogramm) lassen zum Beispiel vermuten, dass Stuten sehr wohl Hengste bevorzugen, die aus solchen Junggesellenherden kommen, gegenüber solchen, die zwar gleich alt, aber ohne die intensive Spiel- und Kontaktphase der mehrjährigen Junghengstherdenzeit in die Zuchtgruppen gebracht worden sind. Ebenso zeigen die Daten an den Hauspferden, dass nur solche Hengste, die bereits in ihrer Fohlenzeit die Anwesenheit eines souveränen, starken Hengstes teilten, später ebenso in der Lage waren, als souveräner, starker Hengst in der eigenen Herde aufzutreten. Dies deckt sich zum Beispiel mit den Befunden von Stahnke (Zitat) an Meerschweinchenmännern. Nicht nur die Anwesenheit irgendeines männlichen Tieres, sondern speziell die Anwesenheit eines starken, souveränen männlichen Tieres in der Pubertät formt hier offensichtlich die Persönlichkeit. Anekdotische Berichte von Hundezüchter/innen über den Einfluss der Persönlichkeit eines entsprechend souveränen Rüden auf die Welpenentwicklung scheinen dieser Annahme Recht zu geben.

Formale Studien über die Bedeutung der Pubertätsphase bei Hundeartigen sind bisher kaum veröffentlicht. Serpell (2000) zitiert Studien an handaufgezogenen Wölfen, die angeben, dass handaufgezogene Wölfe nur dann später die volle Vertrautheit mit dem Menschen behalten, wenn sie auch zum Zeitraum der körperlichen Geschlechtsreife, das heißt mit etwa sechs bis acht Monaten, noch oder wieder intensiven Kontakt mit Menschen hatten. Fehlt diese zweite Phase, so sind die Wölfe später dem Menschen gegenüber zwar zahm, aber haben die ursprüngliche Vertrautheit verloren.

Abwanderung

Kompliziert wird das Geschehen insbesondere bei Betrachtung der Hundeartigen natürlich durch das Phänomen der Abwanderung, des sogenannten Dispersal.

> *Dispersal ist eine derjenigen Verhaltenserscheinungen, die am deutlichsten zwischen der Struktur von Populationen, dem genetischen Aufbau und den räumlichen Organisationen einerseits und dem unmittelbar beobachtbaren Verhalten andererseits vermittelt.*

Demgemäß gibt es sehr viele Erklärungsansätze und Untersuchungen zu diesem Thema bei einer breiten Vielzahl von Tierarten (s. Gansloßer 1998). Die generelle Tendenz bei Säugetieren ist, dass Dispersal meistens von männlichen Tieren ausgeführt wird, das heißt, die weiblichen Tiere bleiben eher im elterlichen Streifgebiet oder sogar in ihrer Geburtsgruppe.

Bei Vögeln ist dies überwiegend umgekehrt. Bevor wir uns mit den Verhältnissen bei den Hundeartigen speziell beschäftigen, ein paar Erklärungsansätze, die generell für das Verständnis des Abwanderungsverhaltens herangezogen wurden.

Abwanderung auf der funktional-evolutiven Ebene

Auf der „Wozu?"-Ebene, der funktional-evolutiven Ebene, werden entweder Inzuchtvermeidung, Konkurrenzreduzierung seitens der Eltern und/oder der Heranwachsenden, der Geschlechtsdimorphismus, oder auch einfach nur die Manipulation durch die Eltern, welche die Jungtiere vertreiben können, angeführt. In manchen Studien und in manchen Populationen von Kleinsäugern scheint es auch Hinweise auf eine genetische Veranlagung zu geben, dort gibt es offenbar bestimmte Individuen, die genetisch mit mehr oder weniger Abwanderungsmotivation ausgestattet sind. Oft wird auch eine Kombination von mehreren der hier genannten Faktoren angenommen, zum Beispiel, dass die Inzuchtvermeidung durch Abwanderung des einen Geschlechts und die zukünftige Unterstützung der Eltern bei der Aufzucht späterer Jungtiere, also die elterliche Manipulation, beim Zuhausebleiben des anderen Geschlechts eine Rolle spielen würde. Manche Studien nehmen auch schlichtweg an, dass Abwanderung primär keine Vorteile bringt, sondern nur eine Folge von überfüllten Lebensräumen ist.

Abwanderung auf der proximaten Ebene

Auf der proximaten, der Mechanismenebene dagegen sind die Untersuchungen wesentlich weniger zusammenhängend und lassen auch nur wenige durchgehende Argumentationslinien erkennen. Zudem sind die Ergebnisse an den verschiedenen untersuchten Arten nicht immer widerspruchfrei. Es könnte also sehr wohl sein, dass die Abwanderung bei nicht allen Arten und vielleicht sogar bei beiden Geschlechtern von unterschiedlichen Mechanismen angetrieben und unterschiedlichen funktionalen Zwecken dienen könnte. Ein häufig angeführtes proximates Argument für das Entstehen von Abwanderungsverhalten ist die Dichte und die daraus oftmals resultierende Aggression: Vielleicht werden die Abwanderer einfach aktiv vertrieben. Obwohl diese Deutung häufig zu finden ist, trifft sie wohl nur auf wenige Gruppen, zum Beispiel monogame Gibbons oder Feldmäuse, zu. Bei den Kleinnagern allerdings kommt hier noch ein methodisches Problem hinzu: In vielen Studien wird einfach nach der Zahl der Bissverletzungen eines gefangenen Tieres auf das Aggressionsniveau der betreffenden Population geschlossen, aber man weiß nicht, ob das gleiche Tier von den gleichen Artgenossen mehrfach oder von verschiedenen Artgenossen nur einmal gebissen wurde. Oft wandern auch sogar die aggressivsten und ranghöchsten Tiere ab. Auch im Erwachsenenstadium wechseln zum Beispiel die ranghöchsten männlichen Tieren bei manchen Makaken nach einigen Jahren wieder den Trupp.

Der Zauneffekt (social fence)
Eine besondere Form der dichtebedingten Abwanderung ist die von Lidicker (vgl. Ganlsoßer 1998) postulierte Situation des social fence, sozusagen des sozialen Zaunes und des dispersal sink, des freien einwanderungsfähigen Raumes. Lidicker fordert als Voraussetzung für erfolgreiche Abwanderung freie Lebensräume am Rande des Verbreitungsgebietes, die sogenannten dispersal sinks. Sind solche vorhanden, wandern bei zunehmender Dichte immer mehr Tiere ab. Im Zentrum des Verbreitungsgebietes leben überwiegend verwandte Tiere, mit einer entsprechend niedrigen Aggressionsrate. Sind die dispersal sinks voll, setzt ein Abfindungseffekt ein: Die aus dem zentralen Bereich hinausdrängenden Individuen werden von der weniger Verwandten, daher aggressiver reagierenden Gruppe der „Randexistenzen" zurückgehalten und bleiben zu Hause: social fence oder Zauneffekt. Die Erscheinungen sind beispielsweise von großer Bedeutung im Wildtiermanagement, vor allem dann, wenn eine Art in ihrem Lebensraum bereits wieder recht häufig wurde, muss man nämlich genau die richtigen Tiere entnehmen!

Überdrussverhalten

Ein besonders interessantes Modell ist das von der Züricher Psychologengruppe Harry Gubler und Norbert Bischof aufgestellte Modell des Überdrussverhaltens: Nach diesen Überlegungen wird Abwanderung nicht durch zu wenig, sondern durch zu viel Vertrautheit mit den Gruppen- und Familienmitgliedern erreicht. Im Laufe der Ontogenie steigt der sogenannten Autonomieanspruch, das Sicherheitsbedürfnis sinkt und daraus entsteht eine Überdrussreaktion, diese treibt die Jungtiere schließlich hinaus in die Ferne. Neben einigen Arbeiten an Krallenaffen und Menschen kann als Beleg hierfür auch eine Studie an einer australischen Beutelmaus herangeführt werden. In Begegnungstests zwischen Heranwachsenden und deren Müttern beziehungsweise fremden Weibchen zeigt sich, dass, obwohl keine Aggression von Mutter zu Sohn beobachtet werden konnte, trotzdem die Söhne das mütterliche Streifgebiet verließen. Fehlte die Mutter, war ein fremdes Weibchen anwesend, blieben Söhne und Töchter zu Hause (s. Gansloßer 1998). Die Komponenten des sogenannten Züricher Modells der sozialen Motivation, zu dem neben dem Autonomiegefühl unter anderem auch die Sexualität, die Empfindung räumlicher Nähe und das Sicherheitsbedürfnis beziehungsweise die dem Sicherheitsbedürfnis entgegengesetzte Erregung gehören, sind nur in komplexer Weise miteinander verknüpfbar. Faktoren wie Bindung, Furcht und Submission unterdrücken beziehungsweise reduzieren, Faktoren wie Überdruss, Neugier und Selbstsicherheit stärken die Abwanderungsbestrebungen. Dazu kommen eben die inneren Faktoren des sogenannten inneren Copings, der inneren Problembewältigung (→ S. 60).

Diejenigen Erklärungsmuster, die im Durchschnitt wohl die Abwanderungsstrategien der Hundeartigen am besten abbilden, sind teilweise auch an Hunden, jedoch durchaus auch an Murmeltieren, Gorillas, Löwen und Raubbeutlern bestätigt worden: Es gibt offensichtlich einen deutlichen Zusammenhang zwischen Grad und Häufigkeit des Spielens, Bindungs- und Rangordnungsverhalten der Wurfgeschwister und dem späteren Abwandern:

Abwanderer werden oft frühzeitig von den Wurf- und Gruppenmitgliedern gemieden, beziehungsweise treten dann auf, wenn wegen eines Wechsels in der Gruppenführung keine vorherigen ausgiebigen Kontakte mit den derzeitigen „Regierungschefs" bestanden.

Ähnliche Ergebnisse erhielt man (Waser 1988) als man Kängururatten nach der Entwöhnung durch einen Zaun einige Wochen in beziehungsweise außerhalb des mütterlichen Bauareals hielt. Nach Wegnahme des Zaunes blieben diejenigen, die innerhalb des Areals bleiben mussten, freiwillig zu Hause, die anderen dagegen wanderten ab (die Beschreibung in wörtlicher Übersetzung lautet: „Sie waren offensichtlich nicht mehr in der Lage, den Bau wieder zu betreten"). Diese Befunde deuten an, dass während der oder kurz vor der Abwanderungszeit die Ausbildung persönlicher Beziehungen und eventuell Bindungen zu den Wurfgeschwistern beziehungsweise zu den Elterntieren der entscheidende Faktor für die Entscheidung, ob abwandern oder zu Hause bleiben, sein würde.

Abwanderung bei Hundeartigen

Zu diesen Befunden passen am besten auch die Studien an einer Vielzahl von Hundeartigen (Zusammenfassung Gansloßer 2006), die zeigen, dass es in jedem Welpenwurf eine mehrschichtige soziale Situation gibt:

- Die **ranghöchsten** Jungtiere sind diejenigen, die am frühesten beziehungsweise am weitesten abwandern. Das bestätigen Untersuchungen an Rotfüchsen, Kojoten, Wölfen und Haushunden, andere Arten passen wohl auch anekdotisch in dieses Schema.
- Die **rangmittleren** Jungtiere sind diejenigen, die durch intensives Spielverhalten untereinander eine intensive Beziehung zueinander aufbauen und dieses intensive Spielverhalten offensichtlich auch zur Vorbereitung ihrer späteren Anwesenheit im Rudel als Brutpflegehelfer und Babysitter nutzen.
- Das **rangtiefste** Tier, das Schmuddelkind, das von allen gemieden

wird und mit niemandem spielen kann, dagegen verlässt mit der Zeit ebenfalls den Wurf beziehungsweise wird vertrieben, im Gegensatz zum ranghöchsten Abwanderer aber ist es meist nicht in der Lage, sich in einem neuen Rudel niederzulassen, sondern muss als staatenloser Grenzgänger in den Randbereichen zwischen den Territoriumsgrenzen herumstreifen und kommt oft auch nicht zur Fortpflanzung.

Nur die ranghöchsten Abwanderer sind offensichtlich in der Lage, sich erfolgreich anderen Rudeln anzuschließen oder sich in fremden Gebieten zur Fortpflanzung zu etablieren. Jedoch sind diese, eher durchschnittlichen Verhältnisse, durch eine Reihe von komplizierteren Einzelsituationen wieder zu relativieren.

Unterschiedliche Abwanderungsformen
Sillero (2006) und MacDonald (2006) zeigen, wie selbst innerhalb der gleichen Population, geschweige denn der gleichen Art, sehr unterschiedliche Fortpflanzungs- und Abwanderungsformen zu finden sind:
Es gibt wiederholte Beobachtungen an Wölfen, Kojoten, Wildhunden und anderen auch kleineren Canidenarten, wonach Tiere zunächst abwandern, sich dann in der Nachbarschaft oder an der Grenze des elterlichen Territoriums mit eigenen Paarungspartnern niederlassen (das erinnert an den social fence effect), dort mehr oder weniger erfolglos Jungtiere aufzuziehen versuchen, dann wieder in die elterliche Familie zurückkehren, um dort als Brutpflegehelfer zu arbeiten. Andere wandern sehr weit weg, lassen sich woanders nieder und ziehen erfolgreich auf oder wandern weit weg, lassen sich nieder, sind erfolglos und kommen zurück. Wieder andere gehen nur ins Nachbarrevier und schließen sich dem dortigen Rudel an, alles innerhalb der gleichen Art und alles innerhalb der gleichen Population. Welchen Einfluss dabei einerseits die ultimaten Faktoren der Inzuchtvermeidung und der Ressourcenkonkurrenz, und andererseits die proximaten Faktoren von Scheinträchtigkeit, Brutpflegemotivation aus hormonellem Antrieb und Verwandtenerkennung haben, können wir bisher nur vermuten. Bemerkenswert ist

Das lebhafte Spiel der Welpen ist sozusagen auch Programmierung ihrer späteren sozialen Vorgehensweise.

Bereits beim Züchter werden die Grundlagen für das spätere Leben des Welpen gelegt.

jedoch, dass es sich hier innerhalb der gleichen Arten um ein solches Mosaik unterschiedlicher Mechanismen zu handeln scheint.

Abhängigkeit von der Körpergröße
Eines jedoch ist bei Hundeartigen als Trend sehr deutlich erkennbar: Je kleiner die Hundeart ist, desto häufiger wandern Weibchen ab, je größer, desto mehr die Männchen.
Die kleinsten Arten, die nur ein bis anderthalb Kilogramm schweren Kitfüchse, Fennecs und andere kleine Fuchsarten haben manchmal sogar ein aus einem Rüden und zwei oder sogar drei Fähen bestehendes Sozialsystem, also eine absolut hundeuntypische, aber säugetiertypische Organisation. Hier wandern überwiegend die Rüden ab.
Bei den mittelgroßen, etwa schakalgroßen Arten ist das Abwanderungsverhalten beider Geschlechter etwa gleich groß, das heißt, Rüden und Fähen wandern mit gleicher Wahrscheinlichkeit ab, daraus resultieren dann auch mehr oder weniger stabile monogame Paare.
Bei den größten Arten ist die Abwanderung eindeutig weibchenlastig, die Rüden bleiben zu Hause und werden Babysitter, der Extremfall sind die Rudel afrikanischer Wildhunde mit oft nur einem weiblichen Tier und einem halben Dutzend Rüden.
Um die Sache noch weiter zu verkomplizieren, ein Befund vom afrikanischen Wildhund (Rassmussen 2006): Bei diesen Tieren unterscheidet sich die Wurfzusammensetzung innerhalb des Lebens einer fortpflanzungsfähigen Fähe: Der erste Wurf besteht überwiegend aus männlichen Tieren, die späteren eher aus weiblichen. Dadurch wird der Aufbau des männchenlastigen Rudels zunächst erleichtert, später die weibchenlastige Abwanderung erzeugt, die das Rudel in stabiler und leichter zu ernährender Größe hält. Leider gibt es zu diesem Thema keinerlei statistische Untersuchungen an anderen Arten oder an Haushunderassen.

Beeinflussung durch Reviergröße und Nahrungsangebot
Gerade bei den Hundeartigen wird, wie die zusammenfassenden Darstellungen (zum Beispiel MacDonald 2006) zeigen, die Dynamik der Rudelbildung und des Abwanderungsverhaltens von der

Verfügbarkeit freier Reviere und der Verteilung und Größe der Nahrungsressourcen erheblich mitbeeinflusst. Es kann daher nur selten vorhergesagt werden, wie sich in einem bestimmten Gebiet unter bestimmten Bedingungen die Abwanderungssituation entwickeln wird. Jedoch gibt es wenigstens einige Studien, zum Beispiel von Messier (1985), die den Ablauf des Abwanderns bei Wölfen und verwandten Arten begleitet haben. Bei Messiers Studien zeigte sich, dass sich die potenziell abwandernden Rudelmitglieder zunächst durch immer längere, sowohl zeitliche als auch räumliche Entfernung vom Hauptrudel charakterisieren ließen. Sie blieben bei Wanderungen zurück, unternahmen Exkursionen in Nachbargebiete, kamen wieder, schlossen sich dem Rudel erneut an, bei der nächsten Exkursion blieben sie weiter zurück oder wanderten weiter, blieben länger weg, kamen wieder und so weiter. Im Laufe mehrerer Wochen bis Monate löste sich schließlich die Bindung oder die Beziehung zum alten Rudel und das neue Rudel wurde zunehmend immer mehr aufgesucht. Schon Ziemen (2003) konnte zeigen, dass im neuen Rudel überwiegend die ranghöchste Wölfin entscheidet, ob neue Helfer von außerhalb rekrutiert werden oder nicht.

> *Der enge Zusammenhang des Abwanderungsverhaltens mit den bereits besprochenen Brutpflege- beziehungsweise Babysitteraufgaben im Rudel, mit Nahrungs- und Ressourcenverteilung sowie mit den Konkurrenz- beziehungsweise Konkurrenzvermeidungsmöglichkeiten, auch durch die differenzielle Bevorzugung des einen oder anderen Geschlechts, wird hier nochmals sehr deutlich, so dass das Abwanderungsverhalten sozusagen als Synthese im Kleinen für das gesamte Sozialsystem betrachtet werden kann.*

Welpenaufzucht beim Züchter

Zum Abschluss dieser Betrachtungen sollen nun noch einige, sicherlich nicht vollständige Befunde über die Auswirkungen der Entwicklung in der frühen und späteren Jungtierzeit auf das Verhalten von Hunden, teilweise im Gegensatz zu dem von Wölfen, referiert werden:

In mehreren Untersuchungen (Zusammenfassung bei Topal et al. 2005) konnte gezeigt werden, dass die Fähigkeit eines Hundes, Bindungen mit dem Menschen auszubilden und die Fähigkeit, durch Blickkontakt, Kommunikation und andere zeigende Hinweise zum Beispiel verstecktes Futter zu finden, nicht von dessen Aufzuchterfahrung abhängig ist. Der Vergleich von handaufgezogenen mit von der Mutter aufgezogenen Hundewelpen durch den Beziehungstest nach Ainsworth (→ S. 107) konnte für beide Versuchsgruppen die gleichen Ergebnisse erzielen, nämlich dass 16 Wochen alte Hundewelpen ihren Besitzer im Ainsworth-Test deutlich und nachweisbar gegenüber fremden Personen bevorzugten. Wölfe dagegen zeigten diese Bevorzugung ihres Besitzers beziehungsweise ihrer Ersatzeltern gegenüber anderen Menschen nicht. Diese und ähnliche Befunde unterstützen die bereits dargestellte Annahme, dass die Fähigkeit zur Ausbildung individueller Bindungen sowie zur Kommunikation über Blick- und Zeigekontakte eines der wesentlichen Domestikationsmerkmale des Hundes war, das nicht von individuellen Sozialisationserfahrungen abhängig ist. Andere Erfahrungen dagegen scheinen sehr wohl von Bedeutung für die individuelle Verhaltensausbildung zu sein.

Aufzuchtstätte

Serpell und Jagoe (2000) haben eine ganze Reihe von Untersuchungen zusammengetragen, aus denen unter anderem hervorgeht, dass Hunde, die aus Zoogeschäften stammen, mit Abstand den höchsten Anteil von Aggressionsproblemen mit Dominanzaggression sowie von Furcht und sozialer Ängstlichkeit hatten. Die zweithöchste nahezu gleich hohe Säule waren Hunde, die aus Tierheimen oder von Tierzüchtern stammten oder gefunden wurden, die geringsten Prozentanteile hatten Hunde, die selbst im eigenen Haushalt oder bei Freunden oder Verwandten aufgezogen worden waren. Eine andere Studie zeigte, dass Welpen, die in der früheren Zeit, insbesondere im Alter zwischen acht und zwölf Wochen, krank gewesen waren, eine starke Impfreaktion aufwiesen, verletzt wurden, operiert werden mussten oder andere körperliche Beeinträchtigungen erfuhren, mit besonders hohem Anteil für verschiedene Aggressionsprobleme, Fremdenangst, Angst gegenüber Kindern, abnormalem Sexualverhalten, Trennungsängsten, trennungsbedingten Bellanfällen und ähnlichen Verhaltensproblemen behandelt werden mussten.

Abgabetermin

In einigen Studien konnte gezeigt werden, dass eine Trennung von zumindest größeren Hunden von Mutter und Wurfgeschwistern ab der zwölften Lebenswoche einen erheblichen Einfluss auf die Stabilität und Leistungsfähigkeit sowohl des Immunabwehrsystems als auch des Stresssystems im späteren Leben aufwies, das heißt Welpen, die vor diesem Zeitpunkt von der Mutter getrennt wurden, waren später anfälliger für Infektionskrankheiten wie auch für Verhaltensprobleme, insbesondere solche, die über die Nebennierenrindenaktivität gesteuert werden, zum Beispiel Trennungsängste, Angstaggression und ähnliche Probleme. Eine weitere Statistik belegt, dass eine Fremdelaggression, also eine Ablehnung und gegebenenfalls auch aggressive Ablehnung fremder Menschen und fremder Hunde deutlich ab der 15. Lebenswoche zunimmt, während die territoriale Verteidigung, also aggressive Reaktion auf Revierverletzung sogar erst im Laufe des sechsten Lebensmonats entsteht. Diese Zahlen sind durchaus verständlich, wenn man sich die normale Entwicklungskurve von Wölfen und offensichtlich (Bloch mündlich und in Vorbereitung) auch von verwilderten Haushunden betrachtet. In diesen genannten Altersabschnitten sind die Junghunde erstmals durch eigenes Herumstreifen auch aus dem Zentrum des Familiengebietes heraus mit höherer Wahrscheinlichkeit fremden Tieren begegnet und müssen sich gegen diese entsprechend verhalten können.

Die genannten Zahlen zeigen, dass eine zu frühe Trennung vom Wurfgeschwister und der Mutter nur negative Auswirkungen hat. Die häufig angesprochene Prägung auf den Menschen in der frühen Entwicklung, etwa von Anfang bis zur Mitte des zweiten Lebensmonats, kann dagegen sehr gut und ohne weitere Probleme von der Familie des Züchters und dessen sozialer Umgebung hergestellt werden.

Wenn wir die vorhin genannten Überlegungen zur altersabhängigen Entwicklung des Gehirns durch Spiel- und Erkundungsverhalten hier mit heranziehen, wird deutlich, dass wohl das Spiel mit Objekten beziehungsweise Bewegungsspiele und das Erkunden und Kennenlernen möglichst unterschiedlicher Gebiete und Lebensräume in der frühen Welpenzeit wesentlich wichtiger sein dürfte, als die Sozialkontakte mit fremden Hunden oder Menschen. Jedoch muss zugleich betont werden, dass Wölfe (und die Entwicklungsabschnitte von Haushunden ähneln denen der Wölfe sehr stark) bis zum Alter von acht bis zehn Wochen kaum größere Exkursionen unternehmen. Sie werden entweder in der Umgebung der Wurfhöhle von Eltern und Babysittern bewacht oder bestenfalls im dritten Lebensmonat zu den sogenannten Rendez-vous-Plätzen mitgenommen und dort wieder abgelegt.

Eine stärkere Bewegungsaktivität über längere Exkursionen und längere Streifzüge findet erst etwa ab dem Ende des dritten Lebensmonats statt. Das bedeutet, dass es zwar nötig ist, den Welpen und Junghunden unterschiedliche Umweltreize in zu bewältigender Form und zu bewältigendem Ausmaß zu präsentieren, dies jedoch besser dadurch geschieht, dass man die Welpen entweder mit diesen Reizen zu Hause oder in der nächsten Umgebung der Wohnung konfrontiert oder sozusagen das Rendez-vous-System simuliert, indem man die Hunde im Fahrradkörbchen, im Auto oder in anderer Weise zu einem Treffpunkt etwa einer Welpenstunde transportiert. Kilometerlange Spaziergänge, vielleicht sogar auch noch mit dem Fahrrad, sind sowohl verhaltensbiologisch als auch orthopädisch in jedem Falle abzulehnen.

Impftermine

Die von Serpell und Jagoe angeführten Statistiken zeigen übrigens auch, dass eine Impfung im Alter von sieben bis acht Wochen erheblich weniger Komplikationen in allen Verhaltensbereichen nach sich zieht als eine Impfung in späteren Altersabschnitten. Hier wird nochmals der Zusammenhang zwischen dem Immunsystem und dem Stresssystem deutlich, der wohl über die Vermittlung der Nebennierenrindenhormone und der dabei entstehenden dauerhaften Traumatisierung des gesamten Hypophysennebennierenrindensystems bestehen dürfte.

Geschlechtsreife

Wie bereits dargestellt, unterscheiden sich Hund und Wolf in den zeitlichen Abläufen der Verhaltensentwicklung sehr wenig. In beiden Fällen tritt auch die physische Geschlechtsreife etwa im gleichen Alter ein. Die bisweilen angeführten viel höheren Altersangaben für die Geschlechtsreife von Wölfen (bei Rüden ist bisweilen bis zu drei Jahre im Gespräch) beruhen auf der Tatsache, dass in einer natürlichen Sozialstruktur Jungwölfe, insbesondere aber Jungrüden nahezu keine Chance zur erfolgreichen Fortpflanzung haben. Haase (2001) konnte jedoch eindeutig nachweisen, dass die Entwicklung von Geschlechtszellen und die damit verbundenen Anstiege der Sexualhormone zwischen Wölfen und mittelgroßen oder größeren Haushunden keinen deutlichen Unterschied aufweisen.

Eine letzte Untersuchung zur Verhaltensentwicklung von Hunden wird ebenfalls von Serpell und Jagoe zusammengefasst referiert: Welpen, die in frühester Kindheit, noch vor dem Öffnen der Augen, regelmäßig aus dem Nest genommen, etwas „geknuddelt" oder leicht ausgekühlt werden, haben ihr ganzes Leben lang Vorteile: Sie entwickeln sich schneller, etwa in Bezug auf das Öffnen der Augen, Fellwachstum, Fähigkeit zum koordinierten Vorwärtskriechen etc. und sie haben im gesamten späteren Leben sowohl ein leistungsfähigeres Immunsystem, das heißt, sie werden weniger krank, als auch ein leistungsfähigeres Stressbewältigungssystem. Sie sind aktiver, neugieriger, belastbarer und ähneln mehr den A-Typen.

Plädoyer für den Biohund

Die nunmehr vollendete Parforcetour durch das faszinierende Gebiet der Verhaltensbiologie mit vielen Seitenblicken auf viele verschiedene Tierarten hat, so hoffe ich, eines deutlich gezeigt: Verhalten ist eine sehr komplexe und sehr plastische Angelegenheit, an der Steuerung des Verhaltens wirken fast in jeder Situation sehr viele Systeme und sehr viele Einflussfaktoren zusammen. Nicht immer wissen wir schon ganz genau auch gerade bei unseren Hunden, welche Faktoren wann wie stark wirken werden. Vielfach ist auch, als Erbe ihrer wilden Vorfahren, die Verhaltensplastizität und die Anpassungsfähigkeit der Hunde bereits ohne Auswirkung der Domestikation sehr viel größer als ein enger Vergleich mit nur ganz wenigen Wolfstudien aus nur wenigen Gebieten vermuten ließe. Wenn wir aber nicht wissen, welche Faktoren wann welchen Einfluss haben, dann sollten wir vorsichtshalber lieber so tun, als ob auch beim Hund das passieren wird und passieren kann, was die Sozialisations- und anderen Studien bei anderen Säugetieren gezeigt haben. Es ist immer besser, vorsichtiger zu sein, anstatt sich darauf zu verlassen, dass der betreffende Einfluss ja für Hunde noch nicht nachgewiesen sei.

> *Das bedeutet, dass insbesondere in der Aufzucht, in der Welpen- und Junghundezeit sehr viel mehr an Reizen angeboten und in zu bewältigenden Situationen für die Hunde präsentiert werden sollte, als dies bei der normalen, eher kommerziell ausgerichteten Hundezucht geschieht. Wir brauchen keine Hunde.*

Im Gegensatz zu landwirtschaftlichen Nutztieren ist also das Argument, diese oder jene Maßnahme würde den Preis eines Junghundes in unverantwortliche und untragbare Höhen treiben, nicht stichhaltig. Nebenbei bemerkt gestattet das Tierschutzgesetz ohnehin keine wirtschaftlichen Argumente als Einwand gegen tiergerechte und verhaltensgerechte Haltung und Aufzucht von Tieren, streng genommen gilt das auch für die Landwirtschaft. Noch viel mehr muss es aber gelten für Tiere, die „nur" als Begleittiere, als Kumpan und Sozialpartner des Menschen gehalten werden.

Verantwortung übernehmen

Die Verantwortung eines Hundebesitzers erfordert es, dass der Hund von Anfang an optimale und im Sinne der oben dargelegten Befunde auch verantwortbare Bedingungen vorfindet. Wer diese Bedingungen nicht erfüllen kann oder nicht erfüllen will (man denke an überzeugte Veganer und Vegetarier, die sogar ihre Hunde und Katzen zu einer solchen Existenz verurteilen wollen), der sollte sich keinen Hund halten. Wem die dafür notwendigen körperlichen oder finanziellen Aufwendungen untragbar erscheinen, der sollte über Ratten oder andere ebenfalls sehr intelligente, sehr anlehnungsbedürftige und sehr gesellige Haustiere als Ersatz für den Hund nachdenken.

Wer aber einen Hund haben möchte, der muss auch dazu bereit sein, die für den verantwortungsbewussten, nicht rein kommerziell, sondern auch im Sinne des Tierschutzes handelnden Züchter notwendigen Auslagen für eine optimale Frühsozialisation mitzutragen, indem er den entsprechend höheren Preis bezahlt.

Gütesiegel für Hunde

Dieser „Biohund" als Gütesiegel sollte von verantwortungsbewussten Züchtervereinigungen möglichst schnell geschaffen und auch sehr offensiv und notfalls aggressiv propagiert und in positivem Sinne vermarktet werden. Hier hat Marketing durchaus eine positive Berechtigung, indem man das betreffende Produkt „Biohund" auf dem Markt positioniert und mit all seinen Vorteilen gegenüber dem herkömmlichen Hund aus herkömmlicher Hundezucht und Haltung propagiert. Nur wenn Hundezüchter, Hundetrainer und Hundehalter gemeinsam auf dieses Ziel hinarbeiten, wird es möglich sein, die Befunde aus der Verhaltensbiologie, der Veterinärmedizin, der Tierernährung und anderen Disziplinen über die Biologie unseres Hundes auch zu einer sinnvollen und von §2 des Tierschutzgesetzes geforderten Haltung umzusetzen. Mit Unwissenheit kann sich hier niemand herausreden.

Wie die obigen Darlegungen gezeigt haben, sind sehr viele Studien, sogar zum Hund selbst, ohne Weiteres veröffentlicht und über jede Bibliothek ausleihbar. Dass viele davon auf Englisch erschienen sind, schränkt zwar den Leserkreis ein, wer aber, zum Beispiel als Zuchtwart oder in anderer leitender Position eines größeren Zuchtverbandes tätig ist, der sollte Mittel und Wege finden, sich diese auch englischsprachige Literatur zu beschaffen, oder sich einen wissenschaftlichen Berater zu holen, der ihm oder ihr dabei hilft.

Die Unwissenheit ist dann besonders unverantwortlich, wenn sie auf Bequemlichkeit oder Engstirnigkeit und nicht auf wirklich mangelnden Erkenntnissen beruht. Hoffen wir, dass dieses Buch etwas dazu beiträgt, das Bewusstsein für die Probleme und auch Lösungsmöglichkeiten einer biologisch sinnvollen, verhaltensgerechten und tiergemäßen Hundezucht und Hundehaltung zu verbessern.

Service

Register

Abgabetermin 244
Abnutzungsmodell 180
Abwanderung 96, 211, 233, 235
– Formen 240
– funktional-evolutiv 236
– Hundeartige 239
– proximat 236
Adaption 217
Adrenalin 61, 204
Aggression 52, **168**, 172
– Formen 175
– Funktionen 178
– Konzept 168
Aggressives Verhalten 183
Agonistisches Verhalten 193
Ainsworth-Test 107, 243
Aktivität 81
Alarmreaktion 62
Alarmtiere 109
Allianzen 103, 164
Alternativhypothese (H2) 12
Alterungsprozess 104
Altruismus, reziproker 102
Ambivalentes Verhalten 35
Anbetteln 132
Androgene 184
Anführer-Gefolgschafts-Beziehung 120 ff.
Anführerverhalten 104
Angeborenes Verhalten 40
Angst 64, 243
– Auslöser 66
– Reaktion 65
– Störung 68
– Therapie 69
– Traumata 65
– Verhalten 48
Anpassungsreaktion, Allgemeine 62
Antizipation 217
Artengemeinschaft 108
Arterhaltung 17
Artgemeinsamkeiten 225
Artgenossen 133
– Erkennung 224
– Prägung 223
assortive mating 212

Attraktivität 99
Aufzuchtbedingungen 47, 212
Aufzuchtstätte 243
Aufzuchtsystem 91
Auseinandersetzung, körperliche 63
Auslese, natürliche 16
Auslösbarkeit, Verhalten 34
Außergenetische Vererbung 213
Autonomieanspruch 238

Babysitter 240 f.
Bahnung 170
Balz 193, 204
Behaviorismus 23
Belohnungslernen 219
Beschreibungssystem, von Hinde 94
Beschwichtigungsverhalten 160
Besitzrespektierung 150, 152
Bestrafung 164
Bettelrufe 210
Beutefangschema 32
Beutefangspiel 228, 230
Beutefangverhalten 173
Bevorzugung, individuelle 128
Bewegungsaktivität 48
Bewegungsspiel 228, 245
Beziehung 118
– Aufbau 96
– Aufrechterhaltung 97
– Bildung 101, 203
– egalitäre 153
– komplementäre 106
– Neubildung 103, 203
– Qualität 106, 152
– reziproke 106
– Test 107, 243
– Vorteile 96
– Neuausbildung 103
– soziale 94
Bielefelder Kastrationsstudie 208
Bindung 116, 118
– exklusive 118
– Fähigkeit 25
– individuelle 243
– Stärke 117
Biologischer Rhythmus 29
Blauer Kern 61

Blickkontakt 243
Bourgeois-Strategie 147, 150, **180**
Bowlby-Ainsworth-Konzept 117
Brutpflege 213
Brutpflegehelfer 240
Brutpflegehormone 30

Coping 60, 124, 172, 238
Corticosteroide 45
Corticotropin-Releasing-Factor (CRF) 70
Corticotropin-Releasing-Neurone 61
Cortisol 30, 66, 69, 133, 203

Dauer 14
Demokratie 123
Depression, Endogene 69
Deprivation 170
Desensibilisierung 69
Differenzierung 40
Diskrete Signale 138
Dispersal 235, 237
Disposition, soziale 225
Distanz 121
Diversität 106
Domestikation, Silberfüchse 43
Domestikation, Wildmeerschweinchen 45
Dominanz 147, 152, **153 ff.**
– Aggression 243
– Beziehung 162, 165
– Definition 154
– flexible 156
– formale 156
– Problem 149
– Signale 161
Dopamin 73
Dopaminsystem 204
Drohen, gesichertes 131
Drohverhalten 57
Duftmarken 147
Dynamische Veränderungen 104

Effekte, tiradische 146
Egalitäre Beziehung 153
Eignungsprüfung 90
Einflüsse, hormonelle 114
Einflüsse, triadische 100
Einflüsse, vorgeburtliche 68

Ekzeme 206
Embryonalentwicklung 206
Emotionszentrum 61
Empfänger 137
Endogene Depression 69
Energiebedarf 28
Energiegewinn 27
Energiekosten 192
Energiespeicherung 27
Entscheidung, dominanzabhängig 155
Entwicklung, stammesgeschichtliche 125
Epigenetische Landschaft 40
Erblichkeit 44, 50 ff.
Erkennungsmuster, genetisch fixiert 218
Erklärungen, funktionale 17
Erkundungsverhalten 53, 201, 245
Erkundungsaktivität 48
Erschließung, Ressourcen 121
Erschöpfungsreaktion 62
Ethologie, klassische 23
Evolutionär stabile Strategie (ESS) 18
Exklusive Bindung 118

Faktoren, vorgeburtliche 56
Falken-Tauben-Modell 179, 182
Feindvermeidung 91, 109
Fellveränderung, Kastration 206
Fettleibigkeit, Kastration 206
Fitness 17, 190
Fixierungsphase 218
Fortpflanzung 190
– Erfolg 17
– Faktoren 197
– Privileg 114
– Saisonalität 104
– Unterdrückung 196, 200
Fremdgehen 195
Fremdprägung, sexuelle 224
Fruchtbarkeit 195
Frustration 171
Führungspotential 123
Fünf-Faktoren-Achse 78
Funktionale Erklärungen 17
Furcht 64, 81, 243
Futterbetteln 161
Futterbringen 199
Futterverwertung, Kastration 206

Gedächtnis, deklaratives 65
Gedächtnisleistung 30
Gefahrhundbeurteilung 90
Gefressenwerden, Vermeidung 109
Geheul, Wolfs- 138, 150
Gehirn 32, 48, 202
– Entwicklung 41
– Größe 113
Gelbkörper 198

Gene 42
Generalisierung 38
Genetik 39
Genetische Selektion 54
Geschlechterkonflikt 192
Geschlechterzusammensetzung, Wurf 210
Geschlechtsdimorphismus 236
Geschlechtsreife 246
Geschlechtstypisches Verhalten 205
Geselligkeit 79
Gesichertes Drohen 131
Gesichtererkennung 32, 57, 215
Gleichsetzung 194
Gluccocorticoid 30, 45, 62, 64, 70, 133, 162, 202
Größenspiel 181
Grundstoffwechsel 28
Gruppengröße 112
Gruppenjagd 110
Gruppenmechanismen 98

Habitatprägung 222
Handicap-Prinzip 192
Handlungsbereitschaft 36
Harmonische Paare 134
Harninkontinenz 207
Häufigkeit 14
Heritabilität 44, 50
Hilflosigkeit, erlernte 71
Hindesches Beschreibungssystem 94
Hippocampus 61
Hirnanhangdrüse 30
Hirnrinde 114
Hochöstrus 198
Homologiemethode 15
Homöostase 26, 172
Hormone 25
Hormone, Aggression
Hormonelle Einflüsse 114
Hüteverhalten 51
Hypersexualität 204
Hypophysen-Gonaden-Achse 63
Hypothalamus 61
Hypothalamus-Hypophysen-Nebennierenrinden-Achse 62, 78, 214
Hypothese 12

Immediate Early Genes (IEG) 40
Immunsystem 188, 244
Impfreaktion 244
Impftermin 246
Imponierverhalten 57
Individualdistanz 121
Individualerkennung 147
Individualselektion 16
Individuelle Bevorzugung 128
Induktion 40
Infantizid 174, 195, 201

Infektionskrankheiten 244
Informationsbegriff 139
Intensität 14
Intensität, Beziehung 101
Interaktionen 93, 106
Interessenskonflikte 209
Intersexuelle Selektion 191
Intra-Gilden-Aggression 173
Intrasexuelle Selektion 191
Inzuchtvermeidung 193, 236

Jagdverhalten 51, 201
Jungenaufzucht 192
Junggesellenherden 209, 224, 234
– Dynamik 217
– Stadien 216
Jungtierverteidigung 186, 201

Kampfbereitschaft 170
Kampferfolg 158
Kampf-Flucht-Reaktion 61
Kanalisierung 40
Kastration 200
Katecholamin 61 ff.,
Kindstötung 175, 195, 201
Klassische Ethologie 23
Klassische Konditionierung 129
Koalitionsbildung 164
Kognition 36, 124, 126
Kommunikation 136
Komplexe Sozialsysteme 125
Komplexität, mentale 125
Konditionierung, klassische 129
Konflikt, räumlicher 146
Konfliktlösung 155
Konfliktregelung 146
Konfliktvermeidung 146
Konfrontationsversuch 95, 107
Konkurrenzausschaltung 202
Konkurrenzreduzierung 236
Kontrolle, olfaktorische 215
Kontrolle, optische 215
Kontrollverlusthormon 66
Kopulationsverhalten 205
Körpergröße 241
Kosten-Nutzen-Analyse 18, 177
Krankheiten 29
Kummersches Stufenmodell 98

Lagerjungen 214
Landschaft, epigenetische 40
Langtagsart 198
Langzeiteffekte, ontogenetische 205
Langzeit-Neuroleptika 69
Latenz 14
Läufigkeit 199
Laufjungen 214
Lauschangriffe 143
Lebensraumprägung 213, 222
Leistungsmerkmale, Hund 51
Lernen, soziales 128

Lernfähigkeit 30, 48, 207
Lernverhalten 53
Lichtmenge 197
Limbisches System 61, 114
Locus coeruleus 61
Lorenzsche psychohydraulische Modell **33**, 169

Major histocompatibility complex 194
Markttheorie 96
Mathematische Modelle 24
Melatonin 198
Mensch-Hund-Bindung 119
Mentale Komplexität 125
Mentale Rotation 37
Meta-Analyse 80
MHC-Komplex 194
Mineralmangel 206
Modell, Seewiesener 98
Modelle, mathematische 24
Monoaminooxidase A 54, 187
Motivation 20, 146
Mutter-Kind-Beziehung 107
Mutter-Kind-Bindung 211

Nachahmungslernen 130, 171
Nachlaufprägung 223
Nahkommunikation 138
Nahrung
– Angebot 242
– Aufnahme 28
– Prägung 220
– Quellen 110
– Suche 91, 110
Neocortex 114
Nervenfestigkeit 51
Nervenkriegsmodell 180
Nervosität 48
Nestflüchter 214
Nesthocker 214
Neuausbildung, Beziehungen 103
Neugierverhalten 47
Neuhirnrinde 114
Nische, ontogenetische 22, 216, 230
Nitritoxid 187
Non Rapid Eye Movement (NREM) 30
Noradrenalin 62, 65, 183, 203
NOS-Mäuse 187
Nullhypothese 12

Objektspiel 228
Olfaktorische Kontrolle 215
Ontogenese 22, 225
Ontogenetische Langzeiteffekte 204
Ontogenetische Nische 216, 230
Optimierungsprozess 17, 27
Optische Kontrolle 215
Organisation, soziale 91, 125

Orientierung, räumliche 36
Orientierung, thermotaktile 214
Ortsbindung 118
Osteomalazie 206
Osteoporose 206
Östradiol 30, 198, 203
Östrogen 114, 186, 188
Östrus 198
Oxytocin 115, 133, 202, 226

Paarbeziehung 128
Paare, harmonische 134
Paarungserfolg 158
Paarungssystem 91
Paarungsverhalten, nach Kastration 205
Partnererkennung 193
Partnerschutzverhalten 203
Partnerwahl 29, 192, 195
Personalentscheidung 149
Persönlichkeit, Stress 74
Persönlichkeitsstruktur 78
Persönlichkeitstest 80
Persönlichkeitstypen 59
Persönlichkeitsunterschiede 76
Phänotyp-Vergleich 194
Physiologisch-organische Effekte 206
Placentafressen 226
Polyandrie 195
Prägung 218
– auf Menschen 245
– Lebensraum 222
– sexuelle 223
Prägungslernen 219
Prägungsvorgänge 220
Prinzip der sparsamsten Erklärung 37
Probabilistische Wissenschaft 13
Problemlöseverhalten 48
Progesteron 30, 184
Prolaktin 184, 199, 201
Prüfer, Wesenstest 88
Psychohydraulisches Modell 33, 169
Pubertät 205, 234

Qualitätskontrolle 193
Qualitätssicherungsverfahren, Wesenstest 88

Rangbestätigung 166
Ranghoheit 121
Rangordnung 165
– Position 71, 75, 113, 156
– System 157
– zwischengeschlechtliche 157
Rapid Eye Movement (REM) 30
Räumliche Orientierung 37
Räumlicher Konflikt 146
Reaktionsbereitschaft 34

Regulierungsvorgänge 26
Reifungsprozess 104
Reiz, negativer 63
Reiz, äußerer 33
Reiz, innerer 33
Reizempfindlichkeit 67
Ressource 146, 150, 166, 177
– Erschließung 121
– Sicherung 111
Ressourcen-Verteidigungs-Hypothese (RDH) 112, 148
Revier 147
– Abgrenzung 147
– Ankündigung 203
– Größe 242
– Markierung 149
– Patrouillie 149
– Verteidigung 148 ff.
Reziproker Altruismus 102
RHP **99**, 105, 145, 156, 180, 193
Ritualisierung, Signal 144
Rollenverteilung 191
Rotation, mentale 37
Rückkopplung, negative 60
Rudelanschluss 240
Rudelbildung, Hundeartige 111
Rudeljagd 111

Scheidungstendenz 117
Scheinträchtigkeit 198
Schilddrüsenhormon 30
Schimpuzentrismus 130
Schlaf 30
Schlafstörung 67
Schusssicherheit 51
Schutzaggression 184
Schutzaggression, elterliche 176
Seewiesener Modell 98
Selbstbewusstsein 142
Selbsterkennungsfähigkeit 130
Selbstschutzaggression 175
Selbstverteidigungsaggression 175, 183, 202
Selektion 230
– genetische 54
– intersexuelle 191
– intrasexuelle 191
– natürliche 16
– sexuelle 190
Sender 137
Seniorendiät 206
Sensible Phase 218
Sequenzabschätzungsspiel 181
Sequenzanalyse 35
Serotonin 69, 188
Sexualhormone 30
Sexualtrieb 207
Sexuelle Prägung 223
Sexuelle Selektion 190
Sicherheitsbedürfnis 238
Sicherung, Ressourcen 111

Signale 137, 158
- Auswirkung 140
- direkt zuordenbar 138
- diskret 138
- Eigenschaften 137
- Fälschungssicherheit 141
- Ritualisierung 144
- submissiv 159 ff.
- Übertragung 137
- willkürlich 138
Sinnesverarbeitung 31
Sinneswahrnehmung 31
Situationen, aggressionsauslösende 172
Social fence 237, 240
Soziale Beziehungen 92, 94 ff., 106
Soziale Disposition 225
Soziale Interaktionen 106
Soziale Kognition 124, 126, 132
Soziale Struktur 91
Soziale Traditionen 212
Soziale Unterstützung 134
Soziales Lernen 128
Sozialisation 225
Sozialkontakt 245
Sozialspiel 228, 233
Sozialstatus 188
Sozialstruktur 95
Sozialsysteme 91, 125, 242
Sozialverhalten 49 ff., 124
Sparsamkeitsprinzip 13
Spiel, Geschlechtsunterschiede 231
Spielantrag 232
Spielgesicht 232
Spielsequenzen 231
Spieltheorie 18, **178**
Spielverhalten 47, 49, 228, 240, 245
Spielverhalten, Erwachsene 232
Sprachbegriff 139
Stabilitätsfaktoren, Beziehung 105
Statusunterschiede 100
Statusverlust 158
Stereotypien 48, 72
Sterilisation 200
Steroidhormone 205
Stesssystem 183
Strafe 164
Strategie 17 ff.
Stress 59, 64, 71
- Achsen 61
- Bewältigung 60
- Bewältigungsachse 204
- Hormon 65
- Niveau, vorgeburtliches 56
- Reaktion 134
- System 244
Struktur, soziale 91
Stufenmodell, Kummersches 98
Submissive Signale 159 ff.

Sympathicus-Nebennierenmark-Achse 61, 78

Tageslänge 197
Tagesrhythmus 29, 42
Tauschgeschäft 97
Täuschungsmanöver 131
Temperament 51
Testmethoden, Verhalten 83
Testosteron 30, 114, 156, 163, 184, 199, 203
Thermotaktile Orientierung 214
Tiefenstruktur 95
Tiefschlaf 30
Tieftonkommunikation 138
Tierheim 244
Tinbergen, vier Fragen 14, 168
- Wie? 19, 172, 183, 197
- Wodurch? 22
- Woher? 15
- Wozu? 16, 154, 161, 194, 209
Tit for tar 182
Traditionen, soziale 212
Traumschlaf 30
Trennungsexperiment 117
Trennungstraumata 70
Triadische Einflüsse 100, 146
Trieb 20, 36
Triebkonzept, Lorenz 169
Triebstau 169

Überdrussverhalten 238
Übererregung 229
Überforderung 66
Übersprungverhalten 35
Übertragungswege, Signal 137
Umwelt 39
- reizangereicherte 68
- Bedingungen 47
- Einflüsse 73
- Faktoren, aggressionsfördernde 55
- Kontakt 216
- Sicherheit 53
Untererregung 229
Unterstützung, soziale 134
Unterwerfungsverhalten 160

Validität 85
Validität, diskriminante 86
Validität, konvergente 85
Vasopressin 115, 203
Vaterschaft 210
Veränderungen, dynamische 104
Verdünnungseffekt 109
Vererbung, außergenetische 213
Verfügbarkeit 100
Verhalten 11, 42
- aggressives 183
- agonistisches 193
- ambivalentes 35

- angeborenes 40
- angstbezogenes 202
- Auslösbarkeit 34
- furchtbezogenes 202
- geschlechtstypisches 206
- mütterliches 82
- Spiel- 228
- stressbezogenes 202
- Testmethoden 83
Verhaltensbereitschaft 170
Verhaltensbeschreibung 14
Verhaltenseigenschaften 84
Verhaltenselemente 92
Verhaltensentwicklung 40
Verhaltenskatalog 92
Verhaltensmerkmale, geschlechtsspezifische 227
Verhaltensmerkmale, Hund 50
Verhaltenssteuerung 201
Verhaltensstörungen 73
Verhaltenstest, Haushunde 80
Verhaltensüberprüfung 11
Verlässlichkeit 84, 89
Versöhnung 127, 163
Verteidigungsbereitschaft 148
Vertrautheit 98
Verwandtschaft 79
Verwandtschaftsselektion 16
Verwandtschaftsverhältnis 195
Verwirrmanöver 131
Verwirrungseffekt 109
Vielmännerei 195
Vier-Fragen-Tinbergen 14
Vorgeburtliche Faktoren 56, 68
Voröstrus 198

Wachstum 207
Wahrnehmung, Artgenossen 127
Warnrufe 131
Wechselwirkung, Umwelt/Gene 57
Welpenaufzucht 243
Welpenschutz 174, 196
Wesenssicherheit 51
Wesenstest 80
Wettbewerbsaggression 177, 184, 186
Wettbewerbssituation 203
Widerstandsfähigkeit 189
Wie du mir, so ich dir-Strategie 182
Willkürliche Signale 138
Wissenschaft, probabilistische 13
Wohlbefinden 102
Wutanfall 210

Zauneffekt 237
Zeitgedächtnis 31
Zeitkosten 192
Ziel-Emulation 130
Zoogeschäft 243
Züchter 243
Zuchtvorgaben 46
Zuwanderung 149

Zum Weiterlesen

Bloch, Günther:
Der Wolf im Hundepelz.
Stuttgart 2004
Die Pizza-Hunde. Buch und DVD. Stuttgart 2007
Feddersen-Petersen, Dorit:
Ausdrucksverhalten beim Hund. Stuttgart 2007
Hundepsychologie.
Stuttgart 2004
Hunde und ihre Menschen.
Stuttgart 2001
Lübbe-Scheuermann und Frauke Loup: **Unser Welpe.**
Stuttgart 2006
Niepel, Gabriele: **Kastration des Hundes.** Stuttgart 2007
Räber, Hans:
Enzyklopädie der Rassehunde. Stuttgart 2001

Nützliche Adressen

Hunde-Farm „Eifel"
Das Caniden-Verhaltenszentrum
Von-Goltsteinstr. 1
D - 53902 Bad Münstereifel-Mahlberg
www.hundefarm-eifel.de

Gesellschaft für Haustierforschung e.V.
Eberhard Trumler-Station
Wolfswinkel 1
D - 57587 Birken-Honigsessen
Tel.: 02 74 2 - 67 46
Fax: 02 74 2 - 85 23
info@gfh-wolfswinkel.de
www.gfh-wolfswinkel.de

Gesellschaft zur Erhaltung alter und gefährdeter Haustierrassen e.V. (GEH)
Eschenbornrasen 11
D - 37213 Witzenhausen
Tel.: +49 55 42 - 18 64
Fax: +49 55 42 - 72 560
info@g-e-h.de
www.g-e-h.de

Gesellschaft zum Schutz der Wölfe e. V.
Dr. Peter Blanché
Riedstr. 14
D - 85244 Riedenzhofen
Tel: 08 13 9 - 16 66 oder 08 13 9 - 81 66
Fax: 08 13 9 - 99 58 04
Peter.Blanche@gzsdw. de
www.gzsdw.de

Quellen

Benus, R.F.: Variation in Aggression: Ontogenetic Factors and Individual Differences. pp. 226–236, In: Gansloßer, U.; J. K. Hodge; W. Kaumanns (eds.): Research and Captive Propagation. Filander, Fürth 1995

Capitanio, J.P.: Personality dimensions in adult male Rhesus macaques: prediction of behaviours across time and situation. Am. J. Primatol. 47, 299–320, 1999

Cooper, J.J. and Nicol, C.R.: The coping hypthesis of stereotypic behaviour: a reply to Rushen. Anim. Behav. 45, 613–618, 1993

Crabbe, J.C., Wahlsten, D., Dudek, B.C.: Genetics of Mouse Behavior. Science 284, 1670–1672, 1999

De Lamo, D.: Leben im Hochgebirge. S. 337–352. In: Gansloßer, U. (Hrsg.): Spitzenleistungen. Filander, Fürth, 1999

Dunbar, R.I.M. und Bever, J.: Neocortex size predicts group size in Carnivoren and some insectivores. Ethology 104, 695–708, 1998

Eckert, R.: Tierphysiologie. Thieme, Stuttgart, 2002

Eisenberg, J. F. und P. Leyhausen: The Phylogeny of predatory behaviour in mammals. Z. Tierpsychologie 30, S. 59–93. 1972

Emery, N.J. und Clayton, N.S.: Cognition. S. 170–196, In: Bolhius und Giraldeau, Blackwell, Oxford, 2005

Ewert, J.P.: Stimulus Perception. S. 13–40, In: Bolthius und Giraldeau, 2005

Fagen, R. und Fagen, J.M.: Individual distinctiveness in Brown bears, Ursus arctos. Ethology 102, 212–226, 1996

Fersen, L.v.: The study of cognition and ist benefit for breeding programmes. S. 263–271, In: Gansloßer, U., Hodge, K., Kaumanns, W. (eds.): Research and Captive Propagation. Filander, Fürth 1995

Fleissner, G.: Rhythmirität, zirkadiane Rhythmik und Schlaf. S. 527–542, In: J. Dudel, R. Menzel, R.F. Schmidt (Hrsg.): Neurowissenschaft. Springer, Berlin 2001

Gansloßer, U: Wilde Hunde. Filander, Fürth, 2006

Gansloßer, U.: Domestikation. S. 151–155, In: Gansloßer, U.; H. Lücker und P. Linhart: Wildtierhaltung. Band I. Filander Verlag, Fürth 2005

Gansloßer, U.: Stufen und Persönlichkeiten-Einflüsse auf Beziehungsbildung. S. 67–72, In: Gansloßer, U. (Hrsg.): Gruppenmechanismen. Filander Verlag, Fürth 2002

Goddard, M.E. und Beilharz, R.G.: The relationship of fearfulness to, and the effects of sex, age and experience on exploration and activity in dogs. Appl. Anim. Behav. Sci. 12, 267–278, 1984

Goodson, J.L.: The vertebrate social behaviour network: evolutionary themes and variations. Hormones and Behaviour 48, 11–22, 2005

Gosling, S.D. und John, O.: Personality dimensions in Nonhuman animals. A cross- species review. Curr. Direct. Psychol. Sci. 8/3, 69–75, 1999

Gosling, S.D. und Vazire, S.: Are we barking up the right tree? Evaluating a comparative approach to personality. J. Res. Pers. 36, 607–614, 2002

Gosling, S.D.; P.J. Rentfrow und W.B. Swamm: A very brief measure of the Big-Five persomality domains. J. Res. Pers. 37, 504–528, 2003

Groothius, T.: On the ontogeny of display behaviour in the Black-headed gull. Ph. D. Diss., Groningen 1989

Hare, B.; M. Brown, C. Williamson; M. Tomasello: The domestication of social cognition in dogs. Science 298, 1634–1636, 2002

Harrington, F. und C. Asa: Wolf communication. S. 566–703. In: L. D. Mech und L. Boitani: Wolves. Chicago Univ. Press 2003

Herre, W. und M. Röhrs: Haustiere – zoologisch gesehen. Gustav Fischer, Stuttgart, New York 1990

Heinsohn, R. und C. Packer: Complex cooperative strategies in group-territorial African lions. Science 269, 1260–1262

Hoffmann, U.: Umweltbedingte und genetische Einflüsse auf Merkmale der Leistungsprüfung beim Koppelgebrauchshund Border Collie. Med. Vet. Diss. Hannover, 2000

Holsboor, F.: Stress und Hormone. Spektrum d. Wiss. Dosier 3/1999, 50–53, 1999

Jacobs, B.L.; H. von Praag; F.H. Gage: Adult brain neurogenesis and psychiatry: a novel theory of depression. Molecular Psychiatry 5, 262–269, 2000

James, R. und L. Murray: Food and grooming exchanges in chimpansees and the five-factor model of personality. BAZA Research Neurol. 7(1), 6. 2006

Jones, A.C. und S.D. Gosling: Temperament and personality in dogs (Canis familiaris): A review and evaluation of past research. Appl. Anim. Behav. Sci. 95, 1–53, 2005

Kappeler, P: Verhaltensbiologie. Springer, Berlin, 2006

Kavaliers, M.; M.A. Fudge; D.D. Colwell; E. Choleris: Aversive avoidance responses of female mice to the odors of males inflected with an ectoparasite and the effects of prior familiarity. Behav. Ecol. Sociobiol. 54, 423–430, 2003

Kolter, L: Regulation of behaviour and the development of disturbed behaviour patterns. P. 248–256, In: Gansloßer, U. et al. (eds): Research and Captive Propagation. Filander, Fürth, 1995

Kreeger, T.: The internal wolf. S. 192–217. In: L. D. Mech und L. Boitani: Wolves. Chicago Univ. Press 2003

Künzl, Chr.: Ist ein Wildmeerschweinchen ... In: Gansloßer, U. (Hrsg.): Gruppenmechanismen. Filander Verlag, Fürth 2002

Macdonald, D.W.: Sozioökologie. In: Gansloßer, U. & C. Sillero-Zubiri (Hrsg.): Wilde Hunde. Filander, Fürth, 2006

Marashi, V. et al: Die ethologische Charakterisierung zweier nahstämme: Eine Basis zur molekulargenetischen Analyse komplexen Verhaltens. S. 153–163, Aktuelle Arbeiten zur artgemäßen Tierhaltung, KTB Schrift 380, Darmstadt, 1997

Marashi, V. et al.: Effects of different forms of environmental enrichment on behavioral, endocrinological and immunological parameters in male mice. Hormones and Behavior 43, 281–192, 2003

Mayer, T.: Persönlichkeitsunterschiede bei Hauspferden. Diplomarbeit, Universität Erlangen-Nürnberg, 2003

Mistlberger, R.E. und B. Rusak: Biological Rhythms and Behavior. S. 71–76, In: Bolhius und Giraldeau, 2005

Müller, E.: Säugetiere in der Wüste. In: Gansloßer, U. (Hrsg.): Spitzenleistungen. Filander, Fürth 1997

Nelson, R.J.: Is there a Major Stress System in the Brain? S. 111–122, In: Broom, D. (ed): Coping with Challenge. Dahlem Univ. Press, Berlin, 2002

Nemeroff, C.B.: Neurobiologie der Depression. Spektrum, 24–31, 1999

Rushen, J.: The "coping" hypothesis of stereotypic behaviour. Anim. Behav. 45, 613–615

Sachser, N.: Das Wohlergehen der Tiere. FJ, WWU Münster, Heft 1/2000, S. 6–11

Sachser, N.: Die biologischen Grundlagen aggressiven Verhaltens. S. 102–113, In: Bilstein, J., Winzen, M. (Hrsg.): Das Tier in mir. W. König Verlag, Köln 2002

Sachser, N.: What is important to achieve good welfare in animals? S. 31–48, In: Broom, D. (ed): Coping with Challenge. Dahlem Univ.Press, Berlin, 2002

Sachser, N. und Kaiser, S.: Prenatal Social Stress masculinises the females behaviour in Guinea pigs. Physiology and Behaviour 60, 589–594, 1996

Seaman, S.C.; H.P.B. Davidson; N.K. Waran: How reliable is temperament assessment in the domestic horse (Equus caballus)? Appl. Anim. Behav. Sci. 78, 175–191, 2002

Suomi, S. J. et al.: Inherited and experiential factors associated with individual differences in anxious behaviour displayed by rhesus monkeys. S. 179–199. In: D. F. Klein und J. Rabkin: Anxiety. Raven Press, New York 1981

Suomi, S.J.: Genetic and material contributions to individual differences in rhesus monkey biobehavioral development. S. 379–420, In: Krasnegor, N. et al. (eds): Perinatal Development. Acedemic Press, New York 1987

Van Oers, K. et al: Additive and non-additive genetic variation in avian personality traits. Heredity 93, 496–503, 2004 b

Van Oers, K. et al.: Realized heritability and repeatability of risk – taking behaviour in relation to avian personality. Proc. R. Soc. Land. B 271, 65–73, 2004 a

Verbeek, M.E.M. et al.: Individual behavioural characteristics and dominance in aviary groups of Great tits. Behaviour 136, 23–48, 1999

Vitaterna, M.H. et al.: Mutagenesis and mapping of a mouse gene clock essential for circadian behavior. Science 264, 719–725, 1994

Wehnelt, S.: Sexual selection in the Mara. Diss. Erlangen 2000

Weiss, E.: Selecting shelter dogs for service dog training. J. Appl. Anim. Welf. Sci. 5, 43–62, 2002

Wilson, D.S.: Adaptive individual differences within single populations. Phil. Trans. R. Soc. Land, B 353, 199–205, 1998

Wilson, E. und P. E. Sundgren: Effects of weight litter size and parity of mother on the behaviour of the behaviour of the puppy and the adult dog. Appl. Anim. Behav. Sci. 56, 245–254, 1998

Bildnachweis
Mit 32 Farbfotos von Reinhard-Tierfoto/ Hans Reinhard.
Weitere Farbfotos von Thomas Höller/Kosmos (3: Tafel XII beide oben, Tafel XXXII), Gabriele Metz/Kosmos (2: Tafel XXX), Christof Salata/ Kosmos (3: Tafel XI), Sabine Stuewer/Kosmos (4: Tafel XXXI), Viviane Theby/Kosmos (3: Tafel X) und Karl-Heinz Widmann/Kosmos (1: Tafel XII unten).
Zeichnungen von Milada Krautmann (3: Tafel V und VIII)

Impressum
Umschlag von eStudio Calamar unter Verwendung von einem Farbfoto von Reinhard Tierfoto / Hans Reinhard.

Mit 48 Farbfotos und drei Zeichnungen.

Bibliographische Information der Deutschen Nationalbibliothek
Die Deutsche Nationalbibliothek verzeichnet diese Publikation
in der Deutschen Nationalbibliografie; detaillierte bibliografische Daten sind im Internet über http://dnb.ddb.de abrufbar.

Alle Angaben in diesem Buch erfolgen nach bestem Wissen und Gewissen. Sorgfalt bei der Umsetzung ist indes dennoch geboten. Der Verlag und der Autor übernehmen keinerlei Haftung für Personen-, Sach- oder Vermögensschäden, die aus der Anwendung der vorgestellten Materialien und Methoden entstehen könnten.

Unser gesamtes lieferbares Programm und viele
weitere Informationen zu unseren Büchern,
Spielen, Experimentierkästen, DVDs, Autoren und
Aktivitäten finden Sie unter **www.kosmos.de**

Gedruckt auf chlorfrei gebleichtem Papier

© 2007, Franckh-Kosmos Verlags-GmbH & Co. KG., Stuttgart
Alle Rechte vorbehalten
ISBN 978-3-440-10636-5
Redaktion: Hilke Heinemann
Gestaltung: TypoDesign, Kist
Produktion: Eva Schmidt
Printed in The Czech Republic / Imprimé en République Tchèque